SO-FAF-842

Die Antwort der Reformatoren auf die Zehntenfrage

Europäische Hochschulschriften

Publications Universitaires Européennes
European University Studies

Reihe III

Geschichte und ihre Hilfswissenschaften

Série III   Series III

Histoire, sciences auxiliaires de l'histoire
History and Allied Studies

Bd./Vol.164

PETER LANG
Frankfurt am Main · Bern

Gunter Zimmermann

Die Anwort der Reformatoren auf die Zehntenfrage

Eine Analyse des Zusammenhangs von Reformation und Bauernkrieg

PETER LANG
Frankfurt am Main · Bern

CIP-Kurztitelaufnahme der Deutschen Bibliothek

Zimmermann, Gunter:

Die Antwort der Reformatoren auf die Zehnten=
frage : e. Analyse d. Zusammenhangs von Reformation
u. Bauernkrieg / Gunter Zimmermann. - Frankfurt
am Main ; Bern : Lang, 1982.
   (Europäische Hochschulschriften : Reihe 3,
   Geschichte u. ihre Hilfswiss. ; Bd. 164)
   ISBN 3-8204-5745-3
NE: Europäische Hochschulschriften / 03

BV
771
.Z55
1982

ISSN 0531-7320
ISBN 3-8204-5745-3
© Verlag Peter Lang GmbH, Frankfurt am Main 1982

Druck und Bindung: fotokop wilhelm weihert KG, darmstadt

INHALTSVERZEICHNIS

EINLEITUNG 7

1. Stellungnahmen zur Frage 'Reformation und Bauernkrieg'
   in der Geschichtsschreibung des 20. Jahrhunderts 7
2. Gemeinde- und Fürstenformation 16
3. Das Zehntwesen 20
   a) Theorie und Praxis 20
   b) Die Übernahme des Zehnten durch die Kirche 23
   c) Die Erhebung des Zehnten zum allgemeinen Gesetz 24
   d) Der Kirchenzehnte in Laienhänden 26
   e) Der Verfall des Steuercharakter des Kirchenzehnten . 28
4. Zehntenverweigerungen in der Reformationszeit 30
5. Die Stellung der Reformatoren 33
6. Methode der Analyse 36

I. DER ZEHNTE IN DER KONZEPTION DER OBERDEUTSCHEN REFOR-
   MATION 38

1. Die Anfänge 40
2. Straßburg 50
3. Zürich und Zwingli 75
4. Die Auseinandersetzungen in Memmingen 98

II. DER ZEHNTE IM ENTWURF DER LUTHERISCHEN REFORMATION ... 115

1. Martin Luther 116
2. Philipp Melanchthon 128
3. Johannes Brenz 135

ZUSAMMENFASSUNG UND SCHLUSS 147

ANMERKUNGEN 150

LITERATURVERZEICHNIS 163

ABKÜRZUNGSVERZEICHNIS 174

EINLEITUNG

1. Stellungnahmen zur Frage 'Reformation und Bauernkrieg' in der Geschichtsschreibung des 20. Jahrhunderts

Die Grundprämisse der vorliegenden Abhandlung lautet: Reformation und Bauernkrieg stehen in einem engen Zusammenhang. Diese These ist nicht neu und originell; sie ist vielmehr in diesem Jahrhundert von einigen führenden Historikern formuliert und bejaht worden. In der gegenwärtigen Untersuchung wird es daher allein darum gehen, anhand eines eng umrissenen Sachverhalts, der Zehntenfrage in der Reformationszeit, das ideelle Fundament des Bauernkriegs und die Abhängigkeit des bäuerlichen Protests von der reformatorischen Predigt noch genauer zu erhellen und zu analysieren. Bevor wir jedoch diese Aufgabe in Angriff nehmen, wollen wir an ausgewählten Beispielen die Stellungnahmen moderner Historiker zur Frage 'Reformation und Bauernkrieg' aufzeigen.

Mit diesem Problem hat sich am häufigsten unter den Geschichtswissenschaftlern des 20. Jahrhunderts WILHELM STOLZE beschäftigt. Bereits 1900 in seiner ersten Schrift "Zur Vorgeschichte des Bauernkrieges" hat er die Grundlinien der Konzeption abgesteckt, die er auch später nicht mehr verlassen hat. Das Ziel dieser Studie ist, die Eigenart der bäuerlichen Bewegung, ihre Stellung in der Zeit und in der deutschen Geschichte überhaupt zu erfassen (1). Dabei will sich WILHELM STOLZE abgrenzen von Geschichtsschreibern, die in dem Bauernkrieg von 1524/25 eine Parallele zur Revolution von 1848 sehen, und von Wirtschaftshistorikern, die fast ausschließlich materielle Kräfte zur Erklärung des Phänomens heranziehen (2). In seiner Darstellung will er sich beschränken auf Schwaben und Franken, die Kerngebiete des Bauernkriegs (3). Kennzeichnend für die politische Lage dieser Regionen ist die Kleinstaaterei (4). Fundament und Voraussetzung der Kleinstaaterei, der Unabhängigkeit und 'Souveränität' kleiner lokaler Herrschaftsträger aber ist die Leibeigenschaft der Bauern (5). Trotz dieses Rechtsverhältnisses, das den Landesherren ermöglichte, von den Bauern mehr zu verlangen, als sie bis dahin bekommen hatten (6), war die wirtschaftliche Lage der Bauern nicht schlecht (7). Sie war im Gegenteil besser als früher; die volkswirtschaftliche Bedeutung des Bauernstandes wuchs (8). Zum Bauernkrieg kam es daher nicht durch ökonomische Bedingungen, sondern durch die Reformation, und zwar vor allem durch ihre Lehre von der allgemeinen Priesterschaft aller Gläubigen (9). Diese Konzeption mußte zu einem Angriff auf die Vorrechte und Privilegien der kirchlichen Institutionen, vor allem der Klöster, führen (10). "In der Opposition gegen die Klöster, in dem Wunsche, sie zu beseitigen, treffen die Landesherren mit ihren Untertanen zusammen." (11) Aber nicht die durch die Reformation angestachelten und erregten Gruppen, sondern die angegriffenen Organisationen sind schuld am Ausbruch des Bauernkriegs von 1524/25. Die Klöster, die in ihrer von zwei Seiten

bedrohten Position auf die reformatorische Predigt mit Unter-
drückungsmaßnahmen reagierten, provozierten damit den Volksaufstand (12).

Diesen Grundgedanken vom Bauernkrieg als Reaktion auf die
vorausgehende, repressive Politik der mit der alten Kirche
sympathisierenden Mächte hat WILHELM STOLZE 1907 in seinen
Studien "Der deutsche Bauernkrieg" weiter ausgebaut (13), wobei
er besonders die Rolle Erzherzogs Ferdinand von Österreich (14)
und des bayrischen Kanzlers Leonhard von Eck (15) hervorhebt.
Der Königsberger Historiker stellt diese These auch an die erste
Stelle der Ergebnisse seiner 1926 erschienenen, zum Thema grundlegenden Schrift "Bauernkrieg und Reformation". "Ohne die Gegen-
wirkungen gegen die neue Lehre seitens jener Mächte, die die
Kirche in ihrem alten Bestande wegen ihrer religiösen oder politischen Werte erhalten wollten, hätte der gemeine Mann sich
nicht erhoben." (16) Zwar sind viele Forderungen der Bauern
schon vorher erhoben worden (17) und grobe, materialistische
Bestrebungen der Aufständischen sind nicht zu leugnen (18), aber
nicht zu vernachlässigen (19) sind, wie Luther selbst in seiner
Schrift 'Ermahnung zum Frieden' bezeugt (20), die religiösen
Motive, die sich hauptsächlich an Luthers In-Frage-Stellung der
krichlichen Autorität entzündeten (21). Daher kann WILHELM STOLZE
schließen: "So ist also der Bauernkrieg geradezu ein Bekenntnis
zur Reformation, und zwar mehr zu der Luthers als zu der von
irgendeinem sonst." (22) Allerdings mußte sich Luther gegen die
Bewegung der Bauern wenden, weil er nicht den äußeren Kampf um
Positionen, sondern den inneren um die Seelen befürwortete und
wollte (23).

In zwei weiteren Arbeiten über die 'Stühlinger Erhebung' und
den 'geistigen Hintergrund des Bauernkrieges' hat WILHELM STOLZE
seine Analyse des Zusammenhangs von Reformation und Bauernkrieg
vertieft. Im ersten Aufsatz 1929 betont er das Bemühen der Bauern, durch ein jenseits des geschriebenen Gesetzes stehendes
Recht die Beziehungen der Menschen zu ordnen (24), ein Bemühen,
das er in seinem späteren Aufsatz 1932 mit den Reformgedanken
des Erasmus von Rotterdam und seinem Versuch, die verpflichten-
de Kraft des Evangeliums für alle menschlichen Beziehungen ein-
zuschärfen (25), in Verbindung bringt (26). Dieses von Erasmus
von Rotterdam aufgestellte und propagierte Programm des christlichen Humanismus wurde zwar nicht von Luther, aber von Zwingli
und anderen namhaften Schülern des Erasmus unterstützt (27).
Konnte es darum nicht zu einer Brücke der Verständigung werden,
auf der die Fürsten dieser Welt (28) sich mit ihren Untertanen,
deren Forderungen in den auf der Idee des christlichen Humanismus aufbauenden Zwölf Artikeln vorgebracht und zusammengefaßt
wurden, trafen (29)?

Die Bauernkriegs-Auffassung WILHELM STOLZES ist getragen von
dem Willen, hinter dem Aufstand der Bauern nicht nur wirtschaftliche Interessen, sondern auch und in erster Linie religiöse
Motive zu entdecken, die Erhebung der Bauern aus im Grunde
ideellen Kräften zu erklären. Mit dieser Intention gelingen dem
Reformationshistoriker überraschende Einsichten: Die Rahmenvor-
stellungen des Bauernkriegs, die WILHELM STOLZE 1900 in seiner
Arbeit "Zur Vorgeschichte des Bauernkrieges" entworfen hat, sind

m.E. heute noch gültig. Dennoch sind an seine Konzeption drei
kritische Fragen zu stellen, die aber im Grunde als Fortführung
seiner Gedanken zu betrachten sind.

Erstens ist zu prüfen, ob WILHELM STOLZE nicht die innere
Dynamik der Reformation unterschätzt. Zwar ist es richtig, daß
schon bald, ganz massiv jedoch 1524 durch den Regensburger Kon-
vent Bayerns, Österreichs, Salzburgs und der süddeutschen
Bischöfe Repressionen der alten Kirche und der mit ihr verbundenen weltlichen Gewalten (Bayern und Österreich) gegen die reformatorische Botschaft und ihre Anhänger einsetzten. Aber ist
die evangelische Predigt selbst nicht ein höchst vehementer Angriff auf die Verweltlichung der 'geistlichen Gewalt' und damit
auf die gesamte kirchliche Hierarchie? Setzt sich Sprache nicht
in Tat um? Mußte der verbale Protest nicht aus sich heraus zu
Verhaltensweisen führen, die in jedem Fall auf eine Veränderung
der herrschenden Verhältnisse zielten? Konnte das auf friedliche
Art und Weise geschehen? Ist nicht angesichts der gegebenen Umstände in der Verkündigung der 'Martinianer' selbst die Revolution angelegt?

Zweitens ist zu überlegen, ob die Reformation, wie WILHELM
STOLZE will, als unteilbare, auf Luthers Handeln und Wirken beruhende Einheit anzusehen ist. WILHELM STOLZE differenziert nicht
zwischen den einzelnen Reformatoren, bzw. erkennt er neben Luther,
zu dem sich die Bauernschaft gerade im Bauernkrieg bekannt
hat (30), keinen anderen reformatorischen Impuls an. Das Ziel
der Auseinandersetzung mit Zwingli, Karlstadt und Müntzer in
"Bauernkrieg und Reformation" ist der Nachweis, wie wenig Einfluß diese Theologen auf die Bauernschaft gehabt haben (31).
Wird WILHELM STOLZE damit diesen Reformatoren und ihrer, mindestens im Falle von Karlstadt und Münzer unbestrittenen, radikalen Verkündigung gerecht? Bedeutet dieser Versuch, alle anderen Kräfte neben Luther auszuschalten, nicht eine Verengung der
Breite und Fülle reformatorischer Ansätze? Wird auf diese Weise
nicht die Reformation auf das Phänomen 'Luther' beschränkt, eine
Beschränkung, durch die, wie BERNHARD MOELLER behauptet, die
Reformation als Ereignis der Kirchengeschichte sich in ein Nebel-
gebilde auflöst (32)?

Schließlich ist drittens zu bedenken, ob durch die Darstellung WILHELM STOLZES das Verhältnis zwischen der bäuerlichen
Bewegung und Luther verständlich und durchsichtig wird. Einerseits ist Luther der Reformator, der die Massen, nachdem die
Predigt der 'Martinianer' durch die alte Kirche und die mit ihr
verbundenen weltlichen Gewalten (Bayern und Österreich) unterdrückt wird, zum Bekenntnis zwingt (33), andererseits ist er der
'apolitische' Seelsorger, der dieses Bekenntnis ablehnt und zurückweist (34). War Luther in dieser wichtigen Frage unentschlossen und ambivalent? Dem steht entgegen, daß er selbst, wie auch
WILHELM STOLZE betont, nicht der Meinung war, mit seiner Abwei-
sung der Bauern irgendeinem Gedanken zu widersprechen, den er
in früheren Jahren, vor 1525, geäußert hatte (35). Müßte dann
nicht klarer und überzeugender als durch den vagen Hinweis auf
'äußere Positionen' und 'Seelen' (36) zu analysieren sein, in-
wiefern sich Luthers Einstellung und Haltung von der der Bauern
unterscheidet und weshalb er ihr politisches Programm nicht

billigen konnte? Konnte Luther von seinen Grundgedanken aus
einen Zugang zu den Forderungen der Bauern finden? Konnte er
derartige soziale Bestrebungen fördern und unterstützen?

Die heute noch maßgebliche Monographie des Bauernkriegs
stammt aus der Feder von GÜNTHER FRANZ, der diese grundlegende,
alle Aspekte des Bauernkriegs erfassende Arbeit 1933 veröffent-
lichte. Nach dem Urteil PETER BLICKLES hat sich seit dieser
Publikation niemand im Westen mehr mit dem Problem 'Reformation
und Bauernkrieg' beschäftigt (37). GÜNTHER FRANZ sieht den Bauernkrieg zwar im wesentlichen als ein politisches Phänomen, als
einen Kampf der alten Dorfgenossenschaft gegen die unaufhörlich
vordringende Macht des frühneuzeitlichen Territorialstaats, als
eine Auseinandersetzung zwischen dem genossenschaftlichen Volks-
recht und dem obrigkeitlichen Herrschaftsrecht (38). Aber trotz
der pointiert politischen Sichtweise weist er der Reformation in
seiner Konzeption des Bauernkriegs einen entscheidenden Platz
zu. In einer Welt voller Spannung und Unruhe, in der der Haß
gegen die Geistlichkeit und die Kriche, wenn auch aus politisch-
sozialen, nicht aus religiösen Gründen stark war (39), bedeute-
ten der Thesenanschlag vom 31. Oktober 1517 und das Auftreten
des Wittenberger Mönchs kein zweitrangiges, für Politik und Gesellschaft irrelevantes Phänomen. Obwohl es dem Theologen Luther,
der für die wirtschaftlichen Nöte und die politischen Forderungen
des gemeinen Mannes kein Verständnis hatte (40), allein um sein
persönliches Verhältnis zu Gott, um die Rechtfertigung aus dem
Glauben ging (41), hatte seine Theologie und seine Verkündigung
ins Politische und Soziale hineinreichende Auswirkungen, denn
mit seiner Lehre und Verkündigung, aufgenommen und verstärkt
durch die Predigt anderer Reformatoren, war die unbefragte und
unbezweifelte Autorität der Kirche zerbrochen (42). In dieser
Situation blieb nur ein fester Punkt: die Heilige Schrift, die
in einem ganz erstaunlichen Maße von den 'bisherigen' Laien gelesen und studiert wurde (43).

Im weiteren Verlauf seiner Arbeit greift GÜNTHER FRANZ auf
die Ausführungen WILHELM STOLZES zurück, um zu zeigen, daß
zwangsläufig das Evangelium zur neuen Rechtsordnung wurde, an
der alles Irdische gemessen wurde (44). Auf dem Boden der reformatorischen Predigt wurden die beiden Traditionsströme des
"Alten Rechts" (45) und des "Göttlichen Rechts" (46), die vorher
unverbunden nebeneinander existiert hatten, zu einer einheitlichen Konzeption zusammengeschlossen (47). Da die herrschenden
Gewalten auf dieses Reformprogramm nicht eingingen, da vor allem
der Kaiser nicht daran dachte, sich um die deutschen Verhältnisse zu kümmern und die Forderungen des gemeinen Mannes zu verwirklichen (48), war der Konflikt unausweichlich, besonders,
nachdem auch die Hoffnungen auf die Einberufung eines deutschen
'Nationalkonzils' nach Speyer 1524 gescheitert waren (49).

Obgleich er den Bauernkrieg selbst nicht als religiöse Bewegung versteht, hängt GÜNTHER FRANZ in der Beurteilung des Zusammenhangs von Reformation und Bauernkrieg von WILHELM STOLZE ab.
Wie WILHELM STOLZE betont auch GÜNTHER FRANZ, daß der Bauernkrieg die Reaktion auf die uneinsichtige Politik der mit der
alten Kirche verbündeten Gewalthaber darstellt. Es fehlt jedoch
bei ihm die extreme und einseitige Hervorhebung Luthers, der

vielmehr im Kontext des Bauernkriegs in eine Randstellung gedrängt zu sein scheint. Damit stellt sich GÜNTHER FRANZ aber nicht dem Problem, wie die Korrelation von Reformation und Bauernkrieg genauer zu beschreiben ist. Wie wirkte der Wittenberger Reformator, dem es allein um sein persönliches Verhältnis zu Gott ging, auf das Volk, besonders auf die Bauern? Wie haben die anderen Reformatoren in der Bevölkerung Anklang und Zustimmung gefunden? Ist es wahrscheinlich, daß die - unter Umständen - gemeinsame Lektüre der Bibel der zündende Funke des Bauernkriegs war? Muß man hier nicht andere Formen der Kommunikation in Betracht ziehen, die die Verkettung von Reformation und Bauernkrieg besser erhellen und beleuchten können und damit die Verknüpfung evidenter und augenscheinlicher machen?

Eine ähnlich dominierende Stellung wie GÜNTHER FRANZ innerhalb der westdeutschen Bauernkriegs-Forschung nimmt in der Reformations-Geschichtsschreibung der DDR MAX STEINMETZ ein. Für seine Darstellung des Verhältnisses von Reformation und Bauernkrieg greifen wir den 1975 veröffentlichten Aufsatz "Der geschichtliche Platz des deutschen Bauernkrieges" heraus, in dem MAX STEINMETZ versucht, eine Bilanz der umfangreichen Bemühungen der DDR-Forschung über den Bauernkrieg zu ziehen (50). Neben anderen offenen Fragen erörtert er dabei auch das Problem 'Reformation und Bauernkrieg'. Auf der Grundlage des historischen Materialismus, ausgehend von den Werken Marx' und Engels', steht für MAX STEINMETZ fest, daß der Bauernkrieg den Höhepunkt der deutschen frühbürgerlichen Revolution (51) bedeutet (52). "Nach dieser Auffassung bilden Reformation und Bauernkrieg vom Thesenanschlag des Jahres 1517 bis zur Niederlage der Bauern und Plebejer 1525/26 einen einheitlichen revolutionären Prozeß, in dessen Ablauf sich die für eine reife bürgerliche Revolution charakteristischen Entwicklungsstufen bereits andeuten." (53) Im Einklang mit der marxistischen Geschichtsschreibung lehnt MAX STEINMETZ eine rein theologische Sicht der Reformation eindeutig ab (54). Eine derartige Perspektive, die nach seinem Verständnis notwendigerweise zu einer Verteufelung der aufständischen Bauern führt (55), isoliert die beiden wichtigsten zusammengehörigen Ereignisse dieser Epoche, Reformation und Bauernkrieg, und macht sie dadurch unverständlich (56). Gegen diese Verengung des geschichtlichen Blickfelds ist grundsätzlich festzuhalten: "Die Reformation war von Anfang an keine rein theologische Angelegenheit, wie die Kirchengeschichtsschreibung bis auf den heutigen Tag behauptet, sondern zugleich und ihrer tieferen Bedeutung nach der Versuch einer umfassenden Erneuerung der ganzen Gesellschaft. Dabei zeigte der Verlauf der Reformation sehr bald, daß diese Erneuerung sich nicht auf die Reform einer alten Struktur beschränken, sondern nur auf revolutionärem Weg und als Systemveränderung zum Erfolg führen konnte." (57)

Daß Reformation und Bauernkrieg zusammengehören, wie die DDR-Geschichtsschreibung behauptet, zeigt sich zunächst einmal daran, daß der Bauernkrieg in Gebieten ausbrach, in denen die Reformation vorgearbeitet hatte (58). Eine weitere Kette von Beweisen für den unteilbaren revolutionären Prozeß, der Reformation und Bauernkrieg umfasst, sieht MAX STEINMETZ in dem tatsächlichen

Verhalten der Bauern nach dem Ausbruch des Bauernkriegs: "Eine
der ersten Maßnahmen der Bauern in katholischen Territorien war
die Befreiung eingekerkerter Prediger. Die Bauern nannten sich
christliche oder evangelische Brüder, bezeichneten ihre Organisation als christliche Versammlung oder Vereinigung. Ihre Forderungen gingen von Luthers frühen Schriften aus, von dem Verlangen nach freier Pfarrerwahl und Predigt des unverfälschten
Gotteswortes. Sie zerstörten die Einrichtungen der Papstkirche,
vertrieben die Priester, zerstörten die Bilder, führten die
deutsche Sprache im Gottesdienst ein, wie es Müntzer zuerst ge-
tan hatte. Sie besetzten die Klöster, beschlagnahmten den kirchlichen Besitz und verweigerten die weitere Zahlung des Zehnten.
Ständige Berufung auf die Bibel kennzeichnet die Mehrzahl der
bäuerlichen Programme, was nicht nur eine Folge der Mitwirkung
revolutionärer Prediger an deren Abfassung, sondern allgemeine
Überzeugung war." (59)

Nachdrücklich hebt MAX STEINMETZ die Rolle der Prädikanten
hervor, um das Verhältnis von Reformation und Bauernkrieg zu erläutern. "Was in späteren Revolutionen die Juristen, das waren
im 16. Jh. die Prädikanten." (60) Allerdings kommen sie für MAX
STEINMETZ in erster Linie nicht als Prediger, Redner und 'Wort-
führer' in Betracht, sondern sie werden - trotz ihres Namens -
rein literarisch als Verfasser revolutionärer Schriften vorge-
stellt. Obwohl er ihnen eine herausragende Stellung zuspricht,
führt der DDR-Reformationshistoriker konkret nur an, daß sie
die Artikel, Briefe und Sendschreiben formuliert haben, mit
denen die Bauern an die Öffentlichkeit traten.

Das Festhalten am engen Zusammenhang von Reformation und
Bauernkrieg ist sicher ein Verdienst der DDR-Reformationsge-
schichtsforschung. Dennoch bleiben bei der Bilanz, die MAX
STEINMETZ zieht, zwei wichtige Fragen offen, selbst wenn man
von der Diskussion um den Begriff 'frühbürgerliche Revolution'
absieht. Erstens ist zu erörtern, warum MAX STEINMETZ nicht die
Differenzierung innerhalb der reformatorischen Bewegung, die er
sehr eindrücklich herausgearbeitet hat (61), auf das Verhältnis
von Reformation und Bauernkrieg anzuwenden versucht? Könnte es
bei Zugrundelegung der Unterscheidung zwischen gemäßigt-bürger-
licher, radikal-bürgerlicher und plebejisch-revolutionärer Reformation nicht einfacher sein, den genauen Zusammenhang von
Reformation und Bauernkrieg und damit die Einheit des revolutionären Prozesses zu erfassen? Muß nicht die dem Gesamtverständnis
widerstreitende Erscheinung, daß kein Aufruhr ausbrach in Gebieten, in denen die Reformation stark war (62), erklärt werden
durch die divergente Stellung der Reformatoren zu den Bauern
und ihren Anliegen und Forderungen?

Bedeutet es zweitens nicht eine Verengung des eigenen Ansatzes, wenn die Prädikanten, deren Bedeutung MAX STEINMETZ so
hervorhebt, allein als Literaten, als Verfasser revolutionärer
Programme ernst genommen werden? Werden die vielfältigen Formen
der Kommunikation damit nicht unterschätzt? Wäre es nicht sinnvoll, statt allgemeiner Theorien einen konkreten Punkt zu nennen, an dem die Übereinstimmung und Konvergenz radikaler Predigt
und bäuerlicher Forderung greifbar wird?

Eine Zusammenfassung der neueren historischen Forschung zum
Bauernkrieg bot das Symposion, das 1975 in Memmingen anläßlich
der 450-jährigen Wiederkehr des Bauernkriegs stattfand. In den
Referaten und Vorträgen, die unter dem Titel "Revolte und Revolution in Europa" veröffentlicht wurden, finden sich auch
Stellungnahmen zum Thema 'Reformation und Bauernkrieg'. PETER
BAUMGART, dem es darum geht, den kirchen-, frömmigkeits- und
religionsgeschichtlichen Aspekt wieder in die Diskussion einzuführen (63), weist darauf hin, daß der religiöse Erwartungs-
horizont des gemeinen Mannes in dieser Zeit schon von der Tradition her weit in den politisch-gesellschaftlichen Bereich hin-
einragte (64). Die sozialen Konsequenzen des Evangeliums wurden
also nicht erst durch die Reformation bewußt (65); weil aber
der gemeine Mann durch die evangelische Predigt in seiner Einstellung bestärkt wurde (66), gehört die Reformation auf jeden
Fall in die Vorgeschichte des Bauernkriegs. Die Zusammengehörigkeit von Reformation und Bauernkrieg wird ebenso von WINFRIED
BECKER anerkannt. Der Übergang des Baltringer Haufens vom göttlichen natürlichen Recht zum göttlichen Recht des Evangeliums,
eine der entscheidenden Umbruchstellen des Bauernkriegs (67),
geschah seiner Auffassung nach als reformatorisches Erlebnis
unter dem Eindruck der reformatorischen Verkündigung (68).
Schließlich macht WALTER MÜLLER auf ein wichtiges Verbindungs-
glied zwischen Reformation und Bauernkrieg aufmerksam: Die Propaganda für den sozialen Umsturz, für den Luther jede Verantwortung ablehnte, wurde weitgehend vom niederen Klerus getragen (69).
    Bei allen Stellungnahmen ist das Bemühen zu spüren, Refor-
mation und Bauernkrieg nicht voneinander zu trennen und zu iso-
lieren, sondern in einem geschichtlichen Zusammenhang zu sehen.
Diese Einstellung kennzeichnet auch die neueste Bewertung des
Bauernkriegs, die PETER BLICKLE in "Die Revolution von 1525"
vorgelegt hat. Die Studie geht aus von der Krise der spätmittelalterlichen Agrarwirtschaft und -verfassung (70), die sich aus
der Dynamik des frühmodernen Staates ergibt (71). Um seinen
enormen Geldbedarf zu decken, griff der frühneuzeitliche Terri-
torialstaat zu immer neuen Formen der Besteuerung (72); die zu-
nehmende steuerliche Belastung, die von den mittleren Gewalten,
dem Adel und den Prälaten, durchgängig auf die Bauern abgewälzt
wurde (73), führt zu den bäuerlichen Beschwerden, die die Krise
der Agrarverfassung markieren (74).
    Da die Krise des Feudalismus auf traditionellem Wege nach
dem Muster gemeinsamer Rechtsfindung zwischen Herren und Bauern
nicht zu lösen war (75), mussten die Bauern eine neue Methode
der Rechtsgewinnung und Rechtssetzung suchen. Sie fanden sie
schließlich in der Legitimation ihrer Forderungen durch das
Konzept des Göttlichen Rechts (76). "Ohne Göttliches Recht -
nur dies sollten die wenigen Hinweise dokumentieren - wäre die
Revolution in dieser Form nicht möglich gewesen." (77)
    Zwar gelang es den Aufständischen nicht, aus dem Begriff
'Göttliches Recht' eine politische Ordnung abzuleiten, die
funktionsfähig gewesen wäre (78). Die mit dem Schlagwort verbundenen Vorstellungen reichten jedoch aus, damit zu den Bauern
städtische Schichten stießen, die mit den Aufrührern kooperier-

ten und gemeinsame Ziele verfolgten. In vielen Städten Oberdeutschlands und Frankens trat die Gemeinde dem Rat feindselig und rebellisch entgegen (79). Aber "die Klammer für das gemeinsame Vorgehen von Bauern und Städtern war zweifellos das Evangelium, genauer die Umsetzung der reformatorischen Theologie in eine politische Theologie" (80). Auch für die anderen Zusammenschlüsse - etwa in den Bergbauzentren - lässt sich als Grundlage formulieren: "Hinter diesen Sonderbeschwerden tritt jedoch sehr deutlich das gemeinsame Anliegen der Bauern, Bürger und Knappen hervor: Durchsetzung des Evangeliums und Zurückdrängung der Eigenmächtigkeiten der herrschaftlichen Beamten zugunsten einer weiterreichenden Autonomie." (81)

So sehr PETER BLICKLE den 'theologischen' Gehalt der Zwölf Artikel und damit der Bauernbewegung betont, so negativ schätzt er die Rolle der Theologen ein, die - im Sinne der Zwölf Artikel folgerichtig - von den aufrührerischen Bauern der Christlichen Vereinigung als 'Fachleute' angerufen wurden (82). "Selbst wenn der Schwäbische Bund die Reformatoren eingeschaltet hätte - woran er selbstverständlich nicht im entferntesten dachte -, die Bauern hätten weder von Luther noch Melanchthon, allenfalls von Zwingli die erhoffte Antwort erhalten." (83) Die Reformatoren haben sich der Revolution versagt. Sie haben ihr die dringend notwendige Interpretation des Göttlichen Rechts nicht geboten (84), die zum Gelingen des überterritorialen Aufstands unerläßlich war. Allein mit dieser Auslegung hätte ein einheitliches politisches Ziel formuliert werden können, auf das sich alle revolutionären Kräfte hätten einigen können (85). Da dies nicht geschah, da die wichtigsten 'geistigen Autoritäten' sich sperrten, mußte die Revolution von 1525 scheitern.

An diesem Punkt setzen die Fragen an PETER BLICKLE ein. Unter dem Gesichtspunkt 'Reformation und Bauernkrieg' leidet seine Darstellung an einer mangelnden Differenzierung der Reformatoren, so daß an zwei Stellen Bedenken angemeldet werden müssen. Erstens ist zu überlegen, ob der Beitrag Luthers zum Bauernkrieg wirklich nur darin bestand, daß er sich weigerte, 'die' Interpretation des Göttlichen Rechts zu bieten. Hat Luther nicht sehr viel aktiver und energischer in den Bauernkrieg eingegriffen? Muß man nicht bei einer umfassenden, alle Perspektiven vereinigenden Bewertung des Bauernkriegs betonen, daß er sich geradezu zum 'ideologischen Gegenspieler' der Bauernbewegung erhob?

Stimmt es andererseits, daß der einzige Anteil anderer Reformatoren am Bauernkrieg die Negation war? Sieht nicht PETER BLICKLE angesichts des unglücklichen Ausgangs, angesichts der Erfolglosigkeit der bäuerlichen Bewegung die Rolle der Prädikanten zu einseitig vom Ende her? Muß nicht auch die Tätigkeit reformatorisch gesinnter Prediger vor dem Beginn des Bauernkriegs gewürdigt werden? Zeigt nicht das Beispiel Schappelers in Memmingen, das PETER BLICKLE ausführlich beschreibt (86), daß die Berührungen zwischen Reformation und Bauernkrieg sehr viel enger sind, als PETER BLICKLE zu erkennen gibt? Muß deshalb nicht, ehe in diesem Punkt ein endgültiges Urteil gefällt wird, die vorbereitende Wirksamkeit der Reformatoren untersucht werden, damit verständlich wird, wie die Bauern mit dem Begriff des göttlichen Rechts des Evangeliums versuchen konnten, das Problem der spätmittelalterlichen Agrarverfassung zu lösen? Mit dieser Frage, mit der Frage der vorbereitenden Wirksamkeit der Prädikanten beschäftigt sich der Aufsatz HENRY J. COHNS über "Anticlericalism in the German Peasants' War 1525". Grundvoraussetzung des Artikels ist wiederum der enge Zusammenhang von Reformation und Bauernkrieg. In diesem Komplex bildet der bislang vernachlässigte Antiklerikalismus des Spätmittelalters die Brücke zwischen den Angriffen auf die Kirche als Institution und dem Volksaufstand gegen die herrschende Ordnung (87). Die Ursache des weitverbreiteten Antiklerikalismus sieht HENRY J. COHN in der wirtschaftlichen Unterdrückung besonders der Bauern durch die geistlichen Gewalten (88). Nach einer sehr breiten Schilderung der vielfältigen Formen ökonomischer Repression kommt HENRY J. COHN zu dem Ergebnis: Die wirkende Kraft und Dynamik der Reformation, die als Katalysator den Bauernkrieg, der sich aus vielen Elementen zusammensetzte, ausgelöst hat, beruhte im Endeffekt auf einem dieser Elemente, dem Antiklerikalismus (89).

Mit dieser These hat HENRY J. COHN einen nicht mehr rückgängig zu machenden Schritt für das Problem 'Reformation und Bauernkrieg' vollzogen. Durch die Isolation des Elements 'Antiklerikalismus' hat er den globalen Begriff 'Reformation' differenziert und an einem wichtigen Punkt die Gemeinsamkeiten zwischen evangelischer Predigt und bäuerlichen Forderungen aufgedeckt. Damit ist der Übergang von der Reformation zum Bauernkrieg vorstellbar geworden. In diesem Zusammenhang macht HENRY J. COHN auf die neuen Möglichkeiten der Kommunikation aufmerksam: "The growing emphasis on preaching and the new medium of printing provided the means to communicate and where necessary to transform what might be considered the essentially urban and theological ideology of the Reformation into a political and social ideology in both town and country." (90) Kritisch ist zu bemerken, daß der Begriff 'Antiklerikalismus' bei HENRY J. COHN vergleichsweise blaß und theoretisch bleibt. Was bedeutet es konkret, daß der Antiklerikalismus die Brücke zwischen Reformation und Bauernkrieg bildet? Wie haben die Reformatoren den vorhandenen Antiklerikalismus benutzt? Wie, mit welchen Methoden haben sie die Bauern dazu gebracht, in einem öffentlichen Aufstand auf die Zerstörung der 'Kleriker-Herrschaft' und die Verwirklichung des Evangeliums zu drängen? Diese Fragen wollen wir in unserer Arbeit an einem Beispiel, am Problem der Zehntenfrage, beantworten. Wir wollen damit deutlich machen, wie die Reformation bzw. eine Gruppe der Reformatoren den Bauernkrieg von 1524/25 vorbereitet hat.

2. Gemeinde- und Fürstenreformation

Die offensichtliche Korrelation der beiden Ereignisse Reformation und Bauernkrieg wird nur dann übersehen, wenn man das Thema 'Reformation und Bauernkrieg' auf die Frage 'Luther und der Bauernkrieg' oder, noch enger, auf das Problem 'Luthers Bauernkriegsschriften' beschränkt. Um aus dieser Sackgasse der Reformationsgeschichte herauszukommen, wollen wir die von BERND MOELLER vorgeschlagene Differenzierung zwischen 'lutherischer' und 'oberdeutscher' Reformation (91) aufgreifen und auf die Betrachtung des Bauernkriegs und seiner Vorgeschichte anwenden. Den termini 'lutherische' bzw. 'oberdeutsche Reformation' entsprechen dabei in unserer Abhandlung die Bezeichnungen 'Fürsten-' bzw. 'Gemeindereformation', die das Charakteristische beider Konzeptionen noch stärker betonen sollen. Mit beiden Begriffen sollen aber nicht die Träger der Reformation, sondern die in Aussicht genommenen Rechtssubjekte des geplanten Kirchenwesens, also die Ziele der Reformation markiert werden.

Die vorgenommene Unterscheidung von Fürsten- und Gemeindereformation ist von STEVEN E. OZMENT bestritten worden (92). Für STEVEN E. OZMENT ist die Reformation ein aus drei verschiedenen Phasen, der Prediger-, der Volks- und der Magistrats-Reformation, aufgebauter Prozeß, der aber als Einheit zu betrachten ist, weil alle Gruppen zur endgültigen Gestalt der Reformation beigetragen haben. Die Prediger boten den ersten Anstoß durch ihre auf das Studium der Bibel gegründeten Predigten; die Bürger schufen die notwendige Anhängerschaft, die die Reformation vorwärtstrieb, und der Magistrat konsolidierte und stabilisierte die aus dem Volk kommenden Impulse (93). Darum ist es verkehrt, die Volksreformation gegenüber der Magistratsreformation auszuspielen. Aber genau dies versucht BERND MOELLER. Er behauptet nach STEVEN E. OZMENT (94), daß Luther die Möglichkeit, die in der Idee des allgemeinen Priestertums aller Gläubigen lagen, nicht ausgeschöpft, sondern durch die Zwei-Reiche-Lehre eingedämmt und damit die von STEVEN E. OZMENT definierte "Volksreformation" verhindert habe.

Die Zwei-Reiche-Lehre mit ihrer Trennung von Religion und Gesellschaft bot dynamischen Obrigkeiten die Chance, auf der Grundlage dieser Lehre ihre Vorstellungen vom Kirchenwesen durchzusetzen. Sie widersprach jedoch dem Bewußtsein des spätmittelalterlichen Menschen, vor allem des spätmittelalterlichen Bürgers, dessen Anliegen vielmehr von den oberdeutschen Gemeinde-Reformatoren, Ulrich Zwingli, Martin Bucer und vielen anderen, aufgenommen wurden, die auf der Grundlage des allgemeinen Priestertums aller Gläubigen Religion und Gesellschaft durch eine 'priesterliche Heiligung' des alltäglichen, gemeinschaftlichen Lebens zusammenführen wollten und insofern Luthers Ansatz besser bewahrten. Für STEVEN E. OZMENT ist diese Auffassung der frühen Reformationsgeschichte nicht akzeptabel, weil damit die Unterschiede zwischen den Reformatoren übertrieben werden.

Im Gegensatz zu BERND MOELLER will STEVEN E. OZMENT die beiden Auffassungen, die aus dem Spätmittelalter hervorgehende der oberdeutschen Reformation und die 'moderne' Luthers, auf verschiedene Phasen der Reformationszeit verteilen. Während die als Gemeinde-Reformation charakterisierte Vorstellung der oberdeutschen Reformatoren bis 1525 das Feld beherrschte, kam nach dem Scheitern des Bauernkriegs der Ansatz Luthers zum Tragen, der vorher keine bestimmte Ansicht über die Organisation des Kirchenwesens entwickelt hatte (95). Aber sind beide Konzeptionen, wie STEVEN E. OZMENT will, als harmonisch aufeinander folgende Entfaltungen einer einheitlichen Gestalt zu sehen? Gibt es zwischen ihnen keine konfliktgeladenen, spannungsreichen Brüche und Divergenzen?

Die wichtigste Differenz zwischen lutherischer und oberdeutscher Reformation, die es rechtfertigt, beide Reformationen zu unterscheiden, liegt darin, daß die lutherischen Reformatoren im Gegensatz zu den oberdeutschen die Kirche als eine verborgene, innerliche, spirituelle Gemeinschaft verstanden haben, die in dieser Welt nicht gesammelt werden könne, wohingegen die oberdeutschen Reformatoren die lokale Kirchengemeinde als Verkörperung und 'Verwirklichung' der allgemeinen Kirche betrachteten und deshalb die Heiligung des gemeinschaftlichen Zusammenlebens anstrebten.

Für Luther wird die Kirche 'erfahrbar' nur in Wort und Sakrament (96). Die Gemeinschaft der Gläubigen und Gerechtfertigten ist keine äußerliche Gemeinschaft (97), sondern eine innerliche (98), geistlich-spirituelle (99), verborgene (100), unsichtbare (101) Verbindung. Die bloßen Namenschristen gehören ihr nicht an (102). Vielmehr muß nach Luther die 'Kirche' von jeder äußerlichen Gemeinschaft unterschieden (103) und alles Greifbare muß von ihr ferngehalten werden (104). Damit verliert die 'Kirche' jede Umgrenzung (105). Sie ist deswegen nicht mit einem großen, geschlossenen Verband, sondern am ehesten mit einer Diaspora zu vergleichen (106). Da ihr geistliches Leben allein durch das göttliche Wort gelenkt wird (107), kann sie rechtlich nicht organisiert werden (108). Das allgemeine Priestertum aller Gläubigen ist unsichtbar (109). Selbst das Modell der apostolischen Urgemeinde kann auf die 'Kirche' nicht angewandt werden (110), da es nicht Sache der Kirche ist, positive Rechtssatzungen zu erlassen (111) und Kirchenordnungen aufzustellen (112). Daher läßt es sich begreifen, daß Luther zu einer "sittlich-sozialen" communio nicht gelangt ist (113).

Anders als für Luther ist für die oberdeutschen Reformatoren die Kirche sichtbar (114). Die Kirchengemeinde ist der Ort der Verwirklichung des Gottesreiches (115). Die Aufgabe der Heiligung betrifft deshalb nicht allein den Einzelmenschen, sondern muß von der ganzen Gemeinschaft erfüllt werden (116). Das Evangelium schafft Täter des Gesetzes (117). Es gibt die Frömmigkeit an, mit der die Christen innerhalb der Kirchengemeinde leben (118). Für Karlstadt, der der oberdeutschen Reformation zuzurechnen ist (119), geht es darum, die Theorie in die Praxis umzusetzen (120). Er legt im Unterschied zu Luther Wert auf das Äußere (121) und auf aufweisbare Veränderungen (122); darum hält er es für notwendig, die "christliche Stadt Wittenberg" zu errichten (123). Ebenso ist für Zwingli klar, daß die Menschen sich an das Sichtbare halten (124). Die allgemeine Kirche wird deswegen in der lokalen Kirchengemeinde konkret: Die Kilchhöre ist die Leibwerdung der Kirche (125). Aber die einzelne Kirchengemeinde als Verwirklichung der allgemeinen Kirche ist - im Unterschied zu Luther (126) - von der Welt nicht getrennt. Vielmehr sind in der Kilchhöre politische und christliche, 'Bürgergemeinde' und 'Christengemeinde' vereinigt (127). Beide Gemeinschaften sind im Grunde identisch (128). Als politische Körperschaft ist die Kirchengemeinde aber selbständig und autonom (129) sie ist berechtigt, die Ordnungen zu setzen, die für sie lebensnotwendig sind (130). Im Hintergrund der oberdeutschen Kirchenauffassung stehen damit aber die genossenschaftlichen Motive, die das Leben der deutschen Stadt im Mittelalter prägen (131).

Die Unterschiede in der Ekklesiologie zogen Konsequenzen in der Kirchenverfassung nach sich. Während die oberdeutschen Reformatoren von der Selbstbestimmung und Autonomie der lokalen Kirchengemeinde ausgingen und deswegen forderten, der Gemeinde in allen sie betreffenden Fragen und Problemen das letzte Wort zuzugestehen (132), haben die lutherischen Theologen notgedrungen die Souveränität im Kirchenwesen, die letzte Entscheidung in allen kirchlichen Angelegenheiten der weltlichen Gewalt übergeben, sofern die weltliche Gewalt von einem Christen bzw. einem Anhänger der evangelischen Lehre ausgeübt wurde. Für Luther, der immer davon überzeugt war, daß die christliche Gemeinde in dieser Welt verborgen sei und nicht empirisch faßbar gemacht werden könne, war die Gründung einer christlichen Gemeinschaft, die ihr Zusammenleben selbständig und autonom regelt, unmöglich, wenngleich er vor 1525 mit derartigen Überlegungen 'gespielt' hat (133).

Nach 1525, nach den Erfahrungen des Bauernkriegs, die seine immer vorhandene Furcht vor Tumult und Aufruhr aktualisierten, hat der Reformator endgültig Stellung bezogen. Ein geordnetes Kirchenwesen kann nur aufgerichtet werden, sofern die Christen, die die weltliche Gewalt innehaben, sich der Not ihrer von der geistlichen Gewalt verlassenen Mitchristen annehmen und die Regierung des Kirchenwesens besorgen. In dem Brief Luthers an Kurfürst Johann vom 30. November 1525 (134) ist die Konzeption der Fürsten-Reformation abschließend formuliert und ausgesprochen.

Für die lutherische Reformation war das allgemeine Priestertum aller Gläubigen unsichtbar. Die oberdeutschen Reformatoren dagegen betrachteten es als das konstitutive Prinzip der Verfassung des empirischen Kirchenwesens. Unter den damaligen politischen Verhältnissen war damit keine Trennung von 'Staat' und 'Kirche' gefordert. Vielmehr hat nach der Argumentation der Gemeinde-Reformatoren die weltliche Obrigkeit, in den südwestdeutschen Reichsstädten also der Rat, die Aufgabe, die christliche Gemeinde als Kirchenwesen, in dem alle Gemeindeglieder die gleichen Rechte haben, wiederherzustellen, nachdem die katholische Hierarchie diese ursprüngliche Form christlicher Gemeinschaftsbildung zerstört hatte. Aber auch nach der Erneuerung der christlichen Versammlung befürworten die oberdeutschen Reformatoren nicht die Trennung von weltlicher Gewalt und christlicher Gemeinde, sondern die Kooperation. Die weltliche Obrigkeit ist notwendig als Anwalt der christlichen Gemeinde, die sonst in den Gefahren dieser Welt unterzugehen droht. Doch hat die weltliche Gewalt, die sozusagen als Exekutive handelt, im Kirchenwesen selbst nichts zu bestimmen, denn die Souveränität in allen sie betreffenden Angelegenheiten liegt bei der versammelten Gemeinde. Die Autonomie, die sie besitzt, darf von der weltlichen Obrigkeit nicht angetastet werden. Diesen Grundsatz kennt die Fürsten-Reformation, in der in allen wichtigen Punkten wie Besteuerung der Gemeinde und Einsetzung des Predigers die weltliche Gewalt als 'praecipuum membrum ecclesiae' zu entscheiden hat, nicht.

Diesen verfassungstheoretischen Gegensatz zwischen lutherischer und oberdeutscher Reformation, der sich aus der unterschiedlichen Ekklesiologie ergibt, kann STEVEN E. OZMENT nicht auflösen. Daß die divergenten Standpunkte in Ekklesiologie und Verfassungstheorie, wie STEVEN E. OZMENT behauptet (135), bedingt sind durch die unterschiedliche Situation, in der die Reformatoren leben, ist möglich, wenngleich das Beispiel Karlstadts gegen diese These spricht. Aber mit dieser Erklärung wird nicht die Tatsache aus der Welt geschafft, daß die Auffassungen unterschiedlich sind.

Infolge ihrer differierenden Gemeinde-Konzeption gehören die Reformatoren genauso zu den Befürwortern wie zu den Gegnern der Bauernbewegung. Die Spaltung der Reformatoren, die mit der Unterscheidung von Gemeinde- und Fürsten-Reformation zusammenfällt, soll in unserer Studie an einem wichtigen Problem aufgezeigt werden, an der Einstellung der Reformatoren gegenüber den Zehntenverweigerungen.

Die Zehntenverweigerungen bildeten in den Entscheidungsjahren der Reformation, in den Jahren 1521 bis 1525, einen wichtigen Bestandteil der allgemeinen Erregung. Die Analyse der Methoden, mit denen die oberdeutschen Reformatoren durch ihre Behandlung der Zehntenfrage den weitverbreiteten Widerstand gegen die kirchliche Hierarchie legitimierten und vorantrieben, kann einen Beitrag leisten zum Verständnis dieser unruhigen Zeit. Umgekehrt bestätigt die Erkenntnis, daß die lutherischen Reformatoren als die theologischen Überwinder der Bauernbewegung auftraten, die These, daß wir es bereits in dieser Periode mit zwei divergenten 'Reformationen' zu tun haben, in denen unterschiedliche Konzeptionen über den Charakter und den Träger des gedachten Kirchenwesens wirkten.

Um unsere Argumentation verständlich zu machen, wollen wir zunächst die Ausgangssituation der meisten reformatorischen Stellungnahmen beschreiben, nämlich die angekündigten und erfolgten Zehntenverweigerungen der zehntpflichtigen Bauern. Dazu wollen wir erstens, soweit es für unseren Zusammenhang erforderlich ist, die Institution des Zehnten erläutern. Danach sind die Grundgedanken der Zehntenverweigerung in der Reformationszeit zu erörtern. Mit der Entfaltung dieser beiden Punkte ist der Hintergrund der analysierten Veröffentlichungen erhellt. Als Abschluß der Einleitung wird daher nur noch kurz die Differenz der reformatorischen Reaktionen angesprochen und endlich die Methode unserer Analyse erklärt.

3. Das Zehntwesen

a) Theorie und Praxis

Der Zehnte ist die am längsten entrichtete Steuer der Weltgeschichte. Über ein Jahrtausend war er das wirtschaftliche und
finanzielle Rückgrat des kirchlichen Systems, das bis zum Beginn der Neuzeit dem politischen an Bedeutung und Relevanz nahezu gleichkam. Er war die wichtigste 'Kirchensteuer' (136), von
der fast ausschließlich das Funktionieren der lokalen Pfarreien
abhing.
   Seiner ursprünglichen Idee nach war der Zehnte der Dank, den
jeder Christ Gott für seine Wohltaten und seine gnädige Führung
abstatten sollte. Aufgrund dieser Theorie wurde an und für sich
jede Erwerbstätigkeit eines Christen durch das System des Zehnten erfasst. Daß der Zehnte einmal allein auf die Landwirtschaft
beschränkt und zu einer rein agrarischen Abgabe werden könnte,
war für das frühe Mittelalter, in dem der Kirchenzehnte zum
erstenmal gefordert wurde, undenkbar. Aber unter mittelalterlichen Bedingungen, in denen nur die Landwirtschaft steuerpoli-
tisch einigermaßen exakt in den Griff zu bekommen war, entwickelte sich der Zehnte zu einer reinen Belastung der landwirtschaftlichen Produktion.
   Um die umfassende, lebensweite Erstreckung und Ausdehnung
des Zehnten rechtlich zu erfassen, wurden verschiedene Katego-
risierungen der Zehntarten vorgenommen. Nach der systematischen
Reihenfolge der Einteilung werden unterschieden: Personal- und
Realzehnte, Frucht- und Blutzehnte, großer und kleiner Zehnte.
   Die wichtigste theoretische, für die Praxis allerdings be-
langlose Differenzierung bildete dabei die Trennung von Perso-
nal- und Realzehnten. Unter Personalzehnten wird in diesem Konzept der zehnte Teil der Tätigkeit verstanden, durch die jemand
persönlich sein Einkommen gewinnt, mit anderen Worten also der
zehnte Teil der handwerklichen Produktion und des Handels. Da
die Ablieferung dieser Abgabe schwierig zu kontrollieren war,
hat sie niemals große Bedeutung gewonnen. Im Spätmittelalter,
in dem handwerkliche Produktion und Handel sich immer mehr aus-
breiteten, scheint sie gänzlich ausgestorben zu sein. Das bedeutet, um es kraß auszudrücken, daß der Klerus im Spätmittelalter von der rein handwerklich-kaufmännisch tätigen Bevölkerung
der Städte nur durch freiwillige Beiträge, nicht durch obligatorische Steuern unterstützt wurde.
   Die Hauptlast der 'materiellen Reproduktion' der Kirche im
Spätmittelalter lag auf der Landbevölkerung, denn viel wichtiger
als der Personalzehnte war der Realzehnte, der Zehnte, der seinem Namen nach alle Sachgüter betraf, mit anderen Worten: der
Zehnte der agrarischen Erwerbstätigkeit. In der Systematik des
Zehnten wurden zwei Arten des Realzehnten unterschieden, der
Frucht- und der Blutzehnte (137).
   Der wiederum weitaus bedeutendere Teil des Realzehnten war
der Fruchtzehnte der, wie schon der Name zu erkennen gibt, den
Acker- und Gartenbau erfasste. Beim Fruchtzehnten unterschieden
die Systematiker des Zehntwesens ferner zwischen großem und

kleinem Zehnten. Der große Zehnte erstreckte sich auf die hauptsächlichen Halmfrüchte, Weizen, Roggen, Gerste, Dinkel und Hafer (138), und, in günstiger Lage besonders angenehm, auf Wein. Weiter wurden zum großen Zehnten der Heu- und der Flachszehnte gerechnet, bei denen aber nicht sicher ist, ob sie häufig eingesammelt wurden. Wegen der im Vergleich zu anderen Zehntarten leichten Erhebbarkeit, wegen der relativ problemlosen Lagerung und wegen des finanziellen Gewinns war der große Zehnte die begehrteste Zehntabgabe; sehr oft ist allein an ihn gedacht, wenn vom Zehnten gesprochen wird.

In den kleinen Zehnten waren alle Gartenerzeugnisse eingeschlossen, also Obst, Nüsse, Bohnen, Erbsen, Kraut, Mohn usw. Da die Einbringung dieser Zehntart mühsam war, ist sie seit dem 10./11. Jahrhundert, sobald sich die Gelegenheit bot, in eine Geldabgabe verwandelt worden. Öfters scheint auch ganz auf die Erhebung des kleinen Zehnten verzichtet worden zu sein.

Weniger belastend für die Landwirtschaft war der Blutzehnte, zu dem, wie der Name andeutet, alle Tiere eines Bauernhofs beitrugen, von Rindern und Pferden angefangen bis zu Hühnern. Auch der Blutzehnte wurde in einen großen und einen kleinen Zehnten unterteilt, wobei zum großen Zehnten das Großvieh, Rinder und Pferde, gezählt wurde, während der kleine Zehnte von Schafen, Ziegen, Schweinen, Hühnern usw. erhoben wurde. Wie der Name verrät, war beim kleinen Blutzehnten besonders der Schweine- oder Speckzehnte von Relevanz.

Unter dem Namen des Blutzehnten wurden jedoch nicht nur die frisch geborenen Tiere verzehntet. Der zweite Teil dieser Zehntart setzte sich zusammen aus allen tierischen Erzeugnissen, die auf einem Bauernhof hervorgebracht wurden, z.B. Milch, Wolle oder Honig. Daran ist leicht zu erkennen, daß der Blutzehnte genauso schwer einzubringen war wie der kleine Fruchtzehnte. Er ist daher in derselben Zeit und mit derselben Geschwindigkeit aus einer Natural- in eine Geldabgabe verwandelt worden.

Trotz aller systematischen Klärungen blieb der Zehnte eine unbestimmte und unpräzise Abgabe, da er völlig auf Gewohnheitsrecht beruhte. Bei jeder neu eingeführten Fruchtart kam dieselbe Streitfrage immer wieder auf: Fällt die neue Fruchtart unter den Zehnten oder nicht? (139) Da die Interessen der Zehntempfänger und Zehntpflichtigen konträr waren, bot das Gewohnheitsrecht keine eindeutige Anleitung für die Beantwortung dieser Frage. So ist am Ende des Mittelalters festzustellen, daß es von der Agrarrechtsgeschichte jeder einzelnen Region und sogar jedes einzelnen Dorfes abhing, welche Güter in welchem Umfang verzehntet wurden. Dennoch ist für das Mittelalter im ganzen das Urteil WILHELM ABELS berechtigt, der anhand einiger Zehntabrechnungen konstatiert: "Wie schon diese wenigen Angaben erkennen lassen, stand unter den Abgaben der Bauern vielfach der Zehnt voran." (140)

Was den Zehnten besonders verhaßt machte, war die Art und Weise der Erhebung. Bei der Einsammlung des großen Fruchtzehnten, auf den wir uns im folgenden beschränken können, waren zwei Probleme zu lösen, nämlich erstens: Zu welchem Zeitpunkt wird der Zehnte weggeführt?, und zweitens: Wer ist für die Wegschaffung des Zehnten verantwortlich? Auch diese Fragen sind in verschiedenen Landschaften unterschiedlich beantwortet worden, aber im allgemeinen hat sich die folgende Regelung durchgesetzt:

1. Eingesammelt wird der Zehnte zusammen mit der Ernte. Niemals hat der Zehntherr das Recht, vor der Ernte aus einem bestimmten Bereich, etwa dem zehnten Teil des Grundstücks, das Korn hinwegzuführen. Andererseits ist aber auch der für die Zehntpflichtigen günstigere Sackzehnte, der Zehnte, der erst nach dem Ausdrusch des Getreides entrichtet wurde, selten, da bei dieser Erhebung zu viel Betrug im Spiel war.

2. In der Theorie steht fest, daß die zehntpflichtigen Bauern die geforderten Zehntgüter zu den entsprechenden Orten, Kirchen, Zehnthöfen, -kellern oder -scheuern transportieren müssen. Diese Auffassung wurde aber in der Praxis nicht verwirklicht. So sorgte an den meisten Orten in aller Regel der Zehntherr dafür, daß der Zehnte von der Ernte weg in seine Zehnthöfe, -keller oder -scheuern eingefahren wurde.

Zum Schluß dieses Abschnitts wollen wir schildern, wie es in der Erntezeit in allen Regionen, in denen der große Fruchtzehnte in der allgemein üblichen Form erhoben wurde, aussah. Mit der Ernte konnte erst aufgrund der Erlaubnis des Zehntherren begonnen werden. Nachdem die Ernte eröffnet worden war, fuhren die Bauern frühmorgens, sobald der Zehntherr bzw. im Normalfall sein Vertreter, der Zehnter, die Tore des Dorfs geöffnet hatte, mit ihren Erntewagen aufs Feld hinaus. Begleitet wurden sie dabei vom Zehnter und mehreren seiner Gehilfen, sofern das Dorf entsprechend groß war. Bei der Ernte wurde jede zehnte Garbe vom Zehnter und seinen Gehilfen besonders bezeichnet und besonders gelagert. Da öfters Betrügereien versucht wurden - die Bauern brachten z.B. die schlechtesten Halme in der zehnten Garbe unter, sie machten diese so klein wie möglich usw. -, hatte der Zehnter an vielen Orten das Recht, aus zehn Garben eine auszuwählen. Unter der strengen Aufsicht des Zehnters arbeiteten so die Landleute den ganzen Tag.

Das Zeichen zur Beendigung der Arbeit gab wiederum der Zehnter. Falls die Bauern sich nicht an seine Anweisungen hielten, durfte er die Tore vor ihnen verschließen. Von den einkommenden Wagen wurde dann der Zehnte in die Scheuer des Zehntherren gebracht. Selbstverständlich wurden Versuche, die Garben auf die eigene Seite zu schaffen, streng bestraft (141).

Das ganze Verfahren war mehr als kleinlich. Für das Selbstbewußtsein des Landmanns stellte es eine harte Zumutung dar. Deswegen ist es nicht verwunderlich, daß sich immer wieder 'unpolitische' Zehntenverweigerungen ereigneten, zumal sie relativ leicht zu bewerkstelligen waren. Öfters warteten die Bauern nicht auf die Erlaubnis des Zehntherren, um mit der Ernte zu beginnen. Verständlicherweise legten sie dann keinen Wert auf die genaue Bestimmung des Zehnten. Häufig geschah es auch während der Erntezeit, daß Landleute früher aufs Feld fuhren oder später heimkehrten, als die Zehntordnung gestattete. Von den Zwischenfällen, die die Einsammlung des Zehnten auf den Feldern begleiteten, haben wir schon berichtet. All diese Dinge trugen dazu bei, daß die Erhebung des Zehnten bei den Bauern äußerst unbeliebt und das Verhältnis zwischen Zehntherren und Zehntpflichtigen, Zehntern und Landleuten mehr als gespannt war. Das ist im Verlauf der folgenden Abhandlung zu berücksichtigen, damit die Zehntverweigerungen der Reformationszeit nicht als einzigartig erscheinen.

b) Die Übernahme des Zehnten durch die Kirche

Die Abgabe eines bestimmten Prozentsatzes der wirtschaftlichen Produktion, normalerweise des zehnten Teils, an Tempel und andere kultische Einrichtungen war im Altertum bei vielen Völkern des Mittelmeerraums bekannt. Die weite Verbreitung und gute Durchbildung des sakralen Zehntrechts bei Griechen und Römern hat später, im frühen Mittelalter, die Verwirklichung des kirchlichen Zehntgebots erleichtert (142). Maßgeblich für das christliche Europa wurde jedoch die Zehntordnung des Alten Testaments, die ihrerseits wie vieles andere vermutlich von den Kanaanäern übernommen wurde (143). Schon in vorstaatlicher Zeit als Zehntrecht eines Tempels bezeugt (Gen 28,22), wurde die ausführliche Beschreibung der Ablieferung des Zehnten am Tempel in Jerusalem für den Verfasser des Deuteronomiums in der spätjudäischen Königszeit ein Mittel, um die von ihm dringend gewünschte Zentralisation des Kults in Jerusalem voranzutreiben. Seinem Wunsch gemäß sollten die abgabepflichtigen Landleute den Zehnten selbst verzehren "an dem Ort, den der Herr erwählt hat" (Dtn 12,6f.11f.; 14,23.26). In seinen breiten Schilderungen (vgl. Dtn 5,12-19; 14,22-29) ist jedoch eigenartigerweise von einer Leistung an Gott oder den Priester keine Rede. Erst in exilisch-nachexilischer Zeit stellt die Priesterschrift die Behauptung auf, daß der Zehnte den Leviten als Erbteil zufalle (Num 18,21.24.26). Wir hören aber im Alten Testament fast nur von Verordnungen des Zehnten, dagegen selten von Erfüllungen (Neh 13,12; 2Chr 31,5).
    Die christliche Kirche betrachtete in den ersten Jahrhunderten ihrer Existenz das Zehntgebot als eine der Bestimmungen, die durch das Kommen Jesu Christi abgetan und erfüllt waren. Für alle richtungweisenden Theologen der Kirche im heidnischen Römerreich war die Zehntforderung des Alten Testaments zu lax, weil sie der menschlichen Eigensucht und Habgier zu sehr nachgab. Ihrer rigorosen Theologie nach war es beleidigend für Gott, ihm nur den zehnten Teil des eigenen Einkommens zur Verfügung zu stellen. Selbst Hieronymus, der häufig als Kronzeuge für das Zehntgebot der Alten Kirche herangezogen wird, erklärt in seinem Maleachi-Kommentar, daß die Vorschrift des Zehnten ein Notbehelf für die Schwachen sei, die sich schwer von ihren Gütern trennen können. Die wahren Glieder der Kirche geben alles, was sie haben, den Armen und folgen dem Herrn, ihrem Erlöser, nach (144). "Das älteste einwandfreie Zeugnis für die Forderung des Zehnten in der abendländischen Kirche stellt erst die kurz nach 500 von Eugrippius verfaßte 'Vita Sancti Servini' dar." (145) Der Wunsch nach allgemeiner Anerkennung und Befolgung des Zehntgebots reiht sich ein in eine Bewegung, in der in Westeuropa im 6. und 7. Jahrhundert in breiter Front die Aufnahme alttestamentlicher Sitten und Gebräuche propagiert wurde. Unter den aus der Ostkirche nach Westen vordringenden Ideen, von denen die

wichtigste die Identifikation des Sonntags, eines bis dahin normalen Arbeitstags, mit dem Sabbat des Alten Testaments war,
bildete das Zehntgebot eine Maßnahme, mit der das Leben der
christlichen Gemeinde der Existenz des Volkes Israel gleichge-
staltet werden sollte. Wie bei vielen anderen kulturellen Einrichtungen scheinen auch in diesem Fall iro-schottische Mönche
die Übermittler griechischer Vorstellungen in das westliche
Abendland gewesen zu sein (146).

Die erste kirchliche Synode, von der wir wissen, daß sie sich
mit der Frage des Zehnten auseinandersetzte, ist die Synode zu
Tours 567. Gegenüber der Alten Kirche ist die Beschäftigung mit
dem Zehntgebot gekennzeichnet durch eine eindeutige Abschwächung
des theologisch-moralischen Rigorismus. Die versammelten Bischöfe
schärfen den Gläubigen zwar ein, daß sie getreu dem Beispiel
Abrahams von all ihrem Einkommen den zehnten Teil Gott opfern
sollen. Einen über den Zehnten hinausgehenden Verzicht, den die
früheren Theologen immer als die eigentlich passende Gabe der
Gläubigen erwartet hatten, erwähnen sie aber nicht mehr. Mit
der Erleichterung der moralischen Forderung ist der Grund gelegt für den entscheidenden Zug, der das Zehntwesen im Mittelalter von den Institutionen der frühen Kirche abhob, - die Ver-
rechtlichung. Moralischen Rigorismus mit juristischen Kategorien
zu erfassen, ist unmöglich; dagegen ist es einfach, ein mehr
oder weniger normales Steuersystem in rechtliche Formen zu gies-
sen. Diesen Schritt vollzog die zwei Jahrzehnte nach Tours ta-
gende zweite Synode von Macon 585. Die auf dieser Synode zusam-
mengekommenen Bischöfe Galliens erklären, daß der Zehnte, eine
lange vernachlässigte Abgabe, nach dem Geheiß Gottes von allen
Gläubigen zu entrichten sei, also eine Rechtspflicht darstelle.
Jeder Christ ist juristisch gezwungen, die Zehntleistung aufzubringen; in gewissem Sinne ist er damit aber auch von über den
Zehnten hinausgehenden Forderungen frei.

Die Erhebung des Zehnten zur Rechtspflicht war für die christliche Ethik ein 'Rückschritt'. Aus einer Notregel, die für die
Schwachen gedacht war, hatte sich eine allgemeine Bestimmung für
alle entwickelt, die aber - Vorteil jeder rechtlichen Fixierung
- zwangsweise eingetrieben werden konnte.

Dieser Vorteil wurde in den nächsten zwei Jahrhunderten noch
nicht sichtbar. Es gibt keine Belege dafür, daß selbst die ab-
geschwächten Forderungen von den Gläubigen erfüllt und die von
den Bischöfen empfohlenen Richtlinien in der Praxis eingehalten
wurden.

c) Die Erhebung des Zehnten zum allgemeinen Gesetz

Den nächsten Markstein in der Entwicklung des Zehnten bildet
das Kapitular von Heristal 779. In ihm liegt der Beweis dafür
vor, daß in der Zeit Karls des Großen die Entrichtung des Zehnten Reichsgesetz war. Die Kirche durfte nach diesem Kapitular
die Abgabe des Zehnten mit 'staatlichen' Mitteln erzwingen.
Diese Ordnung, durch die das Zehntwesen auf eine neue Basis gestellt wurde, hat Karl der Große jedoch nicht eingeführt, sondern legalisiert. Bereits unter seinem Vater Pippin ist das

Zehntgebot zum allgemeinen Gesetz erhoben worden, und zwar zwischen den Jahren 756 und 768. In einem Schreiben an den Mainzer Erzbischof Lul erklärt Pippin, daß die Kirche mit königlicher Unterstützung an allen Orten den Zehnten einziehen könne. Bei dieser Deklaration handelt es sich wahrscheinlich nicht um einen einzigartigen Erweis königlicher Gnade an den Mainzer Erzbischof, sondern um eine Aufforderung, die vermutlich an alle Bischöfe und Erzbischöfe des fränkischen Reiches gerichtet war. Außer dem genannten Schreiben ist jedoch heute keine literarische Überlieferung dieser königlichen Empfehlung mehr zu finden (147).

Die Gründe, die Pippin zu der Innovation des allgemeinen Kirchenzehnten bewogen haben, sind umstritten. Nach der herrschenden, von ULRICH STUTZ in dem erwähnten Aufsatz entwickelten Anschauung stellt die Aufforderung Pippins ein 'Tauschgeschäft' dar, mit dem die Kirche, richtiger ausgedrückt: der Episkopat, für die durch die Säkularisationen des Kirchenguts unter Karl Martell entstandenen Verluste entschädigt werden sollte. Die Kirche ist durch die Annahme des allgemeinen Kirchenzehnten auf dieses Ansinnen eingegangen, nach den Worten ULRICH STUTZ' aufgrund der Einsicht, "daß, mindestens auf lange hinaus, an eine Rückgabe des entzogenen Kirchenguts nicht zu denken sei" (148).

Dieser heute noch anerkannten Theorie hat schon bald ERNST PERELS widersprochen. Er wies darauf hin, daß nirgendwo in den schriftlichen Unterlagen die Einführung des allgemeinen Kirchenzehnten mit der Säkularisationsfrage bzw. der Frage der Rückgabe der eingezogenen Kirchengüter verkoppelt sei. Daher nimmt er an, "der Kirchenzehnt bedeute nur einen Teil - einen überaus bedeutsamen Teil - der großen karolingischen Kirchenreform und Kirchenorganisation, die Pippin großzügig begann und Karl der Große in noch größerem Stil fortführte" (149). Die Einwände, die ERNST PERELS vorbringt, sind gewichtig. Man darf darüber nur nicht vergessen, daß aufgrund der Konzeption des Eigenkirchenrechts sowohl Pippin als auch Karl der Große beträchtliche materiellen Gewinn aus einer großzügigen Kirchenreform und Kirchenorganisation und vor allem aus der Einführung des allgemeinen Kirchenzehnten zogen. Neben den Tauf- und Pfarrkirchen, denen hauptsächlich der mit 'staatlichen' Mitteln eingetriebene Zehnte zugute kam, sind es bereits im 8. Jahrhundert die Fiskalkirchen gewesen, die in den Genuß eines vollen, uneingeschränkten und funktionierenden Zehntrechts kamen. Die neu gewonnenen Zehnten dieser Fiskalkirchen flossen aber wie all ihre Einkünfte dem König zu.

Die Verteilung des Zehnten, der an die Tauf- und Pfarrkirchen fiel, unter die Empfangsberechtigten war durch die Gelasianische Teilungsvorschrift (150), die der Theorie nach für alle kirchlichen Einkünfte galt, geregelt: ein Viertel dem Bischof, ein Viertel dem Pfarrer und den übrigen Geistlichen, ein Viertel der Kirchenfabrik (Restaurationen an Kirchengebäuden usw.) und ein Viertel den Armen. Neben dieser Verteilung finden sich auch verschiedene Modi der Dreiteilung, z.B. die zuerst in Spanien übliche: Bischof, Pfarrer, Kirchenfabrik, durch die später der Empfang des Zehnten, der in diesen Bestimmungen ursprünglich

nicht erfasst war, geordnet wurde. Angesichts des robusten
Durchsetzungsvermögens der Bischöfe in der Kirche des frühen
Mittelalters blieben diese Konventionen aber meist auf dem
Papier stehen.
ERKKI OLAVI KUUJO, der sich sehr ausführlich mit der Zehntgeschichte der Erzdiöse Hamburg-Bremen bis zum Beginn des Spätmittelalters (um 1350) beschäftigt hat, konstatiert mit Hilfe
der erzbischöflichen Schenkungsurkunden, daß die Erzbischöfe
immer den ganzen Zehnten, niemals das ihnen rechtlich allein
zustehende Viertel der Abgabe verschenken (151). In der Regel
werden Pfarrer, Kirchenfabrik und Arme mit kleinen Pflichtbe-
trägen abgespeist, die für jeden Berechtigten höchstens ein
Zehntel der gesamten Einnahmen ausmachen. Seine Forschungen
faßt der finnische Kirchenhistoriker folgendermaßen zusammen:
"Die oben gewonnenen Ergebnisse lassen klar erkennen ..., daß
sich im Erzbistum Hamburg-Bremen keine solche Vierteilung des
Zehnten denken läßt, bei der jeder nach den allgemeinen Bestimmungen der katholischen Kirche zu Zehnten Berechtigte sein
Viertel vom ganzen Gebiet der Gemeinde erhalten hätte." (152)
Dieses Resultat läßt sich auf Westeuropa verallgemeinern. "Für
Westeuropa ist allgemein festgestellt worden, daß der Bischof
oft den Zehnten aller Gebiete, soweit sie nicht ausdrücklich
den Pfarrkirchen zuerkannt waren, für sich beanspruchte." (153)

d) Der Kirchenzehnte in Laienhänden

Nachdem die reibungslose Ablieferung des Zehnten mit der Stabi-
lisierung und Konsolidierung des fränkischen Reiches unter Karl
dem Großen gesichert war, beanspruchten unter seinem Nachfolger Ludwig dem Frommen die adligen Eigenkirchenherren den
Zehnten für ihre Eigenkirchen. Das Eigenkirchenrecht, das wir
bei der Erwähnung der Fiskalkirchen gestreift haben (154), ist
die Übertragung germanischer Sakralrechtsvorstellungen ins
christliche Kirchenrecht (155). Nach dem germanischen Recht
konnte jede rechtsfähige Person, d.h. jeder Hofbesitzer, auf
seinem Grund und Boden einen Tempel errichten, einen Priester
anstellen - falls er nicht selbst die priesterlichen Funktionen
übernehmen wollte - und die Geschenke und Gaben an den Tempel
ohne weitere Verpflichtungen einnehmen und genießen. Nach der
Christianisierung sahen die Germanen keinen Grund, an diesen
sakralrechtlichen Verhältnissen etwas zu ändern, abgesehen davon, daß statt Tempeln Kirchen gebaut werden mußten. Anders als
bei heidnischen Tempeln hatte der germanische Adel jedoch bei
christlichen Kirchen mit einer festgefügten Organisation unter
der strengen Autorität der kampferprobten Bischöfe zu rechnen.
Im römischen Recht aufgewachsen, hatten die Bischöfe andere Gedanken über Sinn, Zweck und Recht des christlichen Gottesdienstes und der für ihn notwendigen Gebäude. Für sie war eine einzelne Kirche nicht ein 'Privatgeschäft', sondern eine 'Filiale',
die nach den Bestimmungen des römischen ius publicum in admini-
strativer und finanzieller Hinsicht der zentralen Leitung des
'Unternehmens' untergeordnet war. Zwischen beiden Sakralrechts-
auffassungen, der germanisch-privatrechtlichen und der römisch-

vereinsrechtlichen, mußte es zu dem Konflikt kommen, der bis
zur Reichssynode von Frankfurt 794 die Kirchenpolitik West-
europas bestimmt hat (156).
     Der Kompromiß, der auf der Reichssynode gefunden wurde, sah
vor, daß der Bischof über Lehre und Amtsführung des Pfarrers
wachte, während die Einnahmen jeder Kirche, die ein adliger
Privatmann gebaut hatte, an den Eigenkirchenherren gingen. Der
Adlige hatte zwar für die standesgemäße Lebenshaltung des ange-
stellten Klerikers und die Erhaltung des Kirchengebäudes zu
sorgen, aber diese Anordnung verhinderte nicht, daß nach dem
Vorbild der Gerichtsgefälle zwei Drittel aller kirchlichen Einnahmen an den Herrn fielen, auf dessen Grund und Boden die
Kirche stand. Das letzte Drittel verblieb dem Pfarrgeistlichen.
Rein ökonomisch betrachtet, bedeutet somit der 'Kompromiß von
Frankfurt' den Sieg des Eigenkirchenwesens über das öffentlich-
rechtliche Kirchensystem, in dem die Bischöfe die uneingeschränkten Herren gewesen waren.
     Um ihre Position weiter auszubauen, begehrten die an den Ein-
künften ihrer Kirchen interessierten adligen Grundherren, ebenfalls in den Genuß des Zehnten zu kommen. Kirchenrechtlich war
der Standpunkt des Laienadels alles andere als fest begründet,
da die Zehnten für die Tauf- und Pfarrkirchen bestimmt waren und
die meisten Eigenkirchen, einfache Kapellen untergeordneter Bedeutung, diesen Rang nicht besaßen. Trotz der kirchenrechtlichen
Bedenken setzten aber die Grundherren unter der schwachen Regierung Ludwigs des Frommen ihren Willen durch. In dem berühmten
Aachener Kirchenkapitular von 818/819, vermutlich auf der Reichssynode von 819 erlassen, wird verfügt, daß der Zehnte von Eigenkirchen entgegengenommen werden könne, wenn den älteren Rechten
bestehender Pfarr- und Taufkirchen kein Eintrag geschehe (157).
     Es ist schwierig festzustellen, ob die verfügte Einschrän-
kung eingehalten worden ist. Auf jeden Fall hat der den adligen
Grundherren zukommende Kirchenzehnte die nun mit aller Macht ein-
setzende Kolonisation und Neulandgewinnung angereizt. Die von
Adligen manchmal im tiefsten Urwald angelegten Kirchen oder Kapellen bildeten den Ansatzpunkt für Siedlungen, die unter günsti-
gen Bedingungen ein blühendes Wirtschaftsleben entfalteten, von
dem wiederum der adlige 'Anleger' profitierte. Der erneute Sieg
des Eigenkirchenwesens hat damit die Rodungstätigkeit des 9.,
10. und 11. Jahrhunderts beflügelt.
     Die Institution des Zehntwesens war, kirchenrechtlich gesehen,
nach dem Aachener Kirchenkapitular vollendet. Die bisherige Darstellung hat aber gezeigt, daß der Zehnte von Anfang an den Keim
der Entartung in sich trug oder, noch härter geurteilt, sich aus
einem entarteten Keim entwickelte. Spätestens nach dem Sieg des
Eigenkirchenwesens 818/819 wurde der Zehnte nicht mehr als
Heiligtum (Lev 27,32), sondern als Anlageobjekt betrachtet. Die
weitere Geschichte des Zehnten wird bestätigen, daß durch seine
Einführung nicht das Weltliche 'vergeistlicht', sondern das
Geistliche verweltlicht wurde.
     Die im 11. Jahrhundert von dem erstarkten und erneuerten
Papsttum ausgehende Reformbewegung hat trotz beachtlicher An-
fangserfolge auf dem Gebiet des Zehntwesens genausowenig wie in
anderen Bereichen erreicht. Im Rahmen ihres Kampfes gegen die

Simonie, der einen Hauptpunkt des Reformprogrammes bildete, stellten die Reformer die Forderung auf, daß der Zehnte nicht in Laienhände gelegt werden dürfe (158). Nach göttlichem Recht gehöre der Zehnte der Kirche. Kein Laie darf es wagen, ihn in Besitz zu nehmen und der rechtmäßigen Eigentümerin zu entreißen, wenn er nicht wegen Simonie angeklagt werden will.

Zunächst erlangte die Reformbewegung an vielen Orten die 'Rückführung' des Zehnten in den kirchlichen Bereich. Viele Laien gaben ihre Zehntrechte auf und überließen den Geistlichen die Nutzung des Zehnten, die diese oftmals nie besessen hatten. Im ganzen erwies sich das Projekt aber als undurchführbar. Es war unmöglich, die gewachsenen Rechtsverhältnisse in einem Anlauf zu beseitigen. Der Eifer der ungestümen Freiheitskämpfer, der hartnäckigen Vertreter der 'libertas ecclesiae' wich der Anpassungsbereitschaft.

Die dritte Lateransynode 1179 beschloß, daß Laien, die rechtmäßigerweise im Besitz von Zehntrechten wären, weiter den Zehnten einziehen dürften. Sie sollten in der Nutzung ihres Zehnteinkommens nicht beeinträchtigt und behelligt werden. Allein die in der Zukunft durch Neulandgewinnung, Kolonisation usw. hinzukommenden Zehnten dürfen nicht Laien, sondern müssen ausnahmslos kirchlichen Körperschaften zugeführt werden. Auf diese Weise wurde die Differenzierung von Alt- und Neubruchzehnten, mit der man schon gegen Ende des 11. Jahrhunderts das Problem in den Griff zu bekommen versucht hatte, kirchlich legalisiert. Aber so wenig die Unterscheidung von Alt- und Neubruchzehnten auf die Dauer einen Vorteil gebracht hat, so wenig hatte das 1179 von Alexander III. verkündigte Dekret "Prohibemus" Erfolg. Der Übergang des Zehnten in Laienhände war aufgrund der allgemeinen wirtschaftlichen Entwicklung nicht zu verhindern. Bis zur Reformation, genauer: bis zur Abschaffung des Zehnten im 19. Jahrhundert, blieb es bei der nach kanonischem Recht nicht zu tolerierenden Einziehung und Nutzung des Zehnten durch Laien. Im 14. und 15. Jahrhundert wurden die Zehntrechte der Laien sogar immer umfangreicher, da Bischöfe und Klöster, auf der Suche nach liquiden Mitteln und potenten Geldgebern, sich nicht scheuten, den Zehnten zum Tausch anzubieten. So kam es im Spätmittelalter sogar dazu, daß auch Juden zu Beziehern des allgemeinen Kirchenzehnten wurden. Dieser Konstellation korrespondiert das andere Faktum, daß Juden im Spätmittelalter genauso zu 'Zehntengebern' wurden, womit wir schon in den nächsten Abschnitt übergreifen.

e) Der Verfall des Steuercharakters des Kirchenzehnten

Die letzte entscheidende Entwicklung im Zehntwesen, die sich im Spätmittelalter vollzog, aber in der früheren Zehntgeschichte schon angelegt war, bildete die Umwandlung des Zehnten aus einer persönlichen Leistung zu einer mit dem Grundbesitz verbundenen Belastung. Nach einer neugeschaffenen Rechtskonstruktion haftete der Zehnte am Grundeigentum und nicht an der Person des Grundeigentümers. Für diesen Schritt im Zehntwesen sprachen gewichtige ökonomische Gründe. Wegen der wachsenden Mobilität der Be-

völkerung im Spätmittelalter war es notwendig, den Zehnten am
immobilen Grund und Boden festzumachen. Sonst wären Pfarr- und
Taufkirchen, die sich allein auf die Zuwendungen und Abgaben
der in der Kirche Getauften verlassen hätten, bald 'ausgetrock-
net', da die Zehntleistungen abwandernder und wegziehender
Bauern in der damaligen Zeit nicht mehr wiederzugewinnen waren.
   Aber wir dürfen nicht vergessen, daß dem Grundcharakter nach
im Zehntwesen ein kirchliches Steuersystem vorliegt. Wieder ist
das Beispiel der Juden aufschlußreich. Genauso wie Juden aufgrund wirtschaftlich verständlicher Tauschgeschäfte Bezieher
des allgemeinen Kirchenzehnten werden konnten, vermochte sie
umgekehrt die kirchliche Zehntpflicht zu treffen, sobald sie
ein zehntpflichtiges Grundstück erwarben. Deutlicher kann, geurteilt vom Blickpunkt dessen, der noch den ursprünglichen Sinn
des Zehntwesens im Auge hat, die Fragwürdigkeit des im Spätmittelalter bestehenden Zehntensystems nicht illustriert werden.
   Das vermögensrechtliche System des Zehnten, das das kirchliche Steuersystem ersetzte, war theologisch nicht zu begründen.
Derartige Versuche sind nicht unternommen worden; zumindest sind
keine bekannt geworden. Vielmehr können wir feststellen, daß
schon vor der Reformation die Tübinger Professoren Gabriel Biel
und Konrad Summenhart das Zehntwesen für nicht vereinbar mit
dem göttlichen Recht gehalten und deshalb abgelehnt haben (159).
   Daß mit der expandierenden Geldwirtschaft die Abgabe des
Zehnten in Geld statt in Naturalien aufkam, wurde schon erwähnt (160). In unserem Zusammenhang ist es nicht notwendig,
alle Rechtsgeschäfte aufzuzählen, die mit der wachsenden Differenzierung des Geschäftslebens im Spätmittelalter ins Zehntwesen eingeführt wurden. Doch eine Möglichkeit, die die sich
ausdehnende wirtschaftliche Spezialisierung an Neuerungen im
Zehntwesen bot, soll zum Schluß wegen ihrer Anschaulichkeit geschildert werden: die Verpachtung des Zehnten.
   Da die Einsammlung des Zehnten für den Zehntempfänger mit
mancherlei Aufwand und vielen Unzuträglichkeiten verbunden war,
angefangen von störrischen Landleuten bis hin zum Bau und zur
Erhaltung von Zehnthöfen und -scheuern, kamen findige Geschäfts-
leute, verständlicherweise vor allem Getreidehändler, auf den
Gedanken, den Zehntenbeziehern die Verpachtung des Zehnten vor-
zuschlagen. Die Verpachtung bot dem Zehntempfänger den Vorteil,
unabhängig vom Ergebnis der Ernte eine feste Geldsumme einnehmen
zu können (161). Der Pächter konnte als gewiefter Geschäftsmann
einen Profit für sich erwarten, da die Pacht in aller Regel erst
kurz vor der Ernte versteigert wurde, also zu einem Zeitpunkt,
an dem ein Sachkundiger den Ernteertrag abschätzen konnte. Daß
die Pacht um des geschäftlichen Anreizes willen nicht den vollen
Erlös des Zehnten betragen konnte, ist klar. Der Verpächter hatte jedoch den Gewinn, sich nicht mit all den kleinlichen Streitigkeiten abgeben zu müssen, die sich bei der Einsammlung des
Zehnten ereigneten.
   Bis zu diesem Punkt, bis zur Verdrängung des kirchlichen
Steuersystems durch eine vermögensrechtliche Ordnung war die
Zehntgeschichte gediehen, als die Reformation hereinbrach. Die
Frage, die der Zehnte den Menschen der Reformationszeit stellte,
betraf zunächst nicht das grundlegende Problem, das sich im

Spätmittelalter gebildet hatte: der Zehte - eine Steuer oder ein privates Vermögensobjekt? Für alle, die von den Gedanken der Reformation erfüllt waren, stand vielmehr im Vordergrund die Zumutung, Bischöfen, Domherren und Mönchen, die die Reformation als unkirchlich, unchristlich und heidnisch gebrandmarkt hatte, weiterhin Opfergaben zu weihen. Wie konnten die mit heidnischen Götzen- und Baalsdienern auf eine Stufe Gestellten es wagen, von Christen für ihre gotteslästerlichen Götzendienste Zehnten zu beanspruchen?

Von den Menschen der Reformationszeit unbemerkt, basierte dieses antiklerikale Gefühl aller Wahrscheinlichkeit nach auf einem Problem, das mit dem zerrütteten Zustand des kirchlichen Systems im Spätmittelalter zusammenhängt und das FRANZ XAVER KÜNSTLE, der Erforscher des Rechts der deutschen Pfarrei am Ausgang des Mittelalters, in die Worte fasst: "Pfarrer wird nicht derjenige Priester genannt, welcher die Seelsorge der Gemeinde versieht, sondern stets nur diejenige Person, welche die Pfarrpfründe inne hat, gleichviel, ob sie die Seelsorge persönlich ausübt oder durch andere ausüben läßt." (162) Wenn man berücksichtigt, daß schätzungsweise 93% aller Pfründeninhaber nicht in der Pfarrei residierten, aus der sie ihre Pfründen bezogen (163), kann man verstehen, daß die Landbevölkerung erbittert war über die 'Pfründenfresser', die ohne jede Gegenleistung den Zehnten an Getreide und anderen Nahrungsmitteln aus der örtlichen Gemeinde wegführten. Eine solche Situation ist ein günstiger Nährboden für jede Art von Antiklerikalismus.

Der Haß auf die alte, ihrer Meinung nach verkommene und verdorbene Kirche führte die Bauern in der Reformationszeit, einer Zeit aufgewühlter Emotionen, zu den Zehntverweigerungen, die schließlich als Ferment zum Großen Bauernkrieg von 1525 beitrugen. Bei der Erörterung der Zehntenfrage stießen die Reformatoren jedoch auf die Frage, auf die in der vorliegenden Darstellung die Zehntgeschichte hinauslief und die das Kernproblem des Zehntwesens implizierte, auf die Frage: der Zehnte - öffentliche Steuer oder privater Besitz?

4. Zentenverweigerungen in der Reformationszeit

Unpolitische Verstöße gegen die Zehntordnung sind nicht auf die Entscheidungsperiode der Reformationszeit, die Jahre 1521 bis 1525, beschränkt. Übertretungen der Zehntvorschriften ereigneten sich während des ganzen Mittelalters (164), und sie sind nach der Verfestigung der Reformation in den konfessionellen Landeskirchen nicht ausgestorben. Die im Zehntwesen herrschenden Sitten, Bräuche und Gewohnheiten machten es den Landleuten unter Umständen leicht, die Zehntordnung zu mißachten. Die Ziele, die mit solchen Verletzungen der Zehntvorschriften verfolgt wurden, waren unter anderem Erleichterung eines wirtschaftlichen Notstands, Errettung aus drückender Lage, Erbitterung über kleinliche Bevormundung, Demonstration der örtlichen Unabhängigkeit und Autonomie, aber auch in vielen Fällen die finanziellen Vorteile, die heute noch mit einem Steuerbetrug verbunden sind. Die Beispiele der in der Agrargeschichte nicht unbekannten Zehntenverstöße häuften sich jedoch in der kritischen Phase der Reformationszeit, in den Jahren nach 1521. Sie begannen 1523 in den Bistümern Bamberg und Speyer und in der Pfalz (165). Ein weiterer Unruheherd lag in der Zürcher Landschaft, dem Herrschaftsgebiet der Stadt Zürich. 1524 ergriffen die Demonstrationen ganz Süddeutschland und die Schweiz. In ihrer chronologischen Dichte und ihrer wachsenden Verbreitung bildeten diese Streikaktionen die Vorhut des Großen Bauernkriegs von 1525. Aus derartigen Kundgebungen des bäuerlichen Protests konnte die Bewegung, die sich später in den Zwölf Artikeln manifestiert, fast 'organisch' erwachsen.

In gleicher Weise sind die Zehntenverweigerungen aber als unmittelbare Folgen der reformatorischen Predigt anzusehen. Bei allen Protestaktionen wird die 'konventionelle' Form des Widerstands gegen die Zehntordnung durchbrochen. Die Zehntenverweigerungen in der Reformationszeit sind neu und einzigartig. Während vor und nach der kritischen Periode der Reformation die rechtliche Gültigkeit des Zehntsystems nicht bestritten wird und der Protest gegen den Zehnten den Charakter des Unausgesprochenen, Heimlichen und damit Kriminellen trägt, wird die Zehntverweigerung in der Reformationszeit offen gefordert und propagiert. Die 'konventionellen' Verstöße gegen die Zehntordnung achten äußerlich das Zehntrecht, wohingegen in der Reformationszeit in und mit den Protestaktionen die Rechtsgrundlage des Zehnten abgelehnt wird. 'Konventioneller' Widerstand gegen den Zehnten vor und nach der Reformationszeit entspricht somit dem Steuerbetrug, während die Zehntverweigerungen der Reformationszeit mit politischen Steuerstreiks zu vergleichen sind.

Eine Gemeinschaft, die derart offen mit ihrem Protest auftritt, muß einen legitimen Grund für ihr Vorgehen anführen können. Das Argument, das die Bauern für ihre Verhaltensweise vorbringen, haben wir bereits (166) gehört: Abscheu vor dem 'heidnischen Götzendienst'. Das 'Affenspiel', das die katholische Messe seiner Meinung nach darstellte, wollte der von der evangelischen Botschaft überzeugte Landmann nicht mehr unterstützen. Darum sträubte er sich gegen die Ablieferung des Zehnten, der diesem System als finanzielles Rückgrat diente.

In ihrer Tendenz gingen demnach die Zehntenverweigerungen der Reformationszeit über die wirtschaftliche und finanzielle Ebene hinaus. Durch diese Aktionen wurde die existentielle Notlage, in der sich viele Bauern befanden, zum Ausdruck gebracht. Da ein Kirchenaustritt unter den damaligen Bedingungen nicht im Bereich des Möglichen lag, waren die Zehntenverweigerungen das symbolische Mittel, um gegenüber der römischen Kirche Antipathie und Haß zu demonstrieren. Der Zehntenstreik war, wenngleich die ökonomische Bedeutung der Verweigerung nicht geschmälert werden soll, nicht in erster Linie intendiert als finanzielle Bereicherung, sondern als zeichenhafter Akt, der die Tiefe des durch die reformatorische Predigt ausgelösten Umbruchs, das Ausmaß der Negation und Ablehnung anzeigte. Die Nähe zum wirtschaftlichen Bereich und zum ökonomischen Profit verdeckt, welche

Kraft der Versinnbildlichung hinter dem Vorgehen der Zehntenverweigerer steckt, die durch ihre Tat bezeugen, daß sie mit
einer ihrer Meinung nach verfallenen Institution keine Verbindung mehr aufrechterhalten wollen.

An dieser Stelle ist die von den Tagen Luthers bis zur Gegenwart vertretene These vom 'Mißverständnis der lutherischen Botschaft' durch die Bauern anzusprechen. Nach dieser Interpretation legten die Bauern die Lehre Luthers von der 'geistlichen'
Freiheit eines Christenmenschen 'fleischlich' aus als Freibrief
für ihre eigenen wirtschaftlichen und sozialen Belange. Nun ist
richtig, daß die Bauernschaft, etwa durch Zehntenstreiks, das
Evangelium mit sozio-ökonomischen Folgerungen verkettete. Aber
daß eine Reinigung der verweltlichten Kirche, die Geistliches
und Weltliches miteinander vermischt hatte, mit dem Ziel der
Rückführung auf die geistliche Sphäre wirtschaftliche Konsequenzen haben mußte, war und ist allen einsichtig, die einen
Überblick über die Verflechtung der mittelalterlichen Kirche ins
politische und ökonomische Tagesgeschehen haben. Aus der Zehntgeschichte ist deutlich geworden, wie sehr die Kirche seit dem
Bündnis mit der weltlichen Gewalt in theologisch-moralisch ziemlich anrüchige Geschäfte verstrickt war. Daß die Bauern bei der
Anwendung des Evangeliums auf das 'säkularisierte' Wirtschafts-
gebaren der römischen Kirche ihren eigenen Vorteil suchten, kann
ihnen ein nüchterner und realistischer Beurteiler nicht ver-
denken. Kann es unter diesen Umständen etwas anderes als 'Miß-
verständnisse der lutherischen Botschaft' geben?

Die Negation der römischen Kirche ist aber nicht die ganze
Wahrheit der Reformationszeit. Die positiven Momente, in denen
sich die aufbauenden Elemente der Zehntenstreiks konzentrieren,
sind erstens die Zuneigung und Sympathie für Luther und die
anderen Reformatoren und zweitens der Wunsch, die Verwaltung
des Zehnten in die eigene Hand zu nehmen. Zehntenverweigerungen
sind wie viele andere symbolische Handlungen ein Mittel, um die
Anerkennung der evangelischen Botschaft und die Forderung nach
lokaler Autonomie auszudrücken. Der Vertrauensbeweis für die
'Prediger des Gotteswortes' und das Verlangen nach politischer
Selbständigkeit muß neben dem Haß auf die Altgläubigen und die
Kleriker stehen, wenn man den bäuerlichen Protest in der Reformationszeit deuten will.

Der Enthusiasmus für die evangelische Botschaft manifestiert
sich auch in der Literatur zur Zehntenfrage. Alle reformatorischen Publizisten, die sich zum Problem des Zehnten äußern, bemerken, sie seien von Lesern, Zuhörern und Anhängern um diese
Stellungnahme gebeten worden. Noch in den Anfangsmonaten des
Bauernkriegs wird diese Verhaltensstruktur der Bitte um reformatorische Erklärungen, die bei der Zehntenfrage sichtbar wird,
aktualisiert, wenn Luther, Melanchthon und andere Reformatoren
als Vermittler im Konflikt zwischen Fürsten und Bauern, Obrigkeiten und Untertanen angerufen werden.

Die Verknüpfung von bäuerlichem Protest, Begeisterung für
die reine Verkündigung, das lautere Gotteswort ohne menschliche
Zusätze und Wunsch nach Selbstverwaltung kennzeichnet somit die
Zehntenverweigerungen der Reformationszeit. Wie haben die Reformatoren auf die sich aus dieser Verbindung ergebenden Fragen
reagiert?

5. Die Stellung der Reformatoren

Ohne den Thesenanschlag vom 31. Oktober 1517 hätte es niemals den Bauernkrieg von 1524/25 gegeben. Ausgehend von diesem Satz, der in der heutigen Bauernkriegs-Forschung ziemlich unbestritten ist, wollen wir versuchen, anhand der Zehntenfrage den Zusammenhang, in dem Reformation und Bauernkrieg zueinander stehen, genauer zu beschreiben, wobei vor allem die unterschiedlichen Reaktionen der Reformatoren auf dieses Problem hervorgehoben werden sollen.

Ihrer politischen Funktion nach war die Reformation, knapp zusammengefasst, ein Angriff auf die etablierte Hierarchie, auf Bischöfe, Domherren und Klöster. Den Kern der Reformation als kirchenpolitischer Bewegung macht nicht Luthers Rechtfertigungslehre aus, die zur Not in dem weiten Raum der katholischen Theologie hätte untergebracht werden können, sondern die Ablehnung des priesterlichen Mittleramts und die Bestreitung des kanonischen Rechts. Diese beiden zusammengehörigen Punkte mußten zum 'status confessionis' werden, weil sie die theoretische Grundlage der mittelalterlichen Kirche in Frage stellten.

An beiden Stellen war die päpstliche Kirche einem Hagel reformatorischer Angriffe ausgesetzt, die sie in Deutschland bis an den Rand des Untergangs trieben. Bei Luthers Auftreten vor dem Reichstag zu Worms sollen neun Zehntel der deutschen Bevölkerung gegen die etablierte Hierarchie eingestellt gewesen sein.

Diese Zahlen wären in früheren Zeiten nicht möglich gewesen. Sie sind bedingt durch ein technisches Hilfsmittel, dessen Bedeutung für die Reformation nicht überschätzt werden kann: den Buchdruck. Die Erfindung des Buchdrucks gab jedem 'Meinungsträger' die Chance, seine Stellungnahme zu aktuellen und zu prinzipiellen Problemen nicht nur seinen unmittelbaren Nachbarn, sondern weit entfernt Wohnenden mitzuteilen. Auf diese Weise hat der Buchdruck in der Neuzeit eine neue Art von Öffentlichkeit hergestellt. Mit dieser Erkenntnis sind wir mitten in der Reformationszeit, in der Zeit der ersten modernen Massenbewegung, deren Modernität offensichtlich mit der Erfindung Gutenbergs zusammenhängt.

Die Reformation hat von der technischen Neuerung der verschiebbaren Lettern profitiert. Geschickt und resolut haben die Reformatoren die Möglichkeiten des neuen Mediums ausgenützt. Nur noch einmal vor dem 20. Jahrhundert ist eine der Flut von 1521 bis 1525 vergleichbare Welle von Flugschriften über Deutschland hinweggegangen, - in der Revolution von 1848/49.

Die Überlegenheit der Reformatoren wird dadurch dokumentiert, daß die Druckerzeugnisse der Jahre 1521 bis 1525 nicht gleichmäßig unter die beiden streitenden Parteien verteilt sind. Über 80% der Pamphlete kommen aus der reformatorischen Ecke. Neben den sprachgewaltigen Publizisten der Reformation, die sich ungeniert in der Muttersprache äußern und jeden ansprechen, wirken die katholischen Gegner mit ihren schon an Zahl geringeren Veröffentlichungen unbeholfen und steif. Sie sind immer noch der gelehrten Welt der Codices und des Kirchenlateins verhaftet.

Ihre Publikationen sind sozusagen Übertragungen der Handschriften in den Druck ohne Wahrnehmung der durch das neue Medium gebotenen Chancen. Luther selbst konnte es in der Anfangsphase der Reformation übernehmen, Verlautbarungen seiner Gegner - mit eigenen Anmerkungen - auszusenden, weil er die Wirkungslosigkeit dieser Art der Propaganda richtig einschätzte. Welch anderes Phänomen bildet dagegen Luther! Der subtile Theologe, der die Argumentations- und Denkweise der spätmittelalterlichen Scholastik beherrschte, konnte in populären Schriften seine Gedanken auf so einfache Vergleiche und so einleuchtende Bilder bringen, daß jeder ihn verstand - und viele ihm zustimmten. Und Luther steht nicht allein; neben ihm übertragen Theologen und Schriftsteller wie Ulrich Zwingli und Martin Bucer, aber auch viele andere Anhänger der reformatorischen Bewegung tiefe Gedanken in griffige Schlagworte und Gleichnisse. Alle Verbreiter reformatorischer Auffassungen verstehen sich auf die Kunst, zündende Ideen unter das Volk zu bringen. Mit anderen Worten: Alle in der Öffentlichkeit wirksamen Reformatoren sind große Journalisten gewesen.

Neben der Schrift darf das Wort nicht vergessen werden. Obwohl die Reformation ohne den Buchdruck nicht denkbar wäre, haben die Reformatoren in erster Linie nicht durch ihre Texte, sondern durch ihre Predigten gewirkt. Auf tausend Schriften kommen abertausend Predigten, mit denen der kirchenpolitische Grundgedanke der Reformation - der Angriff auf die kirchliche Hierarchie durch die Beseitigung der priesterlichen Vermittlung und des darauf aufbauenden Kirchenrechts - den Zuhörern ins Herz gesprochen wurde. Die Publikationen, zu einem großen Teil nachträglich gedruckte Predigten, sind nur die Spitze der reformatorischen Agitation, an der die mittelalterliche Kirche zerbrach.

Die reformatorischen Aufrufe in Wort und Schrift blieben nicht folgenlos. Zeitgenossen, die die Predigten hörten und lasen, fühlten sich gedrängt, die Mißstände, die die Reformatoren bekämpften, aus der Welt zu schaffen. Das mußte zu unkontrollierten Aktionen führen, da die politisch herrschenden Kreise zögernder mit der Tat waren als das Volk. Ab 1521 reißen Bilderstürme, Störungen des Meßgottesdienstes, Übertretungen der Fastengebote, Beschimpfungen katholischer Geistlicher, Eheschließungen der Priester, Mönche und Nonnen usw. nicht ab. Zu diesen spontanen Handlungen des Volkes gehören auch die Zehntverweigerungen, mit denen wir uns in dieser Studie beschäftigen wollen.

Die Reformatoren, die neben allen anderen Ereignissen auch die Zehntenstreiks hervorgerufen hatten, konnten auf diese Vorfälle positiv oder negativ reagieren. Neben der - größeren - Gruppe der Reformatoren, die Protestdemonstrationen und Zehntverweigerungen akzeptierten und annahmen, steht eine andere Gruppe, die sie ablehnte. Die beiden Gruppen decken sich ziemlich mit der von BERND MOELLER vorgeschlagenen Abgrenzung der oberdeutschen von der lutherischen Reformation (167). Auch die verfassungstheoretische Alternative 'Fürsten-' oder 'Gemeinde-' Reformation, die wir zur Verdeutlichung der Differenzierung BERND MOELLERS eingeführt haben, wird durch die unterschiedlichen Reaktionen auf die Zehntenstreiks bestätigt. Während sich die lutherischen Reformatoren entschieden gegen Zehntenverweigerungen wehrten, stehen die oberdeutschen Reformatoren ihnen wohlwollend und verständnisvoll gegenüber. Jedoch werden auch die oberdeutschen Reformatoren durch politische Rücksichten an einer uneingeschränkten und eindeutigen Zustimmung zu Zehntenstreiks gehindert. Wegen der unsicheren Verhältnisse war es ihrer Ansicht nach nicht zweckmäßig, Zehntverweigerungen direkt zu verteidigen und zu legitimieren. Sinnvoller und geschickter war es ihrer Meinung nach, die Angriffe auf die hohen Würdenträger der römischen Kirche fortzusetzen und in diese Polemik die Mißstände im Zehntwesen aufzunehmen. In der Aufrechterhaltung der verbalen Offensive, die wiederum zu neuen Aktionen reizte, zeigt sich das Einverständnis der oberdeutschen Reformatoren mit den Zehntverweigerern. Auf diese Weise führte trotz aller Distanziertheit und Zurückhaltung die Predigt der oberdeutschen Reformatoren zu den Demonstrationen des Frühjahrs 1525.

Die Gruppe der lutherischen Reformatoren, die nach dem Ausbruch des Bauernkriegs, nach dem Beginn bäuerlicher Aktionen auf die Zehntenstreiks negativ reagierte, befand sich in einer schwierigeren Lage als die bauern- und gemeindefreundliche Gruppe. Da eine Rückkehr zur kirchenpolitischen Herrschaft der Bischöfe, Domkapitel und Klöster für sie ebenfalls undenkbar war, mußte sie eine gesellschaftliche Gruppe außerhalb der Gemeinde finden, an die sie sich anlehnen konnte. Bei gleichzeitiger Ablehnung des im Kirchenwesens herrschenden Klerus und der aufständischen Gemeinde blieb den lutherischen Predigern und Publizisten nur eine politische Macht, auf die sie sich stützen konnten: die Obrigkeiten, besonders die im Aufstieg begriffenen Territorialfürsten. Sie alleine waren zusammen mit dem gemäßigten Bürgertum imstande, spontane Volksaktionen abzubrechen und Zehntverweigerungen zu beenden. An sie mussten die 'Konservativen' sich wenden, wenn sie den Tumult auflösen - und die christliche Gemeinde als Träger des Kirchenwesens, als Träger der 'Gemeinde-Reformation' preisgeben wollten.

Die Territorialfürsten mussten zum Eingreifen nicht besonders aufgefordert werden. Neben allen ideellen Erwägungen winkte beim Kampf mit der Gemeinde eine prächtige Beute: der Reichtum der Bistümer, Stifte und Klöster. Dieser Preis war Ansporn genug, unter dem - vorgegebenen?, ehrlich geglaubten? - Argument, für Frieden sorgen zu müssen, die Fürsten-Reformation in die Wege zu leiten und den Kampf mit der Gemeinde zu wagen, der üblicherweise mit dem Ausdruck 'Bauernkrieg' bezeichnet wird (168). In dem den Bauernkrieg begleitenden, teilweise auch auslösenden Streit um die positive oder negative Beantwortung der Zehntenfrage geht es also um die Lösung wichtiger Probleme: Wer bestimmt über den Zehnten? Wer ernennt und bestätigt die Prediger? Wer entscheidet im Kirchenwesen? Wer ist der Souverän der Kirchenorganisation? Dabei ist zu zeigen, daß divergente Kirchen- und Gesellschaftsauffassungen unterschiedliche Verarbeitungen des Zehntenproblems bedingen.

Bevor wir am Schluß der Einleitung die Methode unserer Analyse skizzieren, ist noch der zeitgeschichtliche Hintergrund zu bedenken, durch den die Wahl der beiden Fixpunkte 1521 und 1525 begründet wird. Zwischen diesen beiden Jahren liegt die Entscheidungszeit der Reformation. In diesen Jahren musste sich erweisen, ob die Botschaft Luthers unter den gegebenen politischen Verhältnissen lebensfähig war.

Daß in dieser geschichtlich bewegten Periode der Höhepunkt der Flugschriftenliteratur der Reformationszeit liegt, ist konsequent. 1521 auf dem Reichstag zu Worms war der Wendepunkt der Reformationsgeschichte erreicht worden: Aus dem Erweckungs- und Evangelisationsphänomen der ersten vier Jahre nach dem Thesenanschlag war eine 'konfessionelle' Bewegung geworden, die ein eindeutiges Ja oder Nein verlangte. "Aus den Lesern Luthers mußten Anhänger - oder Gegner - werden." (169) Schriftgewandte Parteileute Luthers ebenso wie Luther selbst suchten deshalb sowohl ihre eigene Entscheidung zu begründen als auch Unentschiedene, Unentschlossene und Zögernde in das eigene Lager herüberzuziehen. Die Mannigfaltigkeit dieser Intentionen erklärt das Anschwellen der Flugschriftenliteratur in den Jahren nach der 'Zäsur' von Worms. Nach 1525 ebbt die Flut ab. Der zweifache Ausgang des Bauernkriegs, in dem die Fürsten einerseits das 'Volk' besiegen, andererseits aber paradoxerweise durch ihre 'konfessionell-gemischte' Kooperation die Lebensfähigkeit der reformatorischen Bewegung bezeugen, wird zum Signal dafür, daß an die Gemeinde, den Hauptadressaten der reformatorischen Publikationen, als Träger des Kirchenwesens nicht zu denken ist. Für die Verbreitung der Predigten, Satiren und Pamphlete entfällt damit der Anreiz. Darum ist auch die Streitfrage des Zehnten wie viele andere Dinge als öffentliches Problem nur in den Entscheidungsjahren der Reformation aktuell. Nach dem Scheitern des Bauernkriegs spielt sie keine Rolle mehr (170).

6. Methode der Analyse

Die Grundprämisse unserer Analyse ist "die gesellschaftliche Konstruktion der Wirklichkeit" (Peter L. Berger/Thomas Luckmann). Das Gewicht dieser Konzeption liegt auf beiden Begriffen, auf 'Konstruktion' und auf 'gesellschaftlich'. Die Wirklichkeit, mit der wir es in der Geschichtsschreibung zu tun haben, ist auf der einen Seite keine 'reine, unberührte Natur', keine 'objektive Tatsache', sondern eine durch Menschen wiedergegebene und damit konstruierte Realität, auf der anderen Seite aber ebensowenig Subjektivität und Privatsphäre. Die Wirklichkeit, mit der Historiker sich auseinandersetzen, ist eine Wirklichkeit, die Menschen gemeinsam gebildet und dargestellt haben.

Auch die Reformation ist eine gesellschaftliche Konstruktion. In die Schriften der Reformatoren sind ebenso die Erwartungen, Ängste, Wünsche und Hoffnungen der Menschen des 16. Jahrhunderts eingeflossen, wie umgekehrt die Zustimmung zu den Gedanken der Reformatoren, die Anerkennung ihrer Entwürfe als 'Definition der Realität' eine gesellschaftliche Entscheidung und keine

Privatangelegenheit war. Ohne den Ausdruck gesellschaftlicher
Ideen durch die Reformatoren, aber auch ohne die Aneignung reformatorischer Ideen durch die Gesellschaft wäre die Reformation
nicht 'verwirklicht' worden, würde es im geschichtlichen Bewußtsein der Gegenwart nicht einmal die Periode 'Reformation' geben.
   Der empirische Soziologe kann sich die Frage stellen, warum
die große Mehrheit der Menschen der ersten Hälfte des 16. Jahrhunderts die reformatorische 'Definition der Realität' akzeptiert und entsprechend gehandelt hat. Aber trotz aller Anerkennung des sozialen Hintergrunds ist unser Interesse anders gerichtet als das des empirischen Soziologen. Wir fragen problem-
geschichtlich nach dem speziellen (Zehnten-)Problem, mit dem
sich jeder einzelne Reformator auseinanderzusetzen hatte, und
nach der Lösung, die er fand. Bei den oberdeutschen Reformatoren,
die die Zehntenverweigerungen zu verstärkten Angriffen auf den
katholischen Klerus genützt haben, lautet die leitende Frage-
stellung unserer Analyse, wie, mit welchen Methoden sie ihre
Gegner, die päpstlichen Geistlichen, angegriffen haben. An den
Stellungnahmen der lutherischen Reformatoren untersuchen wir,
wie, mit welchen Methoden sie die Zehntenverweigerer bekämpft
haben (171). Die Relevanz dieses Ansatzes liegt darin, daß erkennbar wird, wie sich aus der jeweiligen Polemik unaufschieb-
bare Probleme ergaben, die durch die Konzepte 'Bauernkrieg' bzw.
'landesherrliches Kirchenregiment' gelöst wurden. Insofern bildet unsere Studie einen Beitrag zur Frage der Genese des Bauernkriegs als auch des landesherrlichen Kirchenregiments.
   Für die Gliederung unserer Abhandlung gilt ein Hauptgesichts-
punkt: die Gegenüberstellung von Gemeinde- und Fürstenreforma-
tion. Im ersten Teil werden wir darstellen, wie, mit welcher
Methode oberdeutsche Reformatoren von Karlstadt bis Lotzer eine
gesellschaftliche Ordnung vorgeschlagen haben, in der der Gedanke 'Gemeinde' an erster Stelle steht. Danach werden wir im
zweiten Teil rekonstruieren, wie Luther, Melanchthon und Brenz
das Problem des Zehnten durch den Entwurf einer Gesellschafts-
verfassung gelöst haben, in der der Begriff 'Obrigkeit' den
Mittelpunkt einnimmt.

I. DER ZEHNTE IN DER KONZEPTION DER OBERDEUTSCHEN REFORMATION

Am Schluß seiner Zehntendiskussion kommt der Haller Reformator Johannes Brenz auf die Anfangssätze des zweiten der Zwölf Artikel zu sprechen. "Auch bekent diser ander artickel zum ersten, der zehend sey auffgehaben im Newen Testament, darnach bald bekent er, das man in Got schuldig sey zu geben. Wie reymen sich die zwey zusamen? Dan ist er aufgehaben, so ist man in Got nit schuldig, ist man in aber Got schuldig, wie solt er dan uffgehaben sein. Aber hirauß mag man mercken, wes unverstands der gewesen sey, so die artickel zusamengetragen hat. Freylich hat er gemeint, es sey kein verstendig mensch mer auff erden." (172)

Das Problem, das Brenz an dieser Stelle in seinem Gutachten anspricht, ist kein Einzelproblem der Zwölf Artikel. Bei allen oberdeutschen Reformatoren, die sich zur Zehntenfrage geäußert haben, ist diese von Brenz aufgedeckte Grundspannung zu spüren. Einerseits verkünden sie die Aufhebung des Zehnten, andererseits bestehen sie darauf, daß das Zehntgebot in irgendeiner Form weiter gültig bleibt. Publizisten, die wie Brenz der Gemeinde-Reformation mehr oder weniger ablehnend gegenüberstehen, werden diese offenkundige Kontradiktion ans Tageslicht ziehen. Aber weder die Verfasser der Zwölf Artikel noch die oberdeutschen Reformatoren, die im Zehntenproblem sozusagen den Zwölf Artikeln vorgearbeitet haben, empfanden das von Brenz konstruierte Dilemma als Widerspruch. Wie konnten sie über diese Schwierigkeit hinweggehen? Wie konnten sie die Alternative: Abschaffung oder Bestätigung des Zehnten, überwinden?

Die Lösung des Problems ergibt sich aus der Intention, mit der die politischen Theologen (173) ihre Abhandlungen über die Zehntenfrage veröffentlichten. Sie setzten sich eine Doppelaufgabe, die sie selbst als zusammengehörige Einheit betrachteten. Ihre feste Absicht war, das Zehntwesen in seiner gegenwärtigen Form illegitim und in einer veränderten Form legitim zu machen. In dieser doppelten Zweckbestimmung ihrer Arbeit sahen sie keinen Dualismus, schon gar nicht einen unüberwindbaren Gegensatz, sondern zwei Aspekte ein und derselben Sache, zwei Seiten ein und derselben Medaille. Die Aufhebung des Zehnten vertrug sich in dieser Sicht mit seiner weiteren Existenz, denn beseitigt werden sollte die Zehntenorganisation der Gegenwart, befestigt dagegen die zukünftige Einsammlung und Verwendung des Zehnten in einer anderen Gestalt. Für jeden unvoreingenommenen Beobachter, der sich nicht an mißverständlichen Formulierungen aufhält, liegt in den Vorstellungen der oberdeutschen Reformatoren kein Widerspruch.

Die Zehntenpredigten und -schriften der oberdeutschen Reformatoren sind auch nicht isoliert als 'Schreibtischphilosophie' zu betrachten, sondern auf dem Hintergrund der allgemeinen Erregung zu sehen. Selbst in der Form eines Gutachtens sind diese Gedanken für die breiten Massen geschrieben worden. Als wesentlicher Teil der gesellschaftlichen Konstruktion der Realität sind sie damit Faktoren in der Vor- und Frühgeschichte des Bauernkriegs.

Der Stellenwert der gemeindereformatorischen Veröffentlichungen zur Zehntenfrage ist ziemlich genau zu umschreiben. Die Reformationsbewegung ist kirchenpolitisch von Beginn an als ein Angriff auf die kirchliche Hierarchie zu bewerten. Die Polemik blieb nicht auf theologische Streitigkeiten beschränkt, sondern weitete sich zu kirchenpolitischen Auseinandersetzungen aus, die unter der erregten Anteilnahme der Öffentlichkeit ausgefochten wurden. In einer derart gefühlsbetonten Atmosphäre wurden die Grenzen sachlicher Diskussion bald überschritten. Gegen die päpstliche Kirche wurden handgreifliche Aktionen unternommen, unter die auch die Zehntenverweigerungen fallen.

Die Zehntenverweigerungen der Bauern wurden durch die Stellungnahmen der Gemeinde-Reformatoren 'am Leben erhalten'. Was das Volk mit Gesten symbolisierte, drückten die Theologen mit Worten aus. Die verbale Offensive, die die Unruhen ausgelöst hatte, wurde nach dem Beginn der Demonstrationen nicht gebremst, sondern fortgesetzt. Der einzige Unterschied zu früher lag darin, daß nach den ersten Zehntenstreiks auch das Zehntwesen der mittelalterlichen Kirche scharfer Kritik unterzogen wurde. Auf diese Weise drängten die Reformatoren - unabsichtlich? - zum Bauernkrieg, weil die Predigten über den Zehnten ein weiterer Anreiz zu Zehntverweigerungen und Protestdemonstrationen wurden.

Gerade der Entwurf einer erneuten Zehntordnung beseitigte in dieser Situation einen letzten Damm, der die Flut der allgemeinen Empörung hätte aufhalten können. Vor der Entfaltung der gemeindereformatorischen Konzeption des Zehnten war als letzte Zuflucht die Behauptung offen, daß eine andere Zehntorganisation als die der bisherigen Kirche nicht möglich sei. Diese verzweifelte Kritik wird durch den Gedanken, den Zehnten in einer reformierten Gestalt für notwendig zu erklären, ausgeräumt. Was Brenz demnach als Widerspruch aufdeckt, ist in der Anschauung der oberdeutschen Reformatoren und der oberdeutschen Reformationsbewegung eine Einheit. Illegitimierung des überlieferten Zehntwesens und Legitimierung einer renovierten Form gehen Hand in Hand.

Mit der Spannung, in die sie das Zehntsystem versetzen, bzw. mit der Übertragung dieser Spannung auf den gemeinen Mann, der ebenfalls die Mißstände im Zehnwesen fühlte und empfand, bereiteten die oberdeutschen Reformatoren die Revolution von 1525 (Peter Blickle) vor. Indem sie das Zehntsystem in seiner gegenwärtigen Form angriffen und die Vision einer künftigen Zehntorganisation ausmalten, legten sie mehr oder weniger unbewußt die Minen für die Explosion des Großen Bauernkriegs, denn für eine Revolution ist nicht nur die revolutionäre Gärung wichtig, sondern auch die gedankliche Klärung der schäumenden Masse. Fehlt die Reflexionsarbeit, wird es in der Bevölkerung bei einem dumpfen Unbehagen bleiben und niemals zum revolutionären Ausbruch kommen.

Die nächste Parallele zu den Gemeindereformatoren sind die revolutionären Naturrechtsphilosophen des 18. Jahrhunderts. Sie leisteten auf staatspolitischem Gebiet das, was die oberdeutschen Reformatoren im kirchenpolitischen Bereich erarbeitet haben.

1. Die Anfänge (174)

Die ersten der oberdeutschen Reformatoren, die sich in längeren
Abhandlungen mit dem Zehntenproblem beschäftigten, waren Andreas
Bodenstein von Karlstadt, Franz Lambert von Avignon und Jakob
Strauß.

Der begabte Franziskaner-Observant Franz Lambert, in seinem
Orden wegen seiner Fähigkeiten als 'Praedicator apostolicus'
anerkannt, kam aus Südfrankreich nach Deutschland, das seine
eigentliche Wirkungsstätte geworden ist, aufgrund einer Predigt-
reise durch die Schweiz im Sommer 1522. Dabei traf er in Zürich
mit Zwingli zusammen und stritt mit ihm am 21. Juli 1522 auf
jener Disputation, die von HEIKO A. OBERMAN als erste (und
eigentliche) Zürcher Disputation bezeichnet wird (175), über
die Heiligenverehrung. Von Zwingli anscheinend nicht überwunden,
begab sich Lambert nach Basel weiter und legte dort bald darauf
nach Gesprächen mit Basler Humanisten das Mönchsgewand ab.

Von Basel zog Lambert nach Eisenach. Durch Spalatins Für-
sprache kam er im Januar 1523 nach Wittenberg. Anfang Februar
begann er an der Universität Vorlesungen über Hosea zu halten.
Ein Jahr lang blieb Lambert in Wittenberg, bis er auf dem Umweg
eines mißlungenen Reformationsversuches in Metz nach Straßburg
gelangte.

Obwohl das Haupttätigkeitsfeld und der Lebenshöhepunkt des
Prädikanten Jakob Strauß in Eisenach lag, ist er sowenig wie
Andreas Bodenstein von Karlstadt und Franz Lambert von Avignon
der Fürsten-Reformation zuzurechnen. Der eigenwillige Prediger,
der, wie seine unmittelbaren Nachfolger bezeugen, in Eisenach
großen Eindruck gemacht und deutliche Spuren hinterlassen
hat (176), ist seiner politischen und kirchlichen Einstellung
nach unter die Gemeinde-Reformatoren einzureihen. Luther, der
diesen Theologen anfangs sehr geschätzt hat, trennte sich während des Bauernkriegs von Jakob Strauß, der nach seiner Flucht
nach Süddeutschland im späteren Abendmahlsstreit jedoch auf der
lutherischen Seite geblieben ist. Im Oktober 1527 versiegen die
Quellen, die über Strauß' Leben und Denken Auskunft geben. Allem
Anschein nach ist er bald nach diesem Datum gestorben.

Geboren wurde der stürmische Reformer in Basel, vermutlich
im selben Jahr wie Luther. Über sein Studium konnte nichts gefunden werden; möglicherweise hat er sich in Freiburg immatri-
kuliert. Seine Promotion zum Doktor der Theologie zeigt, daß er
seinen Universitätsaufenthalt erfolgreich abgeschlossen hat.
Bald nach dem Studium trat er in den Dominikanerorden ein, in
dem er nach kurzer Zeit aufgrund seiner Neigung und seiner Be-
gabung, vielleicht in den Jahren 1506/07, zum öffentlichen Prediger ernannt wurde. Wann der beliebte Prediger mit der Reformation in Berührung kam, ist unbekannt. Als Strauß jedoch 1521
in Hall in Tirol für Dr. Seligmann den Predigtdienst versah,
hatten seine Predigten reformatorische Färbung angenommen. Wegen
seiner Überzeugung wurde Strauß 1522 gegen den Widerstand seiner
Gemeinde aus Tirol ausgewiesen. Er wandte sich nach Wittenberg.

Karlstadt hat seine Auffassung des Zehnten in fünfzehn Dis-
putationsthesen entworfen, die er allem Anschein nach zwischen

Oktober 1521 und Februar 1522 in Wittenberg herausgegeben
hat (177). Seine Äußerungen fallen damit in die Zeit der Wittenberger Unruhen, in denen - ohne Beteiligung Luthers - an der
Wirkungsstätte Luthers die Frage einer neuen Kirchen- und Ge-
meindeordnung, orientiert an der Verkündigung des Evangeliums,
debattiert wurde. Es ist gewiß kein Zufall, daß in Verkoppelung
mit diesen Diskussionen auch das Zehntenproblem aufgeworfen
wurde und daß Karlstadt, der sich als einer der Führer der 'Wittenberger Bewegung' verstand, diese Frage aufgegriffen hat.
    Während seiner Zeit in Wittenberg (1523/24) verfaßte Lambert
das Gutachten über den Zehnten (178), das in diesem Kapitel erörtert wird, und schickte es an einen sonst unbekannten Heinrich
Esslinger (aus Eßlingen?). Seine Konzeption hat er in den ein-
schlägigen Kapiteln 5 und 9 seines im Januar 1525 beendigten
großen Werkes "Farrago omnium fere rerum theologicarum" wiederholt. (179)
    Nach dem Scheitern eines Reformationsversuchs in der kleinen
Grafschaft Wertheim traf Strauß zu Beginn des Jahres 1523 in
Eisenach ein. Die Stadt stand damals unter der Oberherrschaft
Herzog Johanns, der für seinen Bruder, der Kurfürsten, die Re-
gierungsgeschäfte im thüringischen Raum besorgte. Die domine-
rende Stellung der Wettiner in der mitteldeutschen Politik war
ein Faktum, mit dem jeder Reformator rechnen musste. Auch Strauß,
der Neuankömmling aus Oberdeutschland, sandte deshalb die Abhandlung, mit der wir uns in diesem Kapitel beschäftigen wollen,
an Kurprinz Johann Friedrich, den Sohn Herzog Johanns, um ihn
zu einer Reform des Predigerstands zu bewegen. In der Publikation entwickelt Strauß unter dem Titel "Das nit herren, aber
diener einer jeden Christlichen versammlung zugestellt werden"
50 Schlußreden (Thesen) zur Neuordnung des Predigtamts und damit
der christlichen Gemeinde überhaupt.
    Selbst in den fünfzehn Sätzen, in denen Karlstadt die Zehn-
tenfrage bestimmt nicht umfassend erörtert, ist die Doppelaufgabe, die sich alle oberdeutschen Reformatoren stellen, nachzu-
weisen. Wie alle politischen Theologen versucht der Wittenberger
Professor den Zehnten in seiner gegenwärtigen Gestalt illegitim,
in einer veränderten Form aber legitim zu machen.
    Gegliedert sind die Thesen in drei Gedankenreihen und ein
Anathema (am Schluß). Während der beiden ersten Gedankengänge
(1-5; 6-11) darauf abzielen, die Unrechtmäßigkeit des Zehnten
zu erweisen, versucht die dritte Thesenreihe (12-14) eine dem
Evangelium, dem göttlichen Recht, gemäße Ordnung des Zehnten
aufzurichten. These 15 verdammt jeden, der anders über den
Zehnten denkt. Er beleidigt Christus und Paulus in einem.
    Zur Illegitimierung des Zehnten gebraucht Karlstadt zwei
Methoden. Die erste ist die strikte Trennung des Alten und des
Neuen Testaments. Ein Argument, in dem vom Alten auf das Neue
Testament geschlossen wird, ist nicht gültig (These 2) (180).
Damit bricht das Zehntengebäude zusammen, weil der Zehnte im
Neuen Testament nicht begründet ist (These 1). Er wird im Neuen
Testament an keiner Stelle, mit keinem Wort erwähnt, außer in
dem nicht beweiskräftigen Zusammenhang, in dem Christus mit den
Pharisäern diskutiert (These 5). Die Priester, die die christ-
liche Herde zur Abgabe des Zehnten zwingen wollen, sind also

schwer im Irrtum (These 3), zumal die Zehnten in der heutigen
Zeit sowieso mehr schaden als nützen, da sie vielen als Mittel
der schändlichen Lebensführung dienen (These 4).

Mit dieser konsequenten Anwendung der Methode, Altes und
Neues Testament zu unterscheiden, gelingt Karlstadt die - anti-
zipative - Begründung der Zehntverweigerungen. Die Gedankenreihe
impliziert die vollständige Zurückweisung des Zehntgebots. Da
Christus, der Vollender des Alten Testaments, den Zehnten nicht
mehr erneuert hat, ist die Einlösung des Zehnten für die Christen
nicht mehr notwendig. Er ist abgeschafft - und es wird richtig
sein, ihn zu verweigern.

Im Kontrast zu Karlstadt, der rein formal die Ungültigkeit
der Schlüsse vom Alten auf das Neue Testament statuierte, begründet Lambert die Unterschiede zwischen Altem und Neuem Testa-
ment inhaltlich. Voraussetzung des Alten Testaments ist nach
Lamberts Auffassung der Dualismus von Priestern und Laien im
Volk Israel. Während das Alte Testament auf dieser Spaltung auf-
gebaut ist und ohne sie nicht verstanden werden kann, ist die
grundlegende Botschaft des Neuen Testaments das allgemeine
Priestertum aller Gläubigen. Das Alte Testament betont die
Unterschiede im Gottesvolk, das Neue Testament die Gleichheit.
Die divergenten Verfassungsgedanken trennen das Neue und das
Alte Testament so scharf, daß von der Zeit des Gesetzes keine
Schlüsse auf die Zeit des Evangeliums - und der Kirche, die sich
um das Evangelium schart - möglich sind.

Der Zehnte ist eingerichtet worden in der Zeit des Alten
Testaments, in der Gott in seinem Volk Unterschiede traf. Damals
wurden die Ämter der Priester und Leviten eingeführt. Um die In-
haber dieser Ämter ausreichend zu versorgen, hat Gott billiger-
weise den Zehnten und andere Gaben befohlen. Aber das betrifft
die Christen nicht mehr.

Durch das Kommen Christi, durch die Botschaft des Evangeliums
sind die Institutionen des Priester- und Levitentums aufgehoben
worden. Im neuen Gottesvolk gibt es keine Unterschiede und keine
Besonderheiten mehr. Die Trennwände sind beseitigt, weil alle
Gläubigen, alle Glieder des Leibes Christi, zu Priestern geweiht
sind.

Mit dem besonderen Priestertum müssen seine besonderen Versorgungseinrichtungen verschwinden. Die Gaben, die den Priestern
und Leviten im Volk Israel geweiht wurden, damit sie ihre Würde
bewahren konnten, sind nicht mehr notwendig, weil Christus diese
Würde zur Würde aller gemacht hat. Der Zehnte, der als Existenz-
und Standessicherung der Priester und Leviten im Alten Testament
gedacht war, ist funktionslos geworden.

Mit der Methode, Altes und Neues Testament zu differenzieren,
hat Lambert den Zehnten obsolet gemacht. Im Unterschied zu den
späteren Befürwortern der Fürsten-Reformation legt Lambert es
nicht darauf an, die Prediger und Seelsorger der Kirche ohne
weiteres zu Nachfolgern der Priester und Leviten zu deklarieren.
Vielmehr benützt Lambert seine Ausführungen über den Unterschied
zwischen altem und neuem Gottesvolk und über das Ende des besonderen Priestertums und seiner besonderen Beihilfen zu einem
scharfen Angriff auf die Geistlichen der Papstkirche. Wenn sie
auf dem Zehnten bestehen, sagt Lambert, "ostendant nobis legis

sacerdotes atque levitas, pro quorum vita premissa largiri opus
sit, certe non poterunt, nisi Judaisare velint et se quod non
sunt esse mentiantur" (181).
Die papistischen Priester, die sich das besondere Priestertum anmaßen, begehen eine Frechheit, noch mehr: ein Verbrechen,
nachdem Christus gerade das besondere Priestertum abgeschafft
und alle Christen zu Priestern geweiht hat. Menschen, die im
neuen Gottesvolk unter der Herrschaft Christi die Früchte des
besonderen Priestertums genießen wollen, sind Räuber und Diebe.
Lambert gießt über sie das Arsenal der Schimpfwörter aus, das
sich in der Polemik angesammelt hatte, von den reißenden Wölfen
und Vernichtern der Gläubigen bis zu den blinden Blindenführern.
Angelpunkt seiner Angriffe bleibt jedoch die Behauptung, daß die
Geistlichen der römischen Kirche "in veritate non plus iuris
habent in decimis quam ego in regno Hispaniae aut Portuga-
liae" (182). Sie sind illegitime Bezieher des Zehnten, weil der
Zehnte selbst in der Zeit des Evangeliums illegitim ist.
Neben der Trennung von Altem und Neuem Testament benutzt
Karlstadt als zweite Methode, um den Zehnten unrechtmäßig zu
machen, die Problematisierung der Gegenleistung. Mit dieser
Methode soll in den Thesen 6-11 der Nachweis geführt werden,
daß die Geistlichen der römischen Kirche den Zehnten nicht annehmen dürfen, weil sie der Öffentlichkeit, der Gemeinde für
die geleisteten Opfer keinen Gegenwert bieten. In diese Argu-
mentationsreihe spielt aber noch als zweite Vorstellung hinein,
daß die Prediger - zusammen mit den Armen - die rechtmäßigen
Empfänger des Zehnten sind, ohne daß dieser Gedanke ausdrücklich entfaltet wird.
Karlstadt beginnt den zweiten Gedankengang mit der Behauptung,
daß derjenige, der die Zehnten von einem Altar nimmt, dem er
nicht dient, sich schwer vergeht, ja, sich mit der Nutznießung
der Zehnten "die Hölle" ißt und trinkt (These 6). Der Dienst am
Altar besteht aber vor allem in der Ausbreitung und Verkündigung
des göttlichen Wortes (These 7). Derjenige, der nicht predigt,
kann die Zehnten ohne Sünde nicht in Empfang nehmen (These 8).
Juristisch gesprochen, hat er kein Recht auf den Zehnten. So wie
die Frauen in der Kirche schweigen müssen und nicht lehren dürfen, so können diejenigen, die nicht predigen, nicht ohne Sünde
die Zehnten annehmen (These 9). Der Zehnte, der einem Fremden,
einem nicht in der Gemeinde tätigen Seelsorger, zukommt, wird
an einen Dieb und Räuber geliefert; damit verhindert das Zehntwesen in seiner gegenwärtigen Form sowohl die Liebe als auch das
Notwendige (These 10). Mit vollem Vertrauen auf die Rechtmäßigkeit des Vorgehens ist diese Organisation des Zehnten zu zer-
stören. Die Zehnterträge sind der Fürsorge für die Armen unserer
communitas zur Verfügung zu stellen (These 11).
Indirekt wird in diesem Gedankengang die Notwendigkeit des
Zehnten anerkannt. Seine Abschaffung muß umstritten sein, wenn
angedeutet wird, daß der Zehnte dazu dienen kann, die Prediger
und die Armen der Gemeinde zu versorgen. Karlstadts Ausführungen schließen den Gedanken nicht aus, daß die Prediger, die das
Amt der Verkündigung recht versehen, einen legitimen Anspruch
auf den Zehnten haben. Dagegen verwehrt Karlstadt mit seiner
Methode der Problematisierung der Gegenleistung den Priestern,

die nichts leisten, die, mit anderen Worten, nicht das Evangelium predigen, den Zugang zum Zehnten. Sie dürfen sich nach
Karlstadts Argumentation nicht als rechtmäßige Empfänger des
Zehnten deklarieren.
Neben der Unterscheidung des Alten und des Neuen Testaments
steht bei Lambert als zweite Methode die Entkräftung der gegne-
rischen Argumente. Um ihre eigene Position zu verteidigen, stützen sich die Priester der Papstkirche auf drei Begründungen, eine
biblische, eine privatrechtliche und eine verfassungsrechtliche.
Thesenartig formuliert, lauten die Behauptungen:

1. Der Heiland hat über die Zehnten zu den Pharisäern (Mt 23,23;
Lk 11,42) gesagt: Dies sollte man tun und jenes nicht lassen (183).

2. Sie haben die Zehnten für einen reellen Kaufpreis erworben (184).

3. Das Recht zum Zehnten ist ihnen einst von den Kaisern gegeben
worden (185).

Gegen die erste, biblische These führt Lambert an, daß Christus
in seiner Rede an die Pharisäer und Schriftgelehrten sich auf
die Zeit vor dem Kommen des Evangeliums bezieht. Er spricht
seine Volksgenossen als Menschen unter dem Gesetz an. Unter dem
Gesetz ist es notwendig gewesen, neben dem Vollbringen der Werke
der Barmherzigkeit die Entrichtung des Zehnten nicht zu vergessen. Nach der Offenbarung des Evangeliums aber ist es sinnlos,
den Zehnten abzuliefern. Gegen die Trennung des Alten und Neuen
Testaments spricht nicht, daß Christus in einer Ansprache ad
hominem die Existenz des Gesetzes voraussetzt. Er wendet sich
in diesem Fall an Menschen, die noch unter dem Gesetz leben,
nicht an Christen, die von ihm zu Priestern geweiht sind.
    Lambert nimmt in seiner Exegese darüberhinaus einen zweiten,
biblisch begründeten Einwand der altgläubigen Gegner auf. Die
Anhänger der römischen Kirche verweisen nach Lamberts Darstellung die reformatorisch Gesonnenen, die sich gegen den Zehnten
empören und in einzelnen Fällen schon zu Zehntenstreiks schritten, auf die Ermahnung Christi, demjenigen, der den Rock fordert, auch den Mantel zu lassen (Mt 5,40).
    Im Kontrast zu Luther, der die Bergpredigt zur Grundlage
seiner Auseinandersetzung mit den Zwölf Artikeln macht, gewinnt
Lambert dem Vorwurf keine positiven Seiten ab. Für ihn liegt in
der Weisung der Bergpredigt keine Maxime, die die Christen befolgen müssen, um den Namen 'Christen' zu verdienen. Um den
möglichen Konsequenzen des Privatismus und Quietismus zu ent-
gehen und die politische Relevanz des Evangeliums sicherzustellen, differenziert Lambert zwischen verschiedenen Angreifern,
die den Rock fordern können.
    Die Gegner der Reformation, die auf ihr Zehntrecht pochen,
erklären sich selbst als Räuber und Feinde Christi, wenn sie
zum Schutz ihrer Privilegien Mt 5,40 heranziehen. Sie sprechen
sich selbst das Urteil. Gegenüber schlichten Gesetzesübertretern
ziemt es sich, gütig und wohlwollend zu sein. Aber diese 'Hoch-
verräter', die die einfache Wahrheit Gottes verkehren und die
Christen wieder ins Judentum zurückzwingen wollen, dürfen

Mt 5,40 für sich nicht in Anspruch nehmen. Sie sind schlimmer als einfache Kriminelle. Deshalb darf man ihnen unter keinen Umständen den Rock und schon gar nicht den Mantel überlassen.

Daß mit dieser kasuistischen Methode der Rigorismus und die Härte der Bergpredigt abgeschwächt und entschärft wird, liegt auf der Hand. Entscheidend ist jedoch, daß Lambert auf diese kasuistische Methode verfällt, die lutherischen Reformatoren nicht. Das liegt nicht am größeren Wahrheitsstreben Luthers, Melanchthons und Brenz', die z.B. für ihre Zehntenerörterungen die Apostelgeschichte, die als erste Schrift der christlichen Tradition das Idealbild einer christlichen Gemeinde entwirft, nicht herangezogen haben, sondern an den spezifischen Intentionen. Lambert will eine Zehntordnung konstruieren, in der die Gemeinde das Sagen hat, die Lutheraner eine Zehntverfassung, in der die Obrigkeit dominiert.

Zum zweiten, privatrechtlichen Argument der Zehntbezieher stellt Lambert ironisch fest, daß die Zehntenkäufer sich damit selbst als Wucherer bezeugen, denn der Zehntenempfang ist seinem Wesen nach mit dem Zinsgenuß zu vergleichen, Zinsgenuß aber ist Wucher. Da Wucher verboten ist, sind auch diese Geschäfte nicht erlaubt. Die privatrechtliche Begründung des Zehnten ist somit hinfällig. Dieser Schluß wird jedoch von Lambert implizit gezogen. Er ist davon überzeugt, daß die Methode, den Zehntenkauf als Wucher zu deklarieren, ausreicht, um das Argument der Zehntempfänger zu widerlegen.

Der dritten, verfassungsrechtlichen These, daß der Zehntenbezug des Klerus durch die Kaiser gewährt und verbürgt sei, widmet Lambert eine grundsätzlichere Beschäftigung. Um die römische Kirche aus dem Schutzbereich der weltlichen Obrigkeit zu entfernen, grenzt Lambert die Gemeinschaft der Christen vom Reich des Kaisers ab. Er fragt, was in derartigen Dingen die Christen mit dem Kaiser gemeinsam haben, und kommt zu dem Ergebnis, daß sie nichts miteinander zu tun haben. Es ist das Vorrecht Christi, nicht das Privileg des Kaisers, für seine Diener zu sorgen. Der allmächtige Heiland Jesus Christus braucht nicht die Mitarbeit des Kaisers, um seine Botschaft unterstützen zu können. Das bedeutet nichts anderes als: Die weltliche Obrigkeit hat in die kirchlichen Hilfswerke - und in das kirchliche Steuersystem, das die Hilfswerke trägt - nicht hineinzureden. Mag der Kaiser den papistischen Geistlichen Zehntenprivilegien geschenkt haben: Da er kein Recht hat, in den Bereich Christi hineinzugreifen, ist es unfruchtbar, derartige Gnadenerweise beizubringen und auf ihnen Rechtspositionen aufzubauen.

Mit seiner zweiten Methode macht Lambert das gegenwärtige Zehntwesen illegitim, indem er ihm den Boden entzieht, den seine Befürworter für fest gehalten haben. Weder die Heilige Schrift noch das Privat- und öffentliche Recht tragen die Beweislast für das Zehntwesen in seiner gegebenen Gestalt. Die Strategie, den Feind mit seinen eigenen Waffen zu schlagen und mit den eigenen Argumenten zu fangen, hat sich als wirksam erwiesen.

Die von Karlstadt und Lambert entwickelte Methode, die katholischen Geistlichen, die sich bisher als Führer der Gemeinde verstanden haben, zu kriminalisieren (186), benützt auch der Eisenacher Prädikant. Für Strauß sind die hohen Würdenträger

der altgläubigen Kirche nicht zum Amt des Pfarrers befugt, weil
sie sich diese Position ohne Wissen und Willen Christi, des
einzigen, wahren Herren der Kirche, angemaßt haben. Gott kennt
diese 'Larven', die in seinem Namen auftreten, nicht. "Bapst,
Bischoff, Ertzpriester, Ertzeuangelier, Probst, Dechant, Capitel,
Apt, Eptissin, Prior, Priorin, Lehenherr und Patron haben kein
ansehen noch teil in diesem ampt, dan gott weiß oder erkennt
diese laruen nit." (187)
   Zwar hat Gott angeordnet, daß die Gemeinden, die Versammlungen der Christen Angestellte, Diener zur Seelsorge besitzen sollen. Aber die päpstlichen Kleriker sind nicht auf Befehl Christi,
sondern auf Anweisung menschlicher Satzungen in die christlichen
Gemeinschaften eingedrungen. Sie haben sozusagen Hausfriedens-
bruch begangen. Die römischen Geistlichen sind nicht wie die
wahren Hirten und Seelsorger Diener Christi, sondern Diener des
Papstes und der kirchlichen Hierarchie. "Ein pfarrer ist ein
diener Christi un haußhalter gottes geheimnis und gar nit des
Pabstes, bischoffs, ertzpriesters, ertzeuangeliers, probsts,
Dechants, Capitels, Abts, Eptissin, priors, Priorin, Lehen-
herres oder Patrons knecht oder besteller, er darff in auch nit
zu fuß fallen." (188)
   Wer ohne Geheiß Christi die Seelsorge in der Gemeinde versieht, ist ein Dieb und Mörder der Seelen. "Wer nit allein durch
Christum, der die thür allein ist, zum schaffstal eingeet, der
ist ein diep un ein mörder." (189) Die Methode, die römischen
Priester als falsche Mietlinge, als Diebe und Mörder zu kennzeichnen und damit zu kriminalisieren, gehört zum Allgemeingut
der reformatorischen Bewegung. Aus den angeführten Zitaten ist
aber zu ersehen, daß Strauß auch die Berufung der Prediger durch
Lehens- oder Patronatsherren, die Rechtshandlung, die zum Fundament der Fürsten-Reformation werden sollte, zurückweist. Die
Pfarrer, die durch adlige Laien in ihr Amt eingesetzt werden,
gehen wie die päpstlichen Kleriker nicht ein durch die Tür, die
Christus heißt, sondern dringen unrechtmäßig in die Versammlungen. Sie sind Diebe und Mörder, die kommen, um den Gemeinden das
Teuerste zu rauben und zu stehlen, nämlich die Seelen.
   Im dritten Absatz der Thesenreihe Karlstadts werden die Ge-
danken aufgenommen, die über den Angriff auf den bestehenden
Zustand des Zehntwesens hinausgehen und eine neue Struktur der
Zehntorganisation anstreben. Wer darf den Zehnten beziehen?
Derjenige, der den Acker bebaut, soll von ihm essen, und derjenige, der den Weinberg bepflanzt, soll von ihm trinken, und
kein anderer, auch wenn man seinen Anteil Zehnten oder Elften
nennt (These 12). Den Gläubigen, die den Dienern der Gemeinden
das Lebensnotwendige zuwenden, ist weder von Christus noch den
Aposteln vorgeschrieben worden, Zehnten, die das Lebensnotwendige überschreiten, abzuliefern (These 13). Jede civitas aber,
die nach göttlichem Recht einen Bischof (Presbyter) hat, der in
der Predigt und Lehre arbeitet, soll ihn zweifacher Ehre wert
halten (1.Tim 5,17), d.h. ausreichend besolden (These 14).
   Karlstadt macht den Zehnten legitim, indem er ihn zur Kirchensteuer erklärt. Bemerkenswert ist dabei der Zusammenhang
von göttlichem Recht und weltlichen Kirchenwesen, in den der
Zehnte eingeordnet wird. Der Zehnte ist wie in der katholischen

Kirche dem Bischofsamt zugewiesen, aber im Unterschied zur
katholischen Kirche ist das Bischofsamt von der Gemeinde her
verstanden. Dieser Gedanke ist Luther nicht fremd, aber so radikal wie Karlstadt würde er nicht die 'Bürgerschaft' (civitas)
dem Bischof überordnen.
Für Karlstadt dagegen ist die Gemeinde die öffentlich-rechtliche Trägerin des Kirchenwesens. Von ihr stammen alle Einrichtungen ab, die für die Existenz des Kirchenwesens notwendig
sind. Darum verfügt sie über Kirchensteuern, aus denen der
Lebensunterhalt des Pfarrers und die Verwaltung der Pfarrei
bestritten werden. Diese Steuern fließen nicht wie in der kanonischen Theorie des Zehntwesens direkt aus dem göttlichen Recht,
sondern aus der Gemeinde, die nach göttlichem Recht konstituiert
ist. Sie sind also nur noch indirekt mit dem göttlichen Recht
verbunden, andererseits aber nicht wie bei Luther von ihm ganz
getrennt.
Die Autonomie der Gemeinde, die rechtmäßigerweise (Kirchen-)
Steuern erhebt, ist in dieser Konstruktion der Eckstein. Die -
sichtbare - Gemeinschaft der Gläubigen ist dem Pfarrer (Bischof)
übergeordnet. Für Karlstadt, der mit seiner Anschauung zu den
Vorläufern des Kongregationalismus zählt, kann die Selbständigkeit der Gemeinde nicht wie in der römischen Kirche durch den
Laien überlegene Priester, die sich auf das ius divinum berufen,
angetastet werden. Vielmehr sind alle kirchlichen Institutionen
an der Autonomie der Einzelgemeinde zu überprüfen.
Für Lambert ist der theoretische Ausgangspunkt der Legitimation des Zehnten das allgemeine Priestertum aller Gläubigen (190).
Die Universalität des Priestertums muß jedoch eingeschränkt werden, sobald es um die praktische Frage der Kirchenorganisation
geht. Obwohl alle Christen Priester sind und ihnen im Notfall
die Botschaft anvertraut ist, kann nicht allen Gläubigen das
öffentliche Amt der Verkündigung des Gotteswortes in der Gemeinde übertragen werden. Die Verantwortlichen für Predigt und Seelsorge werden vielmehr von der Gemeinde gemeinsam gewählt. Nur
die Gewählten sind daraufhin für die öffentlichen Aufgaben der
Gemeinschaft zuständig.
Mit der Wahl des Bischofs bzw. des Presbyters, wie das Amt
der Verkündigung auch genannt werden kann, ist klargestellt,
daß die einzelne Gemeinde die Souveränität in der Kirchenorganisation besitzt. Sie wählt selbständig, ohne von außen beeinflusst zu sein, die ihr verantwortlichen 'Vertrauenspersonen'.
Um jedes Herrschaftsrecht der Bischöfe undenkbar zu machen,
statuiert Lambert, daß in einer Gemeinde wegen der Größe des
Ortes oder aus anderen notwendigen Gründen mehrere Bischöfe gewählt werden können.
Auch für Strauß gibt es für einen Pfarrer, der ein wahrer
Diener Christi sein will, gesandt, die 'Schafe Christi zu wei-
den', das Wort Gottes zu verkündigen und die Sakramente zu
reichen, nur einen Weg: die Wahl durch die Gemeinde. "Die recht
göttliche institution der seelensorg kumbt auß eintrechtiger
khür der versamlung." (191) Weder geistliche noch weltliche Gewalten dürfen in die freie Wahl der Versammlung eingreifen, wenn
nicht anstelle der guten Hirten falsche Mietlinge die Gemeinde
führen sollen. Gottes Wort fordert die Autonomie der lokalen
Kirchengemeinde.

In einer empirischen Körperschaft wie dem Kirchenwesen stellt
sich nach der Konstitution der Ämter (192) das Problem der
finanziellen Mittel. An diesem Punkt kommt Lambert auf den Zehnten zu sprechen, der im Volk Israel zur Versorgung der Priester
und Leviten gedient hat. Lambert hält daran fest, daß der Zehnte
durch das Evangelium abgeschafft ist. Aber er weist mit immer
neuen Wendungen darauf hin, daß die Gläubigen sich gegenseitig
helfen sollen. Wie es zur Zeit der Apostel in der Gemeinde zu
Jerusalem war, soll es in jeder Gemeinde sein: Keiner unter den
Gemeindegliedern leidet Mangel (Apg 4,34)! Das sind sich die
Gläubigen als Priester Christi schuldig.

Um indirekt den Zehnten wieder einzuführen und zu legitimieren, geht Lambert aber noch weiter. Den Bischöfen ist von denen,
denen sie das Wort Gottes ausrichten, eine besondere Unterstützung zu gewähren. Weil die Prediger die Arbeit des Reiches
Christi, die Wortverkündigung, ausüben, will Gott nicht, daß
sie sich um ihren Lebensunterhalt selbst kümmern müssen. Deshalb
sollen sie von den Gemeinden, in denen sie lehren, ausgehalten
werden. Als Schriftbeweis führt Lambert an Mt 10,10; 1. Tim 5,17;
1. Kor 9,9 (193).

Auch für Strauß hat der treue Botschafter des Evangeliums ein
Anrecht auf Unterstützung durch die Gemeinde. "Diesem ist ver-
ordnet von got, das die versamlung im zimlich narung nach not-
turfft, außgeschlagen allen uberfluß, zustellen sall." (194)
Aber die Gemeinde, nicht die geistliche und nicht die weltliche
Obrigkeit, versorgt den Pfarrer. Die Versammlung, keine geist-
liche oder weltliche Gewalt, setzt die Höhe des Einkommens fest.
Strauß rät übrigens den Predigern, angesichts der Notlage vieler
Städte und Dörfer Bescheidenheit zu zeigen. "Nott ist, das auch
der diener mit der armen versamlung vergut (195) hat." (196)
"Dan der nit wil in uberfluß und abgang sich regiren nach dem
Euangelion, der kan dem Euangelion nit dienen." (197)

Das Verhältnis zwischen Pfarrer und Gemeinde entfaltet Strauß
als das einer freien Vereinbarung. Beide, Pfarrer und Versammlung
sollen unter der Oberhoheit des Evangeliums ledig und ungebunden
zusammenwirken zum Wohl der Gemeinschaft. Solange der Pfarrer
nichts Falsches und Verkehrtes lehrt und seine Predigt in der
Gemeinde Frucht bringt, hat er das Recht zur Führung der Gemeinde. Unter diesen Bedingungen darf er nicht weggeschickt und
aus der Gemeinde entfernt werden.

In der lockeren, durch gegenseitige, brüderliche Liebe ge-
förderten Beziehung fallen alle klerikalen Ansprüche und An-
maßungen dahin. Die den Priester und die geistlichen Herren
privilegierenden Bestimmungen des kanonischen Rechts haben in
der erneuerten christlichen Versammlung keinen Ort. Wer sich
als Herrscher über die Gemeinde erheben will, kämpft gegen Gott
und Christus, der allein das Haupt der Kirche ist. Deshalb sind
alle Herrschaftsmittel, besonders aber die Instrumente der ökonomischen Ausbeutung, zu beseitigen. Die Zehnten sind in dem
von Strauß entworfenen Kirchenwesen abgeschafft. "Hie fallen
auch pfarrliche stifftungen, zehenden, opfer, gült, acker, wisen
und alle herrlichkeit." (198) Doch dürfen wir nicht vergessen,
daß nach Strauß die christlichen Versammlungen schuldig sind,
den Predigern, die in Wahrheit das lautere und klare Gotteswort
verkünden, den notwendigen Lebensunterhalt zu gewähren.

Die ängstliche Sorge, daß die Geistlichen nicht ausreichend versorgt werden und eine Schmälerung ihres Einkommens erleiden müssen, ist begründet in Unglaube und Kleinmut. Wer an diesem Punkt verzagt, muß sich klarmachen, daß Gott die Verfassung seiner Gemeinde, seiner Kirche festgelegt hat. "Wer anders die versamlung mit dienern versehen will, understeet die sach besser zu machen, den gottes unfelende weißheit selber verordnet hat." (199) Die gegenwärtigen Verhältnisse im Kirchenwesen sind das bedauerliche Ergebnis dessen, daß Menschen versucht haben, die Sache Gottes zu 'verbessern'. Das Resultat, die Korruption der Kirche, liegt klar zu Tage, wie Strauß in seiner letzten These erklärt: "Es ist im beschluß nit anders in der gleichen Institution den schaben, schinden, zerren, reissen umb dz zeitlich un zencken, mörden un verterben die selen, die got mit seinen plüt erkaufft hat." (200)

Strauß hat seine Idee der Kirchenverfassung dem Kurprinzen mitgeteilt und ihn zu konkreten Schritten aufgefordert. Das bedeutet nicht, daß der Eisenacher Reformator bei seinem Vorstoß einen Gnadenerweis der weltlichen Gewalt, ein Zeichen herrscherlicher Huld erwartet. Strauß geht es nicht um Gnade und Huld, sondern um Recht und Gerechtigkeit. Er verlangt die Wiederherstellung der Rechtmäßigkeit und Legitimität im Kirchenwesen, ohne über die Stellung der weltlichen Obrigkeit in der Kirchenorganisation positive Aussagen zu treffen. Der Kurprinz hat nur dafür zu sorgen, daß der Auftrag Christi erfüllt wird, daß der Seelsorger durch die interne Wahl der Gemeinde unter Ausschluß externer, von außerhalb der Versammlung kommender Gewalten ermittelt und eingesetzt und daraufhin durch die Gemeinde versorgt wird.

Die Zehnten-Konzeption der drei Gemeinde-Reformatoren Karlstadt, Lambert und Strauß ist in sich folgerichtig. Der Zehnte ist biblisch nicht zu begründen. Die gegenwärtigen Nutznießer des Zehnten ziehen ihn zu Unrecht ein. Im Mittelpunkt des eigenen Entwurfs steht die Autonomie der einzelnen Ortsgemeinde, in der sich nach Lambert - im Gegensatz zu Luther (201) - das allgemeine Priestertum aller Gläubigen konkretisiert. Von der Selbständigkeit der lokalen Kirchengemeinde ausgehend kann der Zehnte neu begründet werden, insofern die Gemeinde einem Prediger, der klar, rein und lauter das Evangelium verkündigt, einen ausreichenden Lebensunterhalt nicht versagen kann.

Geschichtlich relevant an dieser Konzeption war der Versuch, die Gemeinde, nicht die Bischöfe, aber auch nicht die 'praecipua membra ecclesiae', zur politisch verantwortlichen Trägerin des Kirchenwesens zu machen. Diese Gedanken haben die oberdeutschen Reformatoren öfters in ihren Predigten vorgetragen. In der historischen Situation der Entscheidungsjahre der Reformation war aber der Tag nicht fern, an dem die Gemeinde ihr Recht - und die Steuern, die ihr nach der Auffassung der politischen Theologen zustanden - einfordern würde. Karlstadt, Lambert und Strauß haben nicht nur den Zehntenverweigerungen, sondern auch dem Bauernkrieg von 1525 vorgearbeitet.

Die theoretische Vorarbeit Karlstadts wurde durch sein praktisches Handeln in den folgenden Jahren gefördert. Am 3. Februar 1523 erklärte der Wittenberger Professor in einer Verhandlung

über eine theologische Promotion alle akademischen Grade für
unchristlich und zog sich auf ein Landgut zurück, wo er als
'Nachbar Andres' als Bauer unter Bauern leben wollte.
Dieser Lebensabschnitt dauerte nur kurze Zeit. Aber auch
Karlstadts anschließende Tätigkeit wirkte mindestens indirekt
als Modell reformatorischen Verhaltens. Wie in den Thesen gefordert, beschloß Karlstadt, den Zehnten in der rechten Weise
zu nutzen. Als Archidiakon des Allerheiligenstifts in Wittenberg
nomineller Inhalber der Pfarrei Orlamünde und Nutznießer der
Pfründe, setzte er den Vikar ab, der bisher die Parochie versorgt hatte, und ließ sich von der Gemeinde zum Pfarrer wählen.
Der temperamentvolle Prediger nutzte seine Popularität zu weit-
reichenden Reformen. Mit dem Einverständnis der Gemeindemitglieder führte er eine neue Gottesdienstordnung ein, die jedoch wie
seine Predigttätigkeit im Herbst 1524 durch Luthers Eingreifen
ein Ende fand.
     Karlstadts Beispiel hat besonders in Süddeutschland und der
Schweiz die reformatorisch Gesinnten inspiriert. Grebel, Mantz
und Genossen bekennen in ihrem Brief an Thomas Müntzer, wie sehr
sie von dem 'Schwärmer' beeinflusst sind: "daß du (Thomas Müntze
mitsampt Carolostadio by unß für die reinsten ußkünder und prediger deß reinsten götlichen wortes geacht sind." (202) Ebenso
bezeugt das Schreiben (203), daß Strauß nicht nur in Mitteldeutschland, in Eisenach und Umgebung, sondern auch in Süddeutsc
land und der Schweiz bekannt geworden ist.

2. Straßburg

Neben Zürich bildete Straßburg das zweite wichtige Zentrum der
Reformation in Oberdeutschland. Mit ungefähr 20 000 Einwohnern
war die am Zusammenfluß von Rhein und Ill gelegene Reichsstadt
eine der 'Großstädte' des "Heiligen Römischen Reiches Deutscher
Nation": Die verkehrsgünstige Lage und das Hinterland, das
Elsaß, das als 'Kornkammer des Deutschen Reiches' sprichwört-
lich war, hatten der Ill-Stadt wirtschaftlichen Aufstieg und
Erfolg gebracht. Politisch stand sie auf dem Sprung, die Spit-
zenposition der führenden Reichsstädte Süddeutschlands zu gewinnen.
     In dem mächtigen Gemeinwesen bildete die Pfarrgemeinde der
St. Aurelien-Kirche, einer sehr alten Pfarrkirche in dem ehe-
mals selbständigen Dorf Königshofen, das zur Zeit der Reformation längst mit der Stadt Straßburg vereinigt war, eine typische
Vorortgemeinde, in der die Zunft der 'Gärtner' den Ton angab.
Nach heutigem Sprachverständnis sind die Mitglieder dieser
Zunft, der fast die gesamte Gemeinde angehörte, allerdings nicht
als 'Gärtner', sondern als Kleinbauern anzusehen, die außerhalb
der Stadt über geringen Grund und Boden verfügten (204).
     Die Gemeinde zu St. Aurelien war kirchenrechtlich und -orga-
nisatorisch dem St. Thomas-Stift in Straßburg zugeordnet, nachdem das ehemalige Dorf Königshofen mitsamt seinem Zehnten 1219

von Bischof Heinrich II. den Stiftsherren von St. Thomas geschenkt worden war. Als in der landwirtschaftlichen Produktion
Tätige waren die meisten Mitglieder der Gemeinde - und zwar,
wie sie bemerken, -, "allein von allen inwonern dieser
statt" (205), verpflichtet, den Zehnten an das zur Zehnteinnahme berechtigte St. Thomas-Stift zu geben. Diese durch den
mittelalterlichen Partikularismus bedingte 'Sonderbesteuerung'
musste in der Reformationszeit Klagen und Auseinandersetzungen
verursachen.

Der Schriftwechsel des Jahres 1524, in dem sich die Bewußt-
seinslage und die Bewußtseinsprozesse der kritischen Phase der
Reformation widerspiegeln, konzentriert sich auf die beiden
Punkte, in denen der Wunsch nach Selbstverwaltung und die Begeisterung für die reformatorische Botschaft aktualisiert wird:
Wahl eines (evangelischen) Predigers und Verfügungsgewalt über
den Zehnten. Beide Forderungen müssen begriffen werden als Zeichen für das Streben der Pfarrgemeinde nach Souveränität in allen
kirchlichen Angelegenheiten. Unter diesem Aspekt werden beide
Bewegungen, die wir getrennt darstellen müssen, zu einer Einheit
zusammengeschlossen.

Die Auseinandersetzungen um die Wahl und Einführung des der
Gemeinde verantwortlichen Predigers, genauer gesagt: um die
Wahl und Ernennung Martin Bucers, fanden im Frühjahr 1524 statt
und endeten mit einem Sieg der Gemeinde. Der Streit begann damit, daß die Gemeindemitglieder der St. Aurelien-Gemeinde den
ihnen vom St. Thomas-Stift zugewiesenene Prediger, der 1523 von
den Stiftsherren an die Stelle des reformationswilligen Sympho-
rian Altbiesser gesetzt worden war, beschuldigten, in seinen
Predigten fortwährend gegen das Mandat des Rats vom 1. Dezember
1523 zu verstoßen, in dem der Rat allen Predigern geboten hatte,
allein das heilige Evangelium und die Lehre Gottes zu verkündigen, ein Gebot, das gegen die Absicht des Rats als ein Freibrief
für die reformatorische Predigt interpretiert wurde. In ihrer
Eingabe vom 6. Februar 1524 beklagen sich die Angehörigen der
Pfarrei St. Aurelien, daß der altgläubige Prediger die reine
Lehre mit menschlichen Zusätzen vermische. Als Verstöße werden
genannt die harten und unnachgiebigen Ausführungen über die
Lehrgewalt der scholastischen Theologen, den Wert der Ritualien
und das Zölibat. Nach Auffassung der Gemeinde läßt sich feststellen, daß "herr Christoffel, pfarher zu S. Aurelien, uß was
geist wyssen wir nit, Euer gnaden so christlichen mandat in
seinen predigen bißhär gar nit gelebt hat, sonder offentlich
uff der kantzel gesagt, es gange nit iederman an, den layen
stand auch nit zu, in solchen dingen etwas zu schliessen oder
gebietten, die consilien und päpst häben die leer Thome und
Scoti und derglichen lerer angenommen, solang sy die nit ver-
werffen, wölle er bey denselbigen bleiben." (206)

Angesichts der starren Haltung und Einstellung des von den
Stiftsherren verordneten Predigers wandte sich die Gemeinde zu
St. Aurelien an die Kirchenpfleger, um einen ihr zusagenden
Seelsorger, einen Prediger, der rein und lauter das Wort Gottes
verkündigt, zu erhalten. Die Kirchenpfleger, denen die Angelegenheit zu gewichtig war, wiesen die Pfarreiangehörigen an
den Rat. "Deßhalb, gnädige herren, ist an Euer gnaden alß unser

christlich herren und obern unsere hochfleyssig, flehliche,
nöttige bitt, durch die eer Gottes, gemeiner stat wolfart, heil
und seligkeit unser und unserer weyb, kind und gesynd, das ir
unß vergönnen wolt, unser gelegenheit nach, einen gelerten,
tüglichen, frummen predicanten, ab (!) dem Euer gnaden on zwey-
fel ein gefallen haben soll und Euer gnaden verwandter sig, zu
bestellen, der das göttlich wort an feyrtagen nach mittag so,
on das der pfarrer noch yemans anders in der kirchen nit zu
thun hat, unß und den unsern, die wir der ferre und auch offt
nöttiger arbeit halb andere kirchen nit besuchen mögen, treulich
verkund." (207)
   Auf diese erste Eingabe folgten Verhandlungen zwischen dem
Rat und dem Stift, dem der Rat mit wohlwollendem Nachdruck das
Verlangen der St. Aurelien-Gemeinde vortrug. Den Wunsch der Gemeinde nach einem ihr verantwortlichen Prädikanten beantwortete
das St. Thomas-Stift mit dem Angebot, der Gemeinde einen Prediger zuzuweisen, der das Evangelium verkündige. Dieser Vorschlag
wird von den Gemeindegliedern in der Stellungnahme vom 12. Februar 1524 abgelehnt. Er ist nach den Worten der Gemeinde ein Werk
des Teufels, denn "was lege in sonst daran, das wir unß einen
bestelte, der unß zu zeiten, so der pfarrer anders in der kirchen nit zu thun hat, on einigen iren kosten des evangelium
predigte?" (208) Oder anders ausgedrückt: "Wan nun ir entbietten,
unß mit einem christlichen pfarher zu versehen, uß einem woren
hertzen gieng, was solt inen dan dran liegen, sie liessen unß
ein pfarher welen, wie das göttlich und päpstlich recht, alß wir
bericht werden, vermag und auch von altem gewesen ist, und hetten
sy, die doch die gelerte und geistlichen sich nennen, den gewalt,
acht uff ein solchen zu haben und in, wo er das wort Gottes predigt, bestettigen, wo nit, entsetzen?" (209)
   Die Gemeinde vermutet, daß es den Stiftsherren nicht um die
Sache, um die Predigt des Evangeliums geht, sondern um ihr Recht.
Sie wollen das Privileg nicht aufgeben, die Geistlichen der St.
Aurelien-Kirche zu ernennen. Aber auch bei den Mitgliedern der
Pfarrgemeinde St. Aurelien, die einen vom Stift ernannten Ver-
kündiger des reinen Gotteswortes nicht anerkennen wollen, steht
die Frage des Rechts im Vordergrund. Sie bestehen wie die Stift-
herren darauf, den Gemeindeprediger selbst zu wählen, wobei sie
ihren Anspruch nicht allein aus dem göttlichen, sondern auch aus
dem kanonischen Recht herleiten. Das kirchenpolitische Problem
der Souveränität im Kirchenwesen ist der Streitpunkt, der in
dieser lokalen Auseinandersetzung wie später im Großen Bauernkrieg erörtert wird: Wer ist berechtigt und legitimiert, in
kirchlichen Angelegenheiten zu entscheiden und das letzte Wort
zu sprechen? Für die Bittsteller der St. Aurelien-Gemeinde ist
die Gemeinde die ausschlaggebende Autorität im Kirchenwesen.
Mit dieser Kirchenverfassung wird ihrer Meinung nach der Sache
des Evangeliums am besten gedient. Demgegenüber behaupten die
Stiftsherren von St. Thomas, daß das Wort Gottes durch das Festhalten an der kirchenrechtlichen und kirchenpolitischen Tradition am meisten gefördert wird.
   In diesem Sinne will das St. Thomas-Stift zwar einen evangelischen Prediger an die St. Aurelien-Kirche berufen, aber grundsätzlich nicht das Recht zur Wahl des Geistlichen der Gemeinde

überlassen. Um die Souveränität nicht zu verlieren, wollen die
Stiftsherren finanzielle Opfer auf sich nehmen. Sie wollen den
Angehörigen der Gemeinde die Ausgaben für den Unterhalt eines
Predigers ersparen, indem sie selbst die Kosten für die Besoldung des neuen Geistlichen bestreiten. In dem Schreiben an den
Rat vom 17. Februar 1524 (210) wird dieses Zugeständnis gebüh-
rend herausgestellt und betont. Die Stiftsherren schließen, "das
den erbaren lüten gar nit not sin, selbs ein predicanten uff
iren costen zu bestellen, sonder unsers erbarens erbietens zufriden ston sollent." (211)

Hauptargument der Stiftsherren ist jedoch ihr altes, von je-
her geltendes Recht, die Geistlichen der St. Aurelien-Kirche zu
wählen und zu ernennen. Durch die Tradition ist jede Änderung
des Souveränitätsverhältnisses ausgeschlossen. Im Gehorsam gegen
die Überlieferung kann das Stift der Wahl des Prädikanten durch
die Gemeinde nicht zustimmen. "Dan das ein capittell der letzsten
beger noch, die an sie durch verordnete einß löblichen radts beschehen ist, namlich zu gestatten, das die erbaren lüth der
pfarre zu Sant Aurelien selbs irs gefallens ein predicanten in
der kyrchen, die also lange zit einß erlichen stiffts gewesen
und noch ist, nye gehört worden, das jemands sich underzogen,
die mit versehern und verwesern zu besetzen. Und dodurch also
sich lassen zu entsetzen irs geruwigen besytzes und one widder-
sprechlicher gerechtigkeit lutt löblicher confirmation, brieff
und sigell, so ein capittel darumb hat und, wo nodt, zeygen
möcht, by denen sie so vil hundert jar gewesen und nochmoln
billichen sollendt, kan eyn ersam capittel gar nit erheben und
gedulden." (212)

Trotz der Weigerung des Stifts gab die Gemeinde nicht nach,
sondern beharrt auf ihrem Recht, selbst den verlangten Prediger
zu wählen. Am 2. April 1524 konnten die Gemeindemitglieder der
Pfarrei zu St. Aurelien dem Rat melden: Das St. Thomas-Stift
hatte für diesen Augenblick, nicht für immer, auf seine Vorrechte in der Gemeinde verzichtet und die Wahl eines Prädikanten gestattet. "Uff disse ir antwurt sind wir desselbigen tags,
uff den dienstag nechsverruckt, uff unser stuben zusamenkumen,
gott umb gnad angerufft und daruff haben wir einhellig allesampt,
unser her, alle kirchenpfleger und gantz gemeyn unser pfar unß
zu einem pfarher und seelsorger erwölt her Martin Butzer alß den
täuglichsten und geschicksten darzu, den wir uff dißmal haben
mögen, nit allein unsers bedünckens, sonder auch uß anzeige der
wurdigen doctorn und predicanten, so ietzt hie im Gotts wort
arbeiten, das unß dann die herren zu S. Thoman auch gestanden." (213)

Damit ist der erste Vorstoß der Gemeinde im Jahre 1524 abgeschlossen. Nachdem aber, wenn auch beschränkt, das Recht der
Predigerwahl zugestanden war, konnte die Zehntenerhebung nicht
mehr gehalten werden. Die Organisation des Zehntwesens, die Ablieferung des Zehnten an außerhalb der Ortsgemeinde stehende Instanzen musste fragwürdig werden, sobald die lokale Pfarrgemeinde Autonomie und Unabhängigkeit in bezug auf die Stellenbeset-
zung gewonnen hatte. Im Mai 1524 folgte der zweite Angriff der
St. Aurelien-Gemeinde gegen das St. Thomas-Stift, in dem das
Recht des Stifts auf den Zehnten bekämpft wurde.

In ihrer Eingabe schildert die St. Aurelien-Gemeinde das Zehntenproblem aus ihrer Sicht. Ausgangspunkt der Darlegungen ist das Faktum, daß die Gemeinde von altersher den Zehnten an das Stift von St. Thomas abliefert. Da viele Gemeindeglieder in der letzten Zeit durch die jährlichen Zehntzahlungen große Not erlitten hätten, wären alle Pfarrei-Angehörigen in gemeinsamer Beratung zu dem Entschluß gekommen, die Berechtigung der Zehntabgaben zu überprüfen. Bei der Zusammenkunft mit den Stiftsherren, den bisherigen Nutznießern des 'St. Aurelien-Zehnten', konnten diese nur ein relevantes Dokument vorweisen, ein Privileg Kaiser Friedrichs I. (214), in dem das Zehntrecht bestätigt, aber nicht gewährt wird. Weil das Stift erstens keine Rechtsgrundlage für sein Zehntrecht aufzeigen kann, weil zweitens nach dem göttlichen Recht der Zehnte drei Institutionen gebührt, der weltlichen Obrigkeit, den Dienern des Gottesworts und den Armen, und weil drittens nach dem kanonischen Recht (215) der Zehnte an die Pfarrkirche gehört, an der er erhoben wird, haben die Angehörigen der St. Aurelien-Gemeinde nach dem Zusammentreffen mit den Stiftsherren beschlossen, keinen Zehnten mehr an das St. Thomas-Stift zu entrichten. "Den herren zu sanct Thoman haben wir uns entschlossen, wie wir dan gantzlich achten, von recht nit schuldig sigen, kein zehenden meher zu geben, sy zeygen uns dan an ein rechtmessig, gnugsam privilegium, des dem gemeinen rechten, uß wellichem, wie dan gemelt, der zehend an die pfarrkirch gehört, derogiert und ein intrag thüe oder andere recht, so kouffens oder lehens wyß uff sy möcht komen sin." (216)

Obwohl die Gemeindeglieder zur Begründung der Zehntverweigerung auf die Armut und das Elend einzelner Notleidender in der Gemeinde abheben, sträuben sie sich nicht gegen die Einsammlung des Zehnten. Zwar sollen die Mißgeschicke und Unglücksfälle der Angehörigen der Pfarrei berücksichtigt werden; davon abgesehen soll aber der Zehnte zum Nutzen der eigenen Gemeinde eingezogen und zur Besoldung des Pfarrers und zur Armenhilfe verwandt werden. Von der St. Aurelien-Gemeinde in Straßburg wird die Kommunalisierung des Zehnten gewünscht und gefordert. Der Zehnte soll in die Verfügungsgewalt der Kirchengemeinde übergehen, die aus dem Zehntgut den Pfarrer entlohnt und die Armen unterstützt. "So sin wir in willen, nach rathe und ordenung Euer gnaden, die ire herren uber das zyttlich von Gott gesetzt sint, nach maß unser, unser armen weib und kindern möglich und treglich, denselbigen (Zehnten) hinfurtter zu geben zu unser pfarre, wie er den allenthalb, auch in des gegenteils bestetigsbrieffen, sanct Aurelien- und nit sanct Thomaszehend genant wurdt, daruß, wie recht, die notturfftigen, christlichen diener der gemein im wort Gottes und sonst nach notturfft zu erhalten, mit dem anderen witwen und weisen sampt anderen armen, soweit des reichen wurt, helffen erneren." (217)

Während die St. Aurelien-Gemeinde mit der Hilfe des Rats das Recht auf freie Predigerwahl durchsetzte, war ihrem Vorstoß in der Zehntenfrage kein Erfolg beschieden. Auch in der Reformationszeit wechselten 'geistliche' schneller als 'wirtschaftliche' Privilegien ihre Besitzer. Eine vom Rat nach der Anfrage der Gemeinde eingesetzte Kommission entschied, daß der St. Aurelien-Zehnte noch fünf Jahre dem St. Thomas-Stift gehören

54

solle (218), bei dem er dann bis zur Französischen Revolution
geblieben ist (219), nachdem die Zehntenfrage 1529 alle Aktualität verloren hatte.

Bei den 'St. Aurelien-Unruhen' handelt es sich um eine Auseinandersetzung zwischen den bisherigen geistlichen 'Macht-
habern' und einer Gemeindebewegung, die die Selbstbestimmung
und Unabhängigkeit der Pfarrgemeinde, verfassungsrechtlich gesprochen: die Souveränität in allen sie selbst als Kirchengemeinde betreffenden Angelegenheiten, anstrebt. Der Rat der Stadt
wird als höchste politische Instanz um Vermittlung und Hilfe gebeten, wobei die Erwartung der Gemeindeglieder dahingeht, daß
der Rat sich auf die Seite der Gemeinde stellen wird. Aber bei
der Anrufung des Rats wünscht die Gemeindebewegung nicht die
Herrschaft der weltlichen Obrigkeit im Kirchenwesen, sondern
sie fordert die weltliche Gewalt auf, für die Souveränität der
Kirchengemeinde im Kirchenwesen zu sorgen. Die Gemeinde will
nicht die Fürsten-, sondern die Gemeinde-Reformation. In den
Vorstellungen der Kleinbauern von St. Aurelien, die über den
Zehnten bestimmen und ihren Pfarrer daraus versorgen wollen,
erkennen wir eine Antizipation der Zwölf Artikel.

Im Laufe des Jahres 1524 wurde von Johannes Schott in Straßburg die ausführlichste Erörterung über den Zehnten gedruckt (220),
die wir kennen. Sie stammt von Otto Brunfels. Brunfels, Sohn
eines Böttchers in Mainz, hatte sich wohl 1510 im Alter von 22
Jahren den Kartäusern angeschlossen. 1514 wurde er zum Priester
geweiht. Als er ab 1518 in nähere Beziehungen zu von der Reformation geprägten Humanisten trat, wurde ihm das Kloster immer
unerträglicher. 1521 floh er aus Mainz zu Ulrich von Hutten auf
die Ebernburg. 1522 wurde er zum Pfarrverweser in die unter dem
Patronat der Familie Hutten stehenden Pfarrei Steinau (Stein-
heim) (221) an der Straße (in der Nähe der Burg Steckelberg)
ernannt. Auf einer Reise zu Zwingli, bei dem er nach seiner Ver-
treibung aus dem Rheinland Unterschlupf suchen wollte, wurde er
noch im Jahre 1522 in Neuenburg im Breisgau von den dortigen
Bürgern festgehalten, die ihn dazu überredeten, in dem kleinen
Städtchen Prediger zu werden. In Neuenburg hat Brunfels ungefähr
anderthalb Jahre gewirkt. Infolge der Umtriebe der vorderöster-
reichischen Regierung in Ensisheim, die den radikalen Prädikanten in dem greifbar nahen Ort gern in ihre Gewalt gebracht
hätte, siedelte Brunfels im Februar 1524 nach Straßburg um, um
im Schutz der mächtigen Reichsstadt in größerer Sicherheit leben
zu können. In Straßburg erhielt er sogleich ein Lehramt an der
Karmeliter-Schule. Neun Jahre war Brunfels im Dienst der Reformation in Straßburg tätig, bis er es wegen der immer schärferen
Täuferbekämpfung in Straßburg, die er mit Widerwillen ansah,
vorzog, einen Ruf als Stadtarzt nach Bern (222) anzunehmen. Bald
nach Antritt seines neuen Amtes, am 23. November 1534, ist Brunfels bei einer Pest-Epidemie gestorben.

Die vorliegenden Schriften über den Zehnten hat Brunfels in
Neuenburg begonnen, als die Attacken der altgläubigen Gegner
gegen den evangelischen Prediger des Städtchens immer heftiger
wurden. Die Sammlung der 142 Thesen, deren lateinische Fassung
den Titel "De ratione decimarum Othonis Brunfelsii propositiones"
trägt, wurde zuerst in Latein geschrieben. Sie sollte die Grund-

lage für eine gelehrte Auseinandersetzung über das Zehntenverständnis der Heiligen Schrift und des Kanonischen Rechts bilden.
Gleichzeitig mit der lateinischen Version hat Brunfels allem Anschein nach eine freie Übersetzung "Von dem Pfaffen Zehenden.
Hundertunzwenunfyertzig Schlussreden" verfertigt, die für das
allgemeine Publikum gedacht war. Beide Fassungen wurden erst
nach der Übersiedlung nach Straßburg vollendet. Die deutsche
Ausgabe, die als Propagandaschrift und nicht als akademische
Abhandlung wirken sollte, liegt unserer Analyse zugrunde.

In dem Vorwort zu seiner deutschen Zehntenschrift schildert
Brunfels die Lage, wie er sie sieht. Etlichemale sei er aufgefordert worden, etwas über den Zehnten zu schreiben (223). "Ich
bin ettlich mal angelangt worden von guten freünden, das ich
doch von dem zehenden ettwas schribe, mit namen, so niemants
mit demselbigen butzen herfür wil und doch so groß klag darüber
ist und vil sich des widern (224) zu geben." (225) Die Zehntenverweigerungen bilden also nach Brunfels' Angaben einen mindestens mittelbaren Anlaß der Veröffentlichung. Seinem eigenen
Eingeständnis zufolge hat Brunfels oft gezögert, seine Auffassung zu äußern, teils aus menschlicher Furcht, teils aus Rücksicht auf die Schwachen. Nachdem aber das Wort Gottes jetzt genügend gepredigt worden ist, hat sich gezeigt, daß die alte
Kirche zur Reform unfähig ist. "Nun aber, so das Wort (Got sey
lob) gnugsam gepredigt ist un doch kein hoffnung oder kein besse-
rung syhe in der widerparthye, sondern das, ye minder rechts
sye haben, ye mer sye darauff dringen, bolderen und bochen, hat
mich christliche liebe bezwungen, kurtzlich darvon ein wenig zu
disputieren, was die schrifft darvon innhalt, und solich disputation in etliche schlusszreden zu begreiffen." (226) Trotz der
unbeugsamen und starrköpfigen Haltung der römischen Geistlichkeit will Brunfels keine Polemik treiben, sondern zu einer Diskussion einladen, in der beide Seiten ihre Auffassung darlegen.
Zu diesem Zweck publiziert er die 142 Thesen, deren Gültigkeit
im Gespräch über Schrift und Recht erörtert werden soll. "Ist
auch mein fründtliche bitt, wöllen mich umb Gotts willen berich-
ten. Könnend sye mit geschrifft darthun, das es anders ist,
weder ich geschriben habe, bin ich wol zufriden, mich lassen
zu weisen." (227)

Die Einladung mit ihren verbindlichen bzw. unverbindlichen
Floskeln trägt mehr rhetorischen Charakter. Im Anschluß an dieses Zeichen der Gesprächsbereitschaft stellt Brunfels fest:
"Gott hat geredt; so hab ich geglaubt, wie kan ich dann schweigen? Auch seind die mißbreüch mit nammen in dißem handel des
zehenden, dz es Gott im himmel möcht erbarmen, und ist die be-
schwärd des armen manns so grossz, dz auch Gott leyd ist. Des
schyndens und des schabens ist kein ende; förchten dennocht
Gott nit darumb, sonder meynen, sye haben es fug, eer und recht,
wie sye dann lange zeyt mit irem dollen und gottloßen recht auch
uns verwönt haben. Gott wöll, dz noch ein ende habe, er wer ye
einmal zeyt. Gott geb, das sye sich erkennen. Thund sye es nit,
werden sye keine ruw vor uns haben." (228)

Die Rechtlosigkeit des gegenwärtigen Zustands im Zehntwesen
entfaltet Brunfels in zwei Anläufen. Den ersten Schritt bildet
die Differenzierung des Alten und des Neuen Testaments. Zum

zweiten zeigt Brunfels die Unwürdigkeit der zum Zehntenempfang
Berechtigten auf und entkräftet damit die Argumente, auf die sie
sich stützen.

Tiefgreifender als Lambert erkennt Brunfels als Fundament der
Gegner das kanonische Recht. Brunfels akzeptiert diese Gesprächs-
basis für die Fälle, in denen im kanonischen Recht Kirchenväter
wie Hieronymus, Ambrosius oder Augustin herangezogen werden.
Wenn man so will, fasst Brunfels den Zehntenstreit mit den Wider-
sachern als Auseinandersetzung mit ihnen und dem kanonischen
Recht über das rechte Verständnis der Kirchenväter auf. Wer darf
sie zu Recht in Anspruch nehmen, wer darf sich als ihr recht-
mäßiger Erbe fühlen, die 'Baalspfaffen' und 'Zehntenfresser'
oder diejenigen, die eine Reform des Gottesdienstes und des
Zehntwesens in die Wege leiten wollen?

Die Methode, die Brunfels anwendet, um die Rechtlosigkeit des
gegenwärtigen Zustands im Zehntwesen zu konstruieren, ist, negativ ausgedrückt, die der 'Auflösung', positiv gewendet, die der
Richtigstellung und Korrektur der traditionellen Interpretation.
Brunfels zeigt, daß die Prädikate, mit denen die Theologen der
Alten Kirche die Zehntempfänger qualifizieren, nicht auf die
römischen Geistlichen bezogen werden können, sondern anderen
Gruppen zukommen. Der derzeitige Klerus ist nicht würdig, sich
die Titel zuzulegen, unter denen die Kirchenväter den Empfang
des Zehnten billigten. Er bietet zuwenig Gegenleistung, um den
Zehnten mit Recht in Anspruch nehmen zu dürfen.

Die erste Methode, die Unterscheidung des Alten und des Neuen
Testaments, benützt Brunfels in den ersten zwölf Schlußreden,
in denen er sich mit der biblischen Begründung des Zehnten be-
faßt. "Der zehend ist allein uß dem alten testament." (229) Das
Alte Testament, das Gesetz, bindet die Christen nicht mehr,
"dann das gesetz ist yetzundt hyngelegt durch Christum, unseren
heylandt" (230). Kein Christ ist nach dem Kommen des Erlösers
gezwungen, den Zehnten zu leisten, wie er genausowenig verpflichtet ist, sich beschneiden zu lassen, sich des Schweinefleisches
zu enthalten oder andere Zeremonialgebote auszuführen. Wenn
einige Christen freiwillig den Zehnten entrichten, so ist das
ihre Privatangelegenheit, genauso wie Paulus aus unverbindlicher
Rücksicht auf Tradition oder Konvention den Timotheus beschnitt
(Apg 16,3) oder in Kenchreä sein Haupt schor (Apg 18,18). Diese
Verhaltensweisen sind nicht mehr allgemein gültig. Der einzelne
Christ kann diese Riten befolgen wie Paulus, aber er darf für
keinen anderen einen Zwang daraus machen und menschliche Gewohnheiten als göttliche Gerechtigkeit hinstellen. Das Opfer des
Zehnten ist ebensowenig wie das Beschneiden oder das Scheren
des Hauptes ein göttliches Gebot, sondern eine freiwillige Vereinbarung oder Verpflichtung des Christen. "Un dann aber, so
were es kein göttlich gebot, sonder ein christlich, freywillig,
einhellig angenommen begebung, daryn auch kein der seligkeit
halb vertrawen gesetzt werden soll." (231)

Im Vergleich zu Karlstadt und Lambert glückt es Brunfels
besser, den Übergang von der Aufhebung des Zehnten als göttliches
Gebot zu seiner Einführung als kirchlich obligatorische Steuer
zu bewältigen. Die Zehntenforderung ist kein göttliches Gebot,
aber eine freiwillige Konvention, die alle christlichen Gemein-

den eingegangen sind. Daher ist der Zehnte, obwohl er nicht aus
dem göttlichen Recht stammt, von der Gemeinschaft der Christen
weiter zu entrichten. Aufgrund dieser Konstruktion, nach der es
in jeder christlichen Gemeinde Zehntpflichtige und Zehntbezieher
geben muß, erhebt sich die Frage, wer die wahren Zehntempfänger
sein sollen. Da Brunfels zweite Methode, den Zehnten zu 'illegitimieren', zu großen Teilen in der Verächtlichmachung seiner
derzeitigen Abnehmer besteht, ist auf der via negationis zu er-
ahnen, wie die wahren und legitimen Zehntbezieher beschaffen
sein müssen.

Die Erörterung des geitlichen Zehnten, die mit der 29. Schlußrede beginnt, eröffnet Brunfels mit dem Problem: "Das aber heüt-
zutag der unnütz hauff, der bürde der erden, alß pfaffe, munch,
styfft, clöster, collegia un was der müssigen, unnützen leüt
ist, sich des zehenden auch underzyehe, weyssz ich nit, wie
solichs mit der schrifft und billicheit vertädingt und erhalten
mag werden." (232) Brunfels beabsichtigt nicht, das Problem zu
lösen, sondern zu vertiefen. Er widmet sich im folgenden der
Aufgabe, die mangelnde Legitimation der gegenwärtigen Zehntempfänger, die weder Schrift noch Recht und Billigkeit für sich
anführen können, in immer neuen Wendungen zu verdeutlichen.

Jeder Mensch ist gezwungen, im Schweiße seines Angesichtes
sein Brot zu essen (Gen 3,29). Aber die Geistlichen der römischen Kirche sind arbeitsscheu und faul. Sie sind "wie die zwo
töchter der zecken, sprechen nur: Trag häre, trag häre!" (233)
Der Müßiggang, der vom Klerus gepflegt wird, macht ihn verhaßt
bei allen fleißigen Menschen, von denen das Wohlleben dieser
unnützen Prasser abhängt. Deshalb werden die Nutznießer des
Zehntsystems von Brunfels aufgefordert, sich durch Aktivität und
Leistung den Zehnten zu verdienen. "Doch bitten wir sye und ver-
manens durch unseren herren Jhesum Christum, wöllent nit ver-
geblich nyessen yr brot, auff das sye niemants beschwärent und
nit mit erdichtem recht besitzen, das dem göttlichem rechten
ist zuwyder." (234) Die bürgerliche Arbeitsmoral ist für Brunfels der erste methodische Ansatzpunkt, um die päpstlichen
Kleriker zu brandmarken - als faul und arbeitsscheu, als unnütz
und müßiggehend.

Wenn die römischen Geistlichen sich nicht zu Taten aufraffen,
müssen sie, weil sie keine Rechtsurkunde, keine schriftliche Bestätigung ihres Zehntbesitzes vorweisen können, als Räuber und
Diebe angesehen werden. "Deßhalb seind sie räuber un dieb, als
vil deren seind, so auffsatzlicher weyß alle zehend an sich
reissen un aber darneben die bischöf der pfarren (das ist die
seelsorger) lassen mangel haben und auß dem bettel und schinde-
rey leben der sacrament un also ein beschwerde treiben auf die
andere." (235) Die Methode der Kriminalisierung, die, wie wir
noch sehen werden, die lutherischen Reformatoren gegen die
Zehntverweigerer anwandten, wird von Brunfels gegen den geistlichen Teil der Zehntherren ins Feld geführt. Das kanonische
Recht schützt jedoch diejenigen, die sich darauf stützen, besser als das Evangelium und das göttliche Recht diejenigen, die
ihm folgen. Nach den Bestimmungen des CIC haben auch böse und
gottlose Priester einen Anspruch auf den Zehnten (236). Hinter
diesem Rechtssatz steht die reife Lebens- und Rechtserfahrung

des kanonischen Rechts, weil es ohne diese Regel in jedem
einzelnen Fall zu endlosen Streitigkeiten und Prozessen kommen wird. Aber passt die juristisch einsichtige Konstruktion
zur Idee der christlichen Kirche?
    Brunfels argumentiert, daß in einer solchen Entscheidung der
Teufel in die Kirche einbricht. Die römischen Priester gebärden
sich unter dem Schutz dieses Kanons wie die Gottlosen, die
sprechen: "Kumment här, lassent uns gebruchen der gegenwirtti-
gen gutter, mit guttem wein un salbung wollen wir uns ersettigen.
Lassent uns verdrucken den armen gerechten, der wittwen wöllen
wir auch nit verschonen noch des alten. Un aber unser veste sey
das gesatz der ungerechtigkeit (Weish 2,6f.10f)." (237)
    Um die Kleriker als 'Verbrecher' hinzustellen, stehen Brun-
fels noch andere Mittel zur Verfügung. In der 50. Schlußrede
erklärt er, daß ihm die im kanonischen Recht zitierte (238) Behauptung Augustins (239), der Zehnte sei ein Almosen der Armen,
sehr gefalle (240). Ebenso stimme er mit großer Freude der im
CIC ebenfalls herangezogenen (241) These des Hieronymus (242)
zu, daß alles, was die sogenannten Geistlichen besitzen, den
Armen gehöre (243). Mit beiden Kirchenväter-Zitaten können wiederum die römischen Priester als Räuber und Diebe entlarvt werden. Sie sind nicht nur faul und arbeitsscheu, sondern nehmen
auch den Armen das weg, worauf diese legitimerweise einen Anspruch haben. Indem die Geistlichen sich als Eigentümer des Kirchenguts aufspielen, enthalten sie den Armen den ihnen rechtmäßig zustehenden Besitz vor. Brunfels nennt das priesterliche
Verhalten unverhohlen 'Raub'. "Darumb dann unverholen sye auch
räuber möchten genennt werden, das sye gewaltig vorhalten und
nit außteylen, dz ynen nit zusteet noch ynen nit allein ist
geben." (244)
    In Wahrheit sind die Geistlichen nicht Eigentümer, sondern
Verwalter des Kirchenguts. Sie sind eingesetzt, um den Armen
die eingehenden Schenkungen, Abgaben und Opfer zukommen zu lassen. Paulus legt eindeutig fest, daß die Bischöfe nicht ehr-
geizig und habsüchtig sein sollen und Überfluß an Essen, Trinken
und Bekleidung unter die Armen austeilen müssen. Die Gastfrei-
heit der Bischöfe (1. Tim 3,2; Tit 1,18) manifestiert sich nicht
in großartigen Banketten, mit denen sie einander bewirten, und
in fürstlicher Hofhaltung, sondern in der umfassenden, großzügigen Armenfürsorge, die sie organisieren und aufrechterhalten. "Aber leyder, diße feyßte armen haben under einem schein
der armut übertroffen die reichtumb der fürsten un der
könig." (245)
    Auch an dieser Stelle hat die jahrtausendealte Tradition der
mittelalterlichen Kirche dafür gesorgt, daß nach katholischer
Auffassung solche Angriffe ins Leere laufen. Nach kanonisch-
rechtlicher Anschauung sind die Bischöfe wie alle Kleriker als
'pauperes Christi' arm, weil sie über kein Privateigentum verfügen. Trotz der reichen Spenden, die der Kirche vermacht werden, besitzen die einzelnen Geistlichen nichts, da die Stiftungen und Schenkungen nicht an die Priester, sondern an die Kirche
gehen. Daher gilt: "Obschon die geistlichen auffs höchst uber-
flüssig solich gutter der kirchen besässen, seyen sye dannest
arm." (246)

Um die Theorie der geistlichen Armut - ein uneinnehmbarer Zu-
fluchtsort für den materiellen Reichtum, der sich in der katholischen Kirche angesammelt hatte - an der Wurzel zu packen,
greift Brunfels auf die These Johannes Hus' zurück: "Die kirch
Christi darf keiner zeitlichen reichtumb oder schatz in solichem fall, und so sye solichs hette, teylets syes under die
armen." (247) Wie für Hus ist für Brunfels, der unter anderem
die Predigten des Tschechen herausgegeben hat (248), das Idealbild der Kirche die 'arme Kirche', die ohne Einschränkungen auf
zeitlichen Besitz verzichtet. "Und halts in dem fall mit dem
christlichen und hochgelerten Johanne Hussz, der gehalten hat,
dz es wider dz evangelium sey, das die geistlichen zeitliche
gütter haben, darüber er sein leben gelassen hat." (249) Die
Väter der Kirche haben Eigentum und Kirchenvermögen nur zugelassen, damit die Benachteiligten und Notleidenden versorgt
werden können. "Ist auch kein ander ursach, darumb dann die
vätter der kirchen schätze haben zugelassen, dann das man die
krancken und armen, so ir brot nicht möchten gewynnen, daruß
solt erhalten, die gefangnen entledigen." (250)
    In einem breiten Exkurs über das Problem der Konstantinischen
Schenkung (251) bemerkt Brunfels, daß Silvester I. das Angebot
des Kaisers hätte abweisen müssen. Große Gaben anzunehmen, ist
unchristlich und illegitim für Geistliche, die ihren Lebensunterhalt mit dem Notwendigsten zu bestreiten haben. Mit der
Entgegennahme des kaiserlichen Geschenks hat der Papst die evangelische Armut verraten, die für die Kirche obligatorisch ist.
Silvester I. ist zum Ahnherr der Kollaborateure geworden, die in
der Folgezeit den Klerus eroberten und die kirchlichen Führungs-
stellen besetzten.
    Brunfels will nicht bestreiten, daß Hilfe und Fürsorge für
die Armen bei Christen selbstverständlich sind. Die jetzt den
Zehnten empfangen, sind aber nicht Arme, denen die christliche
Gemeinde Unterstützung gewähren muß. Es sind 'Schein-Arme',
deren Räuberei offen zutage liegt, wie Brunfels am Beispiel der
Höhe des Betrags der 'Armensteuer' zeigt. Nach dem Neuen Testament ist kein festes Maß für die Unterstützung der Notleidenden
und Bedrückten gegeben. Paulus (2.Kor 8,11f) spricht ausdrücklich davon, daß jeder nach seinem Herzen handeln soll und angenehm ist durch das, was er hat, nicht durch das, was er nicht
hat. Entscheidend ist, daß den Bedürftigen ausreichende Hilfe
zuteil wird. Wenn durch die Zehntenerhebung genügend Mittel zusammenkommen, kann es angebracht sein, auf weitere Forderungen
und Wünsche zu verzichten. Es müssen keine zusätzlichen Ein-
nahmequellen erschlossen werden, wenn der Strom der Zehntleistungen ohne Stockungen fließt.
    Der Geistliche, dem es gut geht und der einen hohen Lebens-
standard hat, sollte selbst dann, wenn er ein Anrecht auf den
Zehnten hat, auf ihm nicht bestehen. Sonst kommt es, sofern der
Zehnte der Armen Almosen ist, zu der alltäglichen, aber wider-
sinnigen Situation, daß ein armer, notleidender Zehntpflichti-
ger, mit Schulden überladen, einem reichen, im Überfluß lebenden Zehntherren ein Almosen gibt. Wenn im Unterschied zur Theorie der 'pauperes Christi' die Verhältnisse so liegen, glaubt
Brunfels nicht, "das er die ewig verdamnüß verfallen sey (ja

worlich ist es nit wider Gott), so yemants solich unbillichen
fürnemens solicher tyrannen erfordert, warumb sye solich unver-
dientten zehenden nemen, un auch sich sperret etlicher maß, den
zu geben, uf dz er wüste, wie und wann, wiewohl des babst
fleyschlich recht das heftig verbieten bey hocher verdamnüß und
ewigem bann." (252) Demgegenüber laden die reichen Zehntempfänger, die die Not der schwer geprüften Zehntleistenden nicht bemerken und erkennen, Schuld auf sich. Während die Zehntenverweigerer entgegen der Theorie der 'pauperes Christi' nicht die
Armen, sondern reiche Zehntherren bestreiken, die auf die Einnahmen nicht angewiesen sind, lassen die im Wohlstand lebenden
Zehntbezieher Menschen darben, die tatsächlich, nicht in der
Theorie, Hunger verspüren.

Diese 'Schein-Armen', die Fürsten und Könige an Reichtum übertreffen, ziehen Gelder an sich, um ihre prächtigen Tempel zu ver-
zieren und ihre prunkvollen Götzendienste auszuschmücken. "Aber
darneben übersehen die lebendigen Tempel, in welchen der Heylig
Geist wonet un für welche Christus gestorben ist." (253) Sie
übersehen sie aber nicht nur, sondern, weil sie den wirklich,
nicht theoretisch Armen die materiellen Mittel zum Lebensunterhalt wegnehmen, begehen sie Raub und Diebstahl an der Menschen-
gruppe, die nach den freiwilligen Vereinbarungen der christlichen Gemeinde tatsächlich einen rechtmäßigen Anspruch auf den
Zehnten besitzt.

Mit seiner doppelt ansetzenden Strategie hat Brunfels das
Zehntwesen in seiner gegenwärtigen Gestalt als unrechtmäßig dargestellt. Durch seine Methode, das Alte und das Neue Testament
zu unterscheiden, hat er die Herleitung des Zehnten aus dem
göttlichen Recht abgeschnitten und das Zehntwesen als veränder-
liche, menschliche Satzung relativiert. Mit der Methode der
Kriminalisierung der gegenwärtigen Zehntherren aus der Geistlichkeit, einem Aspekt seiner Interpretation des kanonischen
Rechts, hat er anschließend die kirchlichen Zehntempfänger so
verächtlich gemacht, daß die Berechtigung ihres Zehntanspruchs
nicht mehr aufrechterhalten werden kann. Die 'Illegitimation'
des Zehnten ist vollendet.

Neben dem ersten Ziel, an das Brunfels gelangt ist, steht
das zweite, das Zehntwesen in einer anderen Struktur zu rechtfertigen. Alle Versuche des radikalen Neuenburger Predigers, die
päpstlichen Priester als unrechtmäßige Zehntbezieher zu erweisen, beruhen auf der Überzeugung, daß es eine legitime Organisation des Zehntwesens gibt. Um die rechtmäßige Form der Zehnterhebung und -verteilung zu verstehen, kommt es darauf an, den
Zehnten unter seinem richtigen Namen zu begreifen, nämlich
unter dem Begriff 'Almosen'. "Möcht vilicht besser un mit einem
rechtmässzigeren nammen und zu diser zeit ein almußen genent
werden." (254) Almosen zu spenden, ist Sache jedes Christen.
Fraglich ist allein, wer legitimerweise Almosen annehmen darf.

Genausowenig wie allen Einwohnern einer Stadt oder eines
Landes Almosen zu schenken sind, weil nicht alle der Almosen
bedürfen, genausowenig verdienen alle Glieder einer christlichen
Gemeinde den Zehnten. "Also gebürt auch nit yederman, zehenden
zu nemen, er hab des dann fuglich und redlich ursach. Redlich
ursach ist, so zehenden nemen verkünder des wortts Gotts oder

einer gemeynen christenheit vorstendig und nütz seind. Redlich
ursach haben auch wittwen und weysen, und so etwas befelch oder
oberkeit haben zu der gemeyn. Item haußarme, frumme byderleut,
hantwercksgnossen, die ir hantwerck von alters oder leibs
kranckheit halb, so ynen zugefallen durch ire sauer arbeit,
unvermöglich seind, ir brot zu gewynnen." (255) Brunfels unterscheidet drei Gruppen, die als Zehntempfänger herausgestellt
werden können: die Prediger, die das Wort Gottes verkündigen;
die Vorsteher der Gemeinde; die Hilfsbedürftigen, Witwen und
Waisen, Armen und Kranken. Alle Gruppen haben gemeinsam, daß
sie nicht für ihr eigenes Wohl sorgen können - die ersten beiden Gruppen mehr oder weniger freiwillig, die letzte aufgrund
ihrer Notlage -, sondern auf die Unterstützung der Gemeinde
angewiesen sind. Der Verteilung des Zehnten an diese drei Gruppen stimmt die christliche Kirche und die Heilige Schrift zu,
"dann es weyssz ye die christlich kirch un die schrift nicht zu
sagen von den beschornen plättlingen, gsalbten ölgötzen, ist
auch in ir weder ley noch geistlicher (wie syes nennen), weder
knecht noch gefreyter, sonder wir seind alsament einer in Christo
Jhesu, Galath. 3,(28). Welcher in derselbigen ein armer ist,
wittwen oder weyß, dyener des worts oder vorstender der gemeyn,
den laßt sye den zehenden zu." (256)
Dadurch, daß Brunfels schon am Beginn seiner Abhandlung den
Zehnten zum Almosen erklärt, macht er den Zehnten von vornherein
legitim. Der Zehnte ist eine öffentliche Abgabe, die die christliche Gemeinde nicht aufgrund göttlichen Rechts, sondern aufgrund freiwilliger Vereinbarung erhebt, keine Privateinnahme,
auf die Geistliche einen privatrechtlich begründbaren Anspruch
besäßen. Brunfels betreibt die Strategie der Kommunalisierung,
wohingegen seine Kontrahenten - und die lutherischen Reformer -
die Methode der Privatisierung des Zehnten pflegen. Während die
katholischen Geistlichen - und die lutherischen Reformatoren -
auf dem Zehnten als privatem Vermögensobjekt beharren, betont
Brunfels den Charakter des Zehnten als öffentlicher Steuer.
Die Gefahr einer Kirchensteuer liegt, wie Brunfels in einer
breiten Darstellung und Konstruktion der Kirchengeschichte war-
nend hervorhebt (257), darin, daß sie in die Hände der Bischöfe
und anderer Kirchenfürsten gerät. Der Begriff 'Almosen', den
Brunfels benutzt, macht dagegen deutlich, wer in dem Zusammen-
spiel von Gemeinde und Bischof 'die Trumpfkarten in der Hand
hat'. Der Bischof ist der Gemeinde untergeordnet. Wenn die Gemeinde nicht nachlässig wird und ihr Erstgeburtsrecht für ein
Linsengericht verkauft, kann sie jedes denkbare, tyrannische
Regiment des Klerus durch ihr finanzielles Schwergewicht verhindern.
Nicht beeinträchtigt wird die öffentliche Struktur der Gemeinde in Brunfels' Konzeption durch übermächtige Privatpersonen,
'praecipua membra ecclesiae'. Von der Obrigkeit als Träger des
Kirchenwesens ist beim Aufbau der Gemeinde keine Rede. Die Kirchenzehnten, die im Besitz adliger Laien sind, werden wider-
willig geduldet (258) und nicht wie in der Fürsten-Reformation
zur Grundlage eines neuen Kirchenwesens erhoben. Die Zehnten,
die nach 1. Sam 8,10ff, dem israelitischen Königsrecht, der weltlichen Obrigkeit als weltlicher Obrigkeit, den Fürsten als Für-

sten gehören, werden von Brunfels in einer Art Exkurs außerhalb des Hauptgedankengangs erörtert (259). Brunfels, der die öffentliche Bedeutung des Kirchenzehnten herausarbeiten will, hält sich bei den Laienzehnten nicht auf: "Ist aber mein meynung, wie erst gemelt, davon dißmal nit schreiben, sondern von kirchen- und pfaffenzehenden. Auß solichem zehenden, was wir anders machen weder gesagt, ist dem wort Gotts zuwider." (260)

Brunfels schließt die Kräfte, die später das jeweilige Kirchenwesen bestimmt haben, die katholischen Bischöfe und die evangelischen Territorialfürsten, aus der Führung der Kirchenorganisation aus. Die Souveränität im Rahmen der weltlichen Kirchenordnung liegt bei der Gemeinde, die über die Finanzen, den neuralgischen Punkt jeder Souveränitätstheorie, bestimmt. Die Gemeinschaft der Gläubigen kommt freiwillig, ohne dazu gezwungen zu sein, für die Prediger auf, die wegen der öffentlichen Aufgabe der Verkündigung des Gotteswortes nicht arbeiten können. Doch die Gemeinde, die diese Sorgepflicht übernimmt, ist sich bewußt, daß sie das entscheidendere Sorgerecht in sich schließt.

Brunfels ermahnt die Gemeinschaft der Gläubigen, ihr Sorgerecht sorgfältig wahrzunehmen. "Darumb ichs dann auch nit halte mit denen, so do wöllen, man soll unangesehen der person einem yeden geben got, gebe er erger mit bößem oder sonst nit auffrichtig sach habe." (261) Jeder Almosengeber, also auch jeder Zehntpflichtige, muß überlegen und prüfen, in welcher Situation sich der Adressat der milden Gaben befindet. Daß Arme und Kranke, Menschen, die Not leiden und für sich selbst nicht sorgen können, berechtigterweise Almosen empfangen, steht außer Zweifel. Aber die müßigen, reichen, feisten Bettler, sprich: Bettelmönche und Pfaffen, die auf hohen Rossen reiten und den Zehnten aller Güter besitzen, die nichts anderes tun als die Bedürftigen zu unterdrücken und die Armen zu zerbrechen, dürfen nicht mit Almosen, also auch nicht mit Zehnten, unterstützt werden. Diese Räuber und Diebe treiben mit der evangelischen Armut Mutwillen. Ihnen ist Einhalt zu gebieten, "dann wer wollt das verunbillichen: Es ist ye die meynung Gotts nit, dz wir gleich einem yegklichen sollen darwerffen und die frembden iren mutwillen mit unserem armut treiben lassen." (262)

Obwohl Brunfels in der 122. Schlußrede die Reform des Zehntwesens der Obrigkeit als Aufgabe zuweist (263), ist die Situation zwiespältig. Brunfels achtet zwar die Zuständigkeit und Kompetenz der Obrigkeit und betont, daß nicht jeder Zehntpflichtige eigenmächtig den Zehnten verweigern darf. Doch handelt die weltliche Gewalt nicht in eigener Sache, sondern im Auftrag eines Dritten, der christlichen Gemeinde, der rechtmässigen Besitzerin der Zehnten. Wird die Obrigkeit ohne direkten Nutzen für sich zugunsten eines Dritten etwas unternehmen? Wird die christliche Gemeinde das taktisch bedingte, zögernde Vorgehen der weltlichen Gewalten akzeptieren? Wegen dieser Unsicherheit ist die politische Lage bei Brunfels unruhig und gespannt.

Die Ungewißheit, die in Brunfels' Programm manifest wird, hebt in der folgenden These den friedlichen und 'obrigkeitshörigen' Ton der vorherigen Schlußrede wieder auf. Wenn wir die im Zehntwesen herrschenden Zustände, die andauernde, belastende, bedrückende Ausbeutung der Bauern, weiter dulden, ist offen-

kundig, daß wir den Eifer Elias, Mattathias' (1. Makk 2),
Pinhas' (Num 25,7-13), Moses, Daniels, Samuels, Davids, Jehus,
Josias und der Propheten nicht mehr besitzen, die derartigen
Tyrannen unerschrocken widersprochen und mutig den Kampf ange-
boten haben. Bei Tolerierung der gegebenen Verhältnisse leben
wir fort im Geist Elis, der seine Augen zudrückte und seine
Kinder den Untergang Israels herbeiführen ließ (1. Sam 2,12ff)
(264).

Unter den vorbildlichen Gestalten des Alten Testaments nennt
Brunfels eine hohe Zahl von revolutionären Neuerern, die sich
gegen die herrschenden Kreise empört haben. Dennoch denkt Brunfels nicht an einen bewaffneten Volksaufstand, genausowenig wie
das Alte Testament von massenhaftem Protest erzählt. Das Ideal,
das Brunfels vorschwebt, ist das Zusammenwirken der weltlichen
Obrigkeit und der christlichen Gemeinde, bei der die weltliche
Obrigkeit wie der Hauptmann Jehu oder der König Josia die rechten Verhältnisse wiederherstellt. Aber trotz dieser Einschränkungen droht Brunfels der weltlichen Obrigkeit, den Räten, den
Fürsten, den Bischöfen und Herren mit einem Dauerkonflikt: Wenn
sie das Zehntwesen nicht reformieren, werden sie mit der unauf-
hörlichen Anklage und handgreiflichen Aktion der Gemeinde, der
rechtmäßigen Besitzerin des Zehnten, zu rechnen haben. Brunfels,
der sich auf die Propheten beruft, ist in diesem Fall selbst
Prophet gewesen.

Die Situation, die Brunfels hinterläßt, ist kritisch und
explosiv. Wie alle oberdeutschen Reformatoren hat Brunfels die
Souveränität der Kirchengemeinde im Rahmen der weltlichen Kirchenorganisation entdeckt. Dem Willen dieser neuen Macht sollen
sich die anerkannten Autoritäten beugen. Sie haben die bestehen-
de Erhebung und Verteilung des Zehnten zu ändern. Wenn die weltliche Obrigkeit sich diesem Ansinnen der christlichen Gemeinde,
die in heutigen Begriffen die Öffentlichkeit, die Allgemeinheit
darstellt (265), verschließt, sind die aufgestachelten Emotionen
die Brunfels erweckt hat, nicht mehr zu bremsen.

Die mächtige Reichsstadt Straßburg war, was bei der tatsächlichen Einwohnerzahl von ungefähr 20 000 Einwohnern nicht überrascht, von ihrer Umgebung nicht isoliert, sondern aufs engste
mit der umliegenden Region verbunden. Deswegen ist es nicht verwunderlich, daß Bauern, die vom Markt in Straßburg kommen, in
den Dörfern des Umlands gefragt werden: "Lieber, sagt man nit
zu Straßburg, man sol kein zehenden geben, zynß un gülten bezalen etc.?" (266) Der Zehnte war eben eine Abgabe, die das Land
volk bedrückte und deren mögliche Umwandlung durch die beginnen-
de Reformation auf großes Interesse stieß. Von dieser Anteilnahme waren nicht nur die Prädikanten in den Dörfern und kleinen
Landstädten (267), sondern auch die Reformatoren in politisch
überlegenen Gebilden wie Straßburg betroffen. Auch der Domprediger Kaspar Hedio konnte sich dem Ruf nach Äußerungen zu Zehntverweigerungen und Protestdemonstrationen nicht entziehen.
Kaspar Hedio, gebürtig aus Ettlingen (bei Karlsruhe), Zögling
der Lateinschule in Pforzheim, studierte seit 1513 in Freiburg
und seit 1518 in Basel. Dort hörte er unter anderem Vorlesungen
bei Wolfgang Capito, mit dessen Karriere sein weiterer Lebensweg in der Folge eng verknüpft war. Er folgte seinem Lehrer, der

eine aussichtsreiche Laufbahn begonnen hatte, nach Mainz an den
Sitz des bedeutendsten Prälaten Deutschlands, erwarb an der dor-
tigen Universität den Grad eines Doktors der Theologie und wurde
im Frühjahr 1523 Capitos Nachfolger als Domprediger in Mainz.
Mit der Mainzer Geistlichkeit aufgrund seiner reformatorischen
Neigungen verfeindet, zog Hedio im Herbst 1523, wiederum den
Spuren seines alten Lehrers folgend, nach Straßburg weiter. Er
war dort zum Domprediger berufen worden.
    In der Einleitung der beiden Predigten über die Frage des
Zehnten, die er am 20. und 21. November 1524 im Münster zu Straß-
burg gehalten hat, erwähnt Hedio das Interesse der reformatorisch
Gesonnenen an diesem 'Knotenpunkt' der evangelischen Predigt.
Viele Leute beklagen sich über die Zurückhaltung und Distanziertheit der Prädikanten bei diesem Problem. "Wann man im predigen
dahyn komme, so hab unser predigen ein knopf, so treiben wir nit
fürtan." (268) Um den Vorwurf gegenstandslos zu machen und dem
Mangel abzuhelfen, will Hedio in den beiden Predigten die seiner
Meinung nach evangelische und schriftgemäße Konzeption des Zehnten entwickeln. Bei der Entfaltung der reformatorischen Zehntenauffassung werden die Argumente der altgläubigen Befürworter des
bestehenden Zehntwesens widerlegt werden. Das Junktim der oberdeutschen Reformatoren - Ablehnung des gegenwärtigen, Bejahung
eines reformierten Zehntensystems - schlägt also auch bei dem
Straßburger Domprediger durch. "Wolan, nun ist hie die geschrifft ein zweyschneidig schwert, durch welche wol sol ußge-
ledigt werden diser knopf, ob er schon von Hercule selbst knüpfft
wer. Dazu, wo die, so on allen grund sich vermessen, den zehenden zu vertädingen, ire adamantischen argument wolten einfüren,
so ist bocksblut vorhanden, damit wir sye wol wollen sprengen
und zerschmeissen (269), mit der hilf Gottes, des wort almechtig
un ewig bleibt." (270)
    Das Interesse an diesen Predigten, die von Hedio aufgrund der
Bitten und Wünsche seiner Zuhörer gehalten worden sind, war nicht
nur auf Straßburg und seine Umgebung beschränkt. Vielmehr waren
die Zeitgenossen in ganz Südwestdeutschland auf die Äußerungen
des beliebten Predigers gespannt. Deswegen wurden die beiden zusammenhängenden Predigten in Druck gegeben und an das 'christlich Häuflein im Rheingau' gesandt - in der begründeten Erwartung, daß dieses Schreiben über den angesprochenen Adressaten-
kreis in der Mainzer Landschaft hinausgelangen würde (271).
    Nach den Angaben des Sendbriefs, des jetzigen Vorworts zu
den Zehntenpredigten, hatte Hedio im Sommer 1523, als er noch
Domprediger in Mainz war, in dem Gebiet um die Bischofsstadt
gepredigt. Obwohl die Mainzer das befürchtet hatten, betrafen
seine Predigten in dieser Gegend nicht den Zehnten. "Und wiewol
eltich, deren gott ir buch ist und die verderbnüß das end,
wundergrosse sorg hatten, ich würde mit der sprach herußfaren
(wie dann ir unchristlich leben, dem glauben und der liebe zuwider, nie hab mögen loben) und von den zehenden sagen, deren
sye sich leyder übel brauchen, wie denn an obgenantem ort etwan
auch gethon hette christlicher warheit hertzhafftiger retter,
D. Joannes Wessalia, das sye denn noch im magen schmirtzt als
die übelthewigen. Yedoch hab ich denzumal mein geist mir selbs
underworffen und dieselbig inen unliebliche matery lassen be-

rügen untz zu seiner zeit." (272) Die Zeit ist jetzt gekommen, zum Verständnis des Zehnten zu verhelfen, nachdem die Geistlichen des Rheingaus ein weiteres Jahr ihre Aufgabe, das Evangelium zu predigen, versäumt haben. Der Zehnte, der in einer so gesegneten Landschaft reichlich geerntet wird, fällt nach Hedios Urteil an unwürdige Priester, falsche Propheten und Mietlinge, die ihn nicht verdienen (273).

Die Rheingauer sollten die Änderung und Umwandlung des Zehntwesens selbst in die Hand nehmen. "Darumb, dieweil die, so den herren Jhesum teglich tödten und ire eigen propheten, so sye nit solten anrüren oder übel handeln, verfolgen und in die thürn verffen, Gott nit gefallen oder auch den menschen, sonder der warheit widerston, des man nit predig, ye nit zu der sach thün wöllen, ewer selenheyl ernstlich zu bedencken, umb deren willen Christus sein theür blut vergossen hat, ey, so greifft irs an, wagens uf Gotts barmhertzigkeit und sein allmechtigs wort, habt des fug und recht vor Gott und aller erbarkeit. Versehen eüch und die ewern, das ir dann, bey Gotts ungnad zu vermeiden, schuldig sein, mit dapffern un christlichen predicanten und pfarhern, so unsträfflich sein, leerhafftig etc., wie sie Paulus beschreibt 1. Tim. 3, (2); Tit. 1,(7). Anderer, so man uns hyehär für priester gehalten hat, mag man wol entberen." (274)
Um die Reformer auf den Weg zu bringen, schickt ihnen der populäre Straßburger Prediger die Zehntenpredigten, die er am 20. und 21. November 1524 gehalten hat, - nachdem der Bauernkrieg im Schwarzwald begonnen hatte.

Wenn wir die verschiedenen Vorworte und Einleitungen betrachten, stehen die beiden Predigten Hedios mit vielen Kreisen in Beziehung, mit Bürgern und Bauern, mit entfernten und nahen Anhängern der Reformation, mit Mainzern und Straßburgern, Rheinländern und Elsässern, nur nicht mit Fürsten und Obrigkeiten, auch nicht mit dem Rat der Stadt Straßburg. Hedio bildet keine Ausnahme von der Regel, daß die theologischen und (kirchen)verfassungstheoretischen Positionen sich in den gruppenspezifischen Relationen spiegeln. Er gehört nach den einleitenden Bemerkungen zur Gemeinde-, nicht wie die lutherischen Reformatoren zur Fürsten-Reformation.

Bei der aktuellen Anteilnahme an der Frage des Zehnten unterscheidet der Straßburger Prediger zwei Motive. Die einen, die wissen wollen, ob nicht in Straßburg über den Zehnten bzw. über seine Reform, gepredigt werde, sind leichtfertige Vögel, die sich allen Verpflichtungen entziehen wollen, sobald sich nur die Gelegenheit bietet. Auf derartige Parteigänger können die evangelischen Prediger verzichten. "Uffs wasser mit denen buben, fallen sye hynunder, ist kleiner schad." (275)

Neben ihnen sind Landleute am Zehntenproblem interessiert, die aus echter Not und Besorgnis die Frage nach dem Zehnten stellen, "die dann, wie man sagt im sprichwort, da die handt haben, da sye das geschwer trucket." (276) Die Bauern, die bei schlechter Ernte, verursacht durch Unglücksfälle und Naturkatastrophen, nicht durch eigenes Versagen, die Zehnten abliefern müssen, obwohl sie selbst für ihre Familien kaum etwas zum Essen haben, sind über das Zehntwesen ebenfalls empört. Sie fragen wie die ins Wasser fallenden Leichtgewichte, aber mit Recht, ob das

Zehntsystem in einer Form aufrechterhalten werden muß, in der in Saus und Braus lebende Geistliche den Zehnten ohne Erbarmen einziehen, "so doch ein kleins nachlassen offt über die maß grosse früntschaft und liebe brechte, der arm arbeitend man dester lüstiger würd in seiner grossen mühe un bitterm schweiß, vorab, so bey den nemenden mächtig grosser überfluß, da etwan sechs oder acht sovil besitzen, das sich funfftzig, sechtzig möchten rülich daruß begon, und dargegen bey den gebenden so treffliche, überschwenckliche not, deren sich ein steinen hertz jamern solt." (277) Die Interessen, Wünsche und Erwartungen dieser Zehntpflichtigen, die aus materieller Not und sozialem Elend das Problem des Zehnten aufwerfen, will der Straßburger Publizist artikulieren und präzisieren, wenn er die Materie des Zehnten aufgreift.

Die rechtfertigende Konstruktion des Zehnten, die den ersten Teil der Predigten umfaßt, eröffnet Hedio mit der Behauptung, daß die Arbeit das Wesen und den Rang des Menschen ausmacht, wohingegen der Müßiggang seinen Wert mindert und sinken läßt. "Es ist ein spruch Gots, Ge. 3,(19), zu Adam un allen kindern Ade: 'Im schweiß dines angesichts wirstu niessen dein brot', darin uns gar bedeütlich die arbeyt gebotten un der müssiggang menglichen nidergelegt." (278) Wie der Vogel zum Flug, ist der Mensch zur Arbeit geschaffen. Wenn jemand nicht arbeiten will, soll er auch nicht essen (2. Thess 3,10).

Aus der Arbeit - und zwar allein aus der Arbeit - folgt für Hedio der Aufbau der Gesellschaft. Damit die Produktion Früchte bringt und Segen trägt, wird die Arbeit geteilt, weil ohne Arbeitsteilung jede Gemeinschaft in einem wilden Chaos untergeht. Nach dem Vorbild spätmittelalterlicher Ständetheorie und -ethik unterscheidet Hedio drei Ordnungen, in denen die für eine Gesellschaft unabdingbare Arbeit durchgeführt wird.

Der erste und vornehmste Dienst, "uff dz wir an dem edelsten un hochwürdigsten anfahen" (279), ist die Tätigkeit im Wort Gottes, in der Predigt. Die Verkündigung des Evangeliums und Auslegung der Heiligen Schrift, durch die die Gemeinde erbaut und getröstet wird, geht einher mit der Abwehr falscher Lehre. Wer als Pfarrer diese Aufgabe treu und redlich erfüllt, ist zweifacher Ehren wert (1.Tim 5,17). Er ist kein Müßiggänger, kein faules und arbeitsscheues Subjekt, sondern ein 'rechtschaffener Arbeiter im Weinberg des Herrn'. Er darf seinen Lohn zu Recht beanspruchen, "er werde genant presentz oder absentz, das zehend oder das dreissigst teil" (280).

Der zweite Stand einer Gesellschaft ist die weltliche Obrigkeit, der die Funktion zukommt, für das gemeinsame Wohl und den allgemeinen Frieden zu sorgen. In diese Position ist sie von Gott eingesetzt. Als weltliche Autorität geringer geachtet als die Geistlichkeit, darf sie dennoch von den Bürgern Abgaben und Steuern verlangen, wenn sie die zivile Ordnung und das bürgerliche Recht aufrechterhält und Frieden garantiert. Magistrate, die das erreichen, sind keine unnützen Drohnen. Jeder ist verpflichtet, ihnen 'Honorar' zu entrichten, denn "denen ist man auch schuldig genugsame erhaltung uß anderer handt arbeyt, man nenn es zehend, tribut oder schatzung, sye gont ja nit müssig, sunder essen yr brot im schweiß irs angesichts" (281).

Der dritte Produktionszweig ist das gemeine, d.h. allgemeine, Handwerk. Unter diese Ordnung fallen tausenderlei Verrichtungen. Das überrascht nicht, denn im 'dritten Stand' sind all die zusammengeschlossen, die nicht als geistliche und weltliche Obrigkeit für das öffentliche Wohl und das Gemeinwesen sorgen. Hedio aber hält die Arbeit der Handwerker und Bauern, die zunächst einmal ihre Familien und sich selbst zu ernähren suchen, darüberhinaus jedoch aus dem Überschuß ihrer Produktion die beiden 'Prestige-Berufe' und die 'bessere Gesellschaft' erhalten, für genauso öffentlich und allgemein nützlich wie die der beiden ersten Stände. Unter der Voraussetzung, daß jede Arbeit der Gesellschaft dient und damit öffentlich ist, gilt in Hedios Sozialordnung, sofern nicht besondere Umstände vorliegen, "das ye nyemant dem geheiß Gottes zuwider müssig gang" (282).

Außerhalb der eigentlichen Gesellschaft gibt es eine letzte Gruppe, die Randgruppe der Alten und Kranken, Notleidenden und Bedürftigen. Obwohl sie nicht arbeiten, dürfen diese bemitleidenswerten Menschen, die zum selbständigen Erwerb des Lebensunterhalts unfähig sind, nicht aus der Gesellschaft ausgeschlossen werden. Sie dürfen nicht zum verbotenen und illegalen Bettel gezwungen, sondern müssen in die Gemeinschaft integriert werden. Die Allgemeinheit hat Armen- und Kranken-Kassen zu unterhalten und Stiftungen, Spitäler, Elendsherbergen usw. zu schaffen, in denen die auf die Hilfe der Öffentlichkeit angewiesenen Menschen gepflegt werden, "wie geschrieben steet, 2. Corinth. 8, (14f): Es diene eüwer überfluß yrem mangel, uff das auch irer überschwanck hernach diene euwerm mangel und geschee, das das gleich ist, wie geschriben steet: Der vil samlet, hatte nit überfluß, un der wenig samlet, hatte nit fäl" (283).

Den Schluß der ersten Predigt bildet die zusammenfassende Antwort auf die Frage, wer rechtmäßigerweise den Zehnten erhält. Es ist zu konstatieren, "das die, so getreülich dienen, entweders in geistlichen dienst göttlich worts oder in weltlicher oberkeit zu frid un underhaltung des rechten, denen ist man schuldig, fürsehung zu thun, man nenne sy, wie man nur wolle, dann ye wirdig der arbeyter seins lons un im gsatz Mosi gschriben stett: 'Du solt den ochsen dz maul nit verstopffen, der da dräschet, welchs ja umb unsertwillen geschriben ist (1. Kor 9,9f). So sol man auch witwen un weysen, deren vatter un richter Gott selber sein wil, alt leüt, kranck, arm, presthafftig uffs brüderlichst bedencken, uff das wir ye unser eigen fleisch nit verschmohen, Gott aber gefellig leben, der da wil nit opffer, sunder barmhertzigkeit" (284).

Die Differenzen zwischen Straßburg und Wittenberg, zwischen oberdeutscher Reichsstadt und kursächsischer Residenz, zwischen oberdeutscher und lutherischer Reformation werden an diesem Punkt, an dem Hedio die Legitimation des Zehnten konstruiert, offenbar. Hedio rechtfertigt den Zehnten wie alle oberdeutschen Reformatoren, indem er ihn - unter jedem beliebigen Namen - zur Steuer erhebt. Die Abgabe ist eine Belohnung, die von der Gemeinde für gute und getreue Dienste gewährt wird. Geistliche und weltliche Autoritätsausübung wird als Arbeit für die Allgemeinheit bezahlt. Geistliche und weltliche Herren sind sozusagen Angestellte der Gesellschaft. Die Souveränität, die nach

Luther, Melanchthon und Brenz bei dem Patronatsherren, dem
'praecipuum membrum ecclesiae', liegt, der den Zehnten als
seine Privateinnahme betrachtet, wohnt nach Hedio der Gemeinschaft inne.
Hedio hält den Zehnten, unter welchem Titel er auch läuft,
für notwendig. Die Arbeitsteilung zwischen den drei Ständen zusammen mit der Unterstützung der Randgruppen und Außenseiter ist
die Basis jeder entwickelten Gesellschaft. Für die Aufrechterhaltung des gehobenen Lebens- und Gemeinschaftsstils müssen diejenigen, die als Handwerker und Bauern tätig sind, für die sorgen, die entweder dem allgemeinen Existenzkampf nicht mehr ge-
wachsen sind oder zum allgemeinen Wohl auf die Sicherung des
eigenen Lebensunterhalts verzichtet haben. Eine der Abgaben, mit
denen die höheren Stände und die Bedürftigen der Gesellschaft
versorgt werden, ist der Zehnte, für den andere Namen gefunden
werden können, ohne daß sich an der Sache etwas ändert.
   Diese Konzeption sieht Hedio durch das Alte Testament bestätigt, auf das er im Anschluß an seine 'naturrechtlichen' Ausführungen zu sprechen kommt. Der im Volk Israel erhobene Zehnte
fließt denselben Berufen und Diensten zu, die Hedio genannt hat:
den Priestern und Leviten, den Königen und weltlichen Herren,
den Armen und Notleidenden. "Sie aber beyde, die leviten und
priester, hetten kein teil nach erb mit Israel. Die opfer des
hern un sein erbteil solten sy essen. Dannenher ynen gebürt, zu
ston am dienst im namen des Hern." (285) "Im buch Samuelis am
8. capi., als das künigs recht erzelet wirt, meldet der text,
wie das er von der saat un weinbergen den zehenden werd
nemen." (286) "Den armen legten sy auch zehenden uff ein
ort." (287) "Uß disem allen numer wol vermerckt wirt, was un
welche personen die alten uß die zehenden erhalten haben un wem
er nach rechtmesiger erfordrung zugestanden ist." (288)
   Hedios Heranziehung des Alten Testaments ist kein Bruch mit
den bisherigen Vertretern der oberdeutschen Reformation, die
die Begründung des Zehnten aus dem Alten Testament abgelehnt
haben. Das Zehntwesen des Alten Testaments, wie Hedio es schildert, führt nicht über die Gedanken hinaus, die jede natürliche,
vernünftige Konstruktion des Gesellschaftsaufbaus erbringt, sondern lenkt zu ihnen zurück. Das Alte Testament ist keine Legitimation, sondern eine Illustration der vernunftgemäßen Zehntordnung.
   Bei aller Rechtfertigung des Zehnten darf Hedio das negative
Ziel, die Ablehnung des Zehnten in seiner gegenwärtigen Form,
nicht aus den Augen verlieren, wenn er die Erwartungen seiner
Zuhörer nicht enttäuschen will. "Sprichstu, lieber, was ists
vonnöten, hye einzuführen, wie es im alten testament gestanden;
wir sind under der gnaden und warheit. Dann dz gsatz durch
Mosen geben ist, die gnad aber un die warheit durch Jesum
Christum. Wie sol mans im newen testament halten, was haben
wir da von den zehenden? Oder gilts auch, man hatt im alten
testament den zehenden geben, ergo man soll jnen im neüwen auch
geben." (289)
   Gegenüber der besorgten Frage eines fiktiven Gesprächspartners hält auch der Straßburger Prediger daran fest, daß ein
direkter Schluß vom Alten auf das Neue Testament nicht möglich

ist. Der Zehnte, der zum Gesetz gehört, ist durch die Gnade und Wahrheit abgeschafft worden. Das Argument der römischen Priester daß die Pharisäer in der Zeit des Neuen Testaments den Zehnten gaben, ist genauso, "als wenn ich fragt nach der sunnen un mich einer wiße uff ein laternen" (290). Christus fordert zur Zehntenablieferung die Pharisäer auf, nicht die Christen, genauso wie er über die Pharisäer und nicht über die Christen das achtfache Wehe spricht. Endergebnis aller Interpretationen und Auslegungen dieser Stelle (Mt 23,23) ist und bleibt, daß der Zehnte, wie alle oberdeutschen Reformatoren behauptet haben, durch das Evangelium vollendet und beseitigt ist.

Das Alte Testament bindet die Christen nicht mehr. Gegen die fortdauernde Gültigkeit des Gesetzes und der Propheten in der Kirche spricht, daß die katholischen Geistlichen das Alte Testament sehr selektiv verwandt haben. Während bestimmte Sitten, Gebräuche, Vorschriften und Verhaltensweisen in Kraft blieben, haben die gläubigen Laien von anderen Institutionen und Einrichtungen des Volkes Israel nichts gehört. Die Salbung haben die römischen Priester übernommen, aber nicht die Polygamie; den Zehnten ließen sie stehen, aber nicht das ebenfalls (Ex 23,10f; Dtn 15,1-6) gebotene Erlaßjahr.

Das Kriterium der Entscheidung ist in diesem letzten Fall offenkundig. Der päpstliche Klerus hält alles aufrecht, was seinem eigenen Ansehen, Prestige und Wohlleben dient, wohingegen alle Regeln und Gebote, die die Vorherrschaft, die Macht und den Reichtum der Geistlichkeit in Frage stellen und unsicher machen können, verschwiegen werden. Infolge dieser Taktik ist jede Berufung auf das Alte Testament fragwürdig. Nur ein scharfer Schnitt hilft. Das Alte Testament ist vom Neuen zu unterscheiden und als bindendes Gesetz für ungültig zu erklären. Mit der Differenzierung der beiden Schriften ist in unserem Kontext die Legitimation des Zehnten getroffen. Im Gegensatz zu anderen Institutionen ist die Zehnterhebung keine Einrichtung, die im Neuen Testament verankert wäre.

Hedio hat nicht nur die Intention, durch die Aufdeckung der Unvereinbarkeit von Zehntwesen und göttlichem Recht den Zehnten zu 'illegitimieren', sondern er will auch den Großteil der gegenwärtigen Zehntbezieher als Diebe und Räuber entlarven. Der Zehnte als 'Kirchensteuer' ist mit der Außer-Kraft-Setzung des Alten Testaments nicht erledigt, denn es gibt Stände und Gruppen, die einen berechtigten und legitimen Anspruch besitzen auf den Zehnten oder eine andere Steuer, die eine ähnliche Funktion erfüllt. Hedios Zuhörer waren aber in gleicher Weise an der Frage interessiert, wer nicht rechtmäßig, sondern wider Gott und das 'wahre Recht' den Zehnten einnimmt. Die Antwort Hedios fällt erwartungsgemäß aus. Illegitime Zehntempfänger "als zum 1. sein, die nit im wort vor sein, 2. so den gemeinen nutz nit dienen, 3. die nit arm sein, alt, kranck, witwe oder weysen oder dergleichen" (291).

Angesichts des einseitigen und parteiischen Vorverständnisses seines Publikums kann sich Hedio mit der Beschreibung der drei Gruppen unrechtmäßiger Zehntbezieher kurz fassen. Die erste Gruppe sind die Geistlichen, die nicht als Priester erkennbar sind, sondern mit Spielen, Huren, Seelenverführen und anderen

Lastern ihre Zeit zubringen. Zur zweiten zählen alle Autoritäten, die sich als Tyrannen gebärden, und zur dritten die Bettelmönche, die unter dem angemaßten Titel der Armut im Überfluß leben (292). Hedio muß über diese fragwürdigen Gestalten, die in illegaler und betrügerischer Weise den Zehnten einstreichen, nicht viele Worte verlieren, weil diese Figuren der Gemeinde längst bekannt sind. Die Methode der Kriminalisierung der Zehntherren ist bei den Zehntpflichtigen 'angekommen' und von ihnen angenommen worden.

Neue Erkenntnisse sind demnach im zweiten Teil der Polemik nicht zu erwarten. Als guter, populärer Prediger weiß Hedio aber, daß die Aufmerksamkeit in bezug auf die Predigt gesteigert wird, wenn in der Rede auch der Angegriffene zu Wort kommt. Der Straßburger Theologe greift deswegen die theologischen Gründe heraus, auf denen die päpstlichen Geistlichen ihren Zehntanspruch aufbauen, um den Standpunkt der katholischen Theologie in der Zehntenfrage klarzumachen und zu widerlegen.

Nach Hedios Schilderung begründen die römischen Priester ihr Zehntrecht damit, daß sie prächtige Gottesdienste mit Chorsingen, siebenmaligem Beten und prunkvollen Gewändern feiern und das Priestertum, kenntlich an der Tonsur, gleichsam als 'heilige Energiequelle' an sich tragen. Der Straßburger Domprediger weist dieses sakramental-aesthetische Kult- und Kirchenverständnis ab. Die üppigen Zeremonien begreift er als Baalsdienst; die Chormusik identifiziert er mit dem heidnischen Geplärre, mit dem der schlafende oder außer Landes gezogene Baal herbeigerufen werden soll. Hedio verlangt Predigten, einfachen Psalmgesang und vor allem, daß wir "dem herzen im hertzen singen un spielen" (293). Die Tonsur ist nicht nur eine Objektivation des Priestertums, sondern auch das Zeichen des Narren. Die Doppeldeutigkeit zeigt, daß es nicht auf äußerliche Merkmale, sondern auf die innerliche Haltung ankommt. Sie fehlt den römischen Geistlichen, weshalb sie gegen ihre eigene Argumentation nicht würdig sind, den Zehnten zu empfangen.

Die Differenzen zwischen katholischem und evangelischem Zehntverständnis, die Hedio offenbart, sind als die zwischen priesterlicher und prophetischer Gottesdienstauffassung bestehenden Unterschiede zu erkennen. Idealtypisch vermittelt der Priester seinem Selbstverständnis nach das Heilige in objektiven Geschehnissen, während der Prophet das Heilige in die subjektiven Gewissen der einzelnen Menschen, der einzigen heiligen Wirklichkeit, die er in dieser Welt anerkennt, hineinspricht. Für den Priester hat das Subjektive, das Herz des Menschen, fast keine Bedeutung, wohingegen der Prophet das Objektive, das Heilige in handgreiflicher Materialität, kaum akzeptiert. Während die katholische Seite der Reformationsdiskussion Wert legt auf die passive Sakramentalität des Priesters, die sich in externen Charakteristika des Kultes und des Habitus manifestiert, betont die evangelische Seite die aktive Buße des Propheten bzw. des prophetischen Gefolgsmannes, die in der inneren Reue des Individuums gründet. Am 21. November 1524 stoßen im Münster zu Straßburg Anschauungen aufeinander, zwischen denen ein Ausgleich nicht möglich ist. Wenn die katholischen Geistlichen, um zu der Materie des Zehnten zurückzukehren, nach evangelischem Verständ-

nis den Zehnten rechtmäßig genießen wollen, müssen sie erstens
ihr Selbstverständnis und ihre Selbstachtung und zweitens,
damit zusammenhängend, ihren Gottesdienst, die Messe, das Herz-
stück des katholischen Glaubens, aufgeben.

Die Selbstverleugnung des römischen Klerus ist nicht nur aus
spirituellen Gründen schwer zu vollziehen. Hedio kennt die ökonomischen Interessen, die hinter Stiften und Klöstern, den Ver-
sorgungsanstalten des Adels und der reichen Bürgerschaft, stehen
Angesichts der Macht der geistlichen Zehnteinnehmer kann er nur
hoffen, sie zu der Frage zu bringen, die die Pilger in Jerusalem
Petrus und den anderen Aposteln stellen (Apg 2,37): "Was sollen
wir tun?" Die Antwort des Predigers auf die erhoffte Frage lautet: nicht zurückschauen auf das, was Päpste und Konzilien statuiert haben, sondern vorausssehen auf das, was Recht und Schrift
gebieten. "Bedencken ewere berufung, habt vor Augen das end des
glaubens, die seligkeit der selen, gebt uch in ein erbar, christlich, unsträfflich leben. Hurerey und alle unreynigkeit oder
geitz laßt nit von uch gsagt werden, wie den heylgen zustat,
dann das solt ir wissen, dz kein buler oder unreyner oder
geitziger erb hat in dem reich Christi und Gottes. Lassent
thönen der engel stim in ewern oren, Gen. 19,(15). Helffen ewern
selen, thun oren un augen nit zu, sehen nit zuruck uff bäpst,
concilia, vätter und uff die, so under den bischoffshüten seel-
mörderische wölff sein, sunder sehen uff, das recht ist un in
der geschrifft gegründet, die, die ir lesen sollen, verston un
leben." (294)

Wenn die Bischöfe und Domkapitulare, Mönche und Nonnen nach
Recht und Schrift leben, werden ihre materiellen Interessen
keinen Schaden erleiden. "Der prophet David ist jung gewesen un
alt worden, hat aber nit gesehen den gerechten verlassen oder
seinen somen nach brot gon. So ir suchen dz reich Gottes, wirt
euch dz ander alles zufallen." (295)

Die geistlichen Herren werden zwar nicht selbst predigen und
ihres Amtes in der rechten Weise, der Weise der Verkündigung,
walten wollen. Aber wenn sie sich nicht zum Predigtdienst be-
reitfinden, sollen sie andere nicht hindern, das Evangelium zu
verbreiten. Sie haben die Macht, Prädikanten einzusetzen, die
rein und lauter das Wort Gottes weitergeben. Das Recht der hohen
Geistlichkeit, Prediger zu berufen, kann sinnvoll angewandt werden, wenngleich die Prälaten bisher "mit dem verderblichen incor
poriren gotsdienst, Gots wort, Gots diener un Gots sacrament
verstört, vertilgt un verlöstert haben" (296).

Die Stifte und Domstifte, Klöster und Klausen, die für die
einzelnen Gemeinden Prediger präsentieren und bestimmen und ihr
Privileg nutzen, um Botschafter des Evangeliums zu ernennen, er-
werben sich mit der Einführung evangelischer Prediger große
Gunst beim Volk, das nach der Verkündigung des Gotteswortes
verlangt. Der hohe Klerus hat nach Hedios Ansicht nicht einmal
eine Schmälerung seines Einkommens zu befürchten, weil das Volk
loyal bleiben wird gegenüber geistlichen Würdenträgern, die die
Predigt des Evangeliums zulassen. Diese Behauptung des Straßburger Predigers dürfte allerdings reine Taktik sein, um sich
vor Verfolgungen durch die katholische Hierarchie zu schützen.

Wenn die angesprochenen Institutionen keine Einsicht zeigen, wird es zur Katastrophe kommen. Gott und die Welt werden ihr ungöttliches Wesen nicht länger dulden. "Dz erdtreich zuletzt sölchs müssen außspeyen." (297) "So sie fliehen werden von dem angesicht des lewen, wirt in ein bör entgegenlauffen, un so sie in das hauß fliehen un sich an die wänd anleinen, würt sie die natter beissen (Am 5,19)." (298)

In eindringlicher Weise zieht Hedio am Schluß seiner zweiten Predigt über den Zehnten die Bilanz aus seinem methodischen Vorgehen, die päpstlichen Geistlichen zu unrechtmäßigen Beziehern des Zehnten zu machen: "Summa. In geistlichen stand sein, selbst nit getreülich predigen un dem volck dienen, auch nit mit leib, seel, eer und gut helffen un raten, das andere predigen, ist sich dem teüfel mit leib und seel gantz ergeben." (299)

Bevor Hedio zu diesem Ergebnis kommt, sind seine Zuhörer ungeduldig geworden. Den Unwillen des Auditoriums, das das Gesagte in großen Zügen schon weiß, artikuliert Hedio selbst: Wie lang haltestu uff unsere selen, möchte yeman sprechen, far mit der sprach herfür, machs bloß, sag den blut herauß. Geben wir zehenden oder geben wir nit?" (300)

Die Antwort gibt der vorsichtige Hedio in drei Schritten. Erstens ist bewiesen, daß der Zehnte nicht göttlichen Rechts ist. Die Schrift zwingt die - vom Gesetz befreiten - Christen nicht, den Zehnten zu opfern. Zum zweiten soll der Christ, wenn die weltliche Autorität ihn nötigt, den Zehnten ohne Widerstand geben. Wenn er den Zehnten leistet, schadet er dem wichtigsten Gut, der Seligkeit der Seele, nicht. Die Abgabe des Zehnten ist eine äußerliche Angelegenheit, die das Innere des Menschen, den Glauben, nicht angreift. Daß mit diesen Mitteln das katholische Kirchensystem aufrechterhalten wird, liegt außerhalb der Verantwortung des einzelnen evangelischen Christen. Wenn aber die weltliche Obrigkeit wenig Nachdruck hinter die Eintreibung des Zehnten setzt, wenn sie den Untertanen in der Abzahlung der Schulden viel Freiheit läßt, soll der Christ die Freiheit gebrauchen! "Wo du aber frey magst werden on grosse entbörung und dem kercker, darin du ohne billigkeit gefangen, entrinnen, ey, so brauch dir der freyheit." (301) Von derartigen Empfehlungen aus ist der Weg zum schon begonnenen Bauernkrieg nicht weit.

Zum dritten soll die christliche Obrigkeit vernünftig sein und danach suchen, dem gemeinen Mann, der Bevölkerung, die Bürde des Zehnten abzunehmen oder wenigstens zu erleichtern. Das Zehntwesen ist reformbedürftig. Der den Geistlichen zustehende Zehnte wird nicht in der richtigen Weise genutzt. Die Priester, die ihn derzeit empfangen, treiben damit Schindluder: Sie investieren die einkommenden Güter in Ehebruch, Hurerei, Spielen, Bankettieren, Frauen- und Knabenzimmer. Mit ihren Zwangsbeiträgen unterstützt das arme Volk die 'feine Gesellschaft' und ihr leichtfertiges Wesen. Das Verlangen an die weltliche Autorität, hier Abhilfe und Änderung zu schaffen, ist recht und billig; die Forderung nach Reformen wird von Hedio unterstützt.

Die Situation, die Hedio mit seiner Predigt schafft, ist so revolutionär wie jede Applikation naturrechtlicher Gedanken auf die jeweilige Gegenwart. Der Straßburger Theologe entfaltet zunächst eine Theorie der richtigen Verfassung der Gesellschaft und, damit gekoppelt, des Zehntwesens. Dann führt er aus, wie schlecht der Zehnte gegenwärtig verwendet wird, greift die geistlichen Herren, die die Mißstände auf dem Gewissen haben, an und erklärt, daß Zehntenverweigerungen praktiziert werden sollen, wenn aufgrund der Nachlässigkeit der Regierung in der Durchsetzung der Zehnten- und Schuldenforderungen ein Konflikt mit der weltlichen Gewalt vermieden werden kann. Das sind Gedanken, Gefühle und Emotionen, die die Zuhörer im Straßburger Münster schon gehegt und empfunden haben. Aber Hedio faßt das dumpfe Unbehagen und die explosive Spannung, die sich bereits in spontanen Aktionen entladen hat, in klare Worte und Begriffe und treibt damit objektiv die Revolution weiter.

Am Beginn seiner zweiten Predigt betont Hedio, nachdem allem Anschein nach die Rede des Vortags Ärger verursacht hat, in einer kurzen Erläuterung und 'Richtigstellung' seiner ersten Predigt, daß allein die weltliche Obrigkeit, nicht jeder beliebige Bürger das Recht habe, an den Zehntverhältnissen etwas zu ändern. Doch diese Andeutung bleibt blaß. Ihre entspannende, beruhigende Wirkung ist fraglich, wenn in derselben 'Korrektur' auf der einen Seite die Kleriker als "Baalspfaffen" und "Bergkirchendiener" (302) beschimpft werden, auf der anderen Seite der Obrigkeit der Geist und die Kraft des Propheten Elia und der Könige Josia und Hiskia, also, von Hiskia abgesehen, zweier großer 'Revolutionäre' des Alten Testaments, gewünscht wird. Trotz der Mahnung zur Besonnenheit bleibt für die Gemeinde die Versuchung groß, die Aufgabe des Propheten zu übernehmen, der die Dinge in Ordnung bringt, zumal die Bauern im Schwarzwald schon 'mit gutem Beispiel' vorangegangen sind.

Diese Zusammenhänge waren nach dem Großen Bauernkrieg vielen bewußt, wenngleich die Straßburger Prädikanten wie alle Beteiligten versuchten, ihre Mitwirkung am Ausbruch der sozialen Unruhen abzustreiten. In einem Schreiben an den Straßburger Rat erklären die Räte des Bischofs von Straßburg am 15. Februar 1526, vier Bauern aus Wickersheim hätten dargetan, "das sie in iren handlungen bei den predicanten doctor Capito und meister Mathisen iren rath geholt habent" (303). Den Vorwürfen, "dasz wir zu solicher schwerer und erschrocklichen handlung hilf und rath gethon haben sollen" (304), weichen die Straßburger Prädikanten aus, indem sie bitten, "dasz e.g. bi unsers gnedingen Hern von Straßburg loblichen räthen welle ansuchen und begeren, dasz e.g. zu behendigen solche vergicht zuschicken, wie sie gestalt ist, mit inhalt des ganzen handels und sunder der armen, so sie an zwifel auch vergehen haben, was, wie, wan und mit was umstenden wir inen gerathen haben." (305) Eine direkte Widerlegung des Geständnisses der vier Bauern aus Wickersheim ist diese Bitte kaum zu nennen. Daher erwarten die Straßburger Prädikanten auch, "seitenmal nach mehr gefangner fürhanden seind, ... das sich solcher rede gleichen weiters villicht zutragen möcht" (306). Diese Rede konnte nicht verstummen, weil die Wirkungen der reformatorischen Zehntenpredigten in Straßburg offenkundig waren. Schon Martin Küfferknecht aus Rappoltsweiler hatte in seiner Aussage vom 6. August 1524 behauptet, durch den Straßburger Reformator Matthäus Zell dazu angestachelt und angereizt worden zu sein, "daß man niemants dann allein dem keiser die tribut, einige zinse, gült oder zehenden geben soll" (307). Indem Zehntenprediger wie die Straßburger Prädikanten und die anderen oberdeutschen Reformatoren die vorhandene Aggression gegen die katholische Hierarchie intensivierten und legitimierten, das Zehntwesen in seiner gegenwärtigen Gestalt angriffen und eine neue, auf der Gemeinde beruhende Zehntorganisation vorschlugen, bereiteten sie den Großen Bauernkrieg von 1524/25 vor.

3. Zürich und Zwingli

Von allen Reformatoren wurde Ulrich Zwingli am häufigsten auf das Problem des Zehnten gestoßen. Bereits in den ersten Monaten des Jahres 1520, ein Jahr nach seiner Anstellung als Leutpriester am Großmünster in Zürich, finden sich Notizen, in denen auf die Frage des Zehnten Bezug genommen wird. In einem Brief an Oswald Myconius berichtet Zwingli, daß der Propst des Zürcher Großmünsterstifts ihn schriftlich ermahnt habe, nicht zu vergessen, daß der Zehnte nach göttlichem Recht gegeben werde. Zwingli hatte dieser Auffassung öffentlich, aber nicht deutsch, sondern lateinisch widersprochen (308); er hatte also in einer Sitzung des Großmünster-Kapitels seine Anschauungen offen dargelegt. Diese Ideen liefen nicht auf eine Zehntverweigerung im strikten Sinne hinaus, sondern auf die Unterscheidung von Altem und Neuem Testament, bindendem Gesetz und befreiendem Evangelium, die wir schon mehrfach kennengelernt haben (309). Obwohl seine Position nicht so radikal ist, wie sie scheint, erregte Zwingli unter den Chorherren Aufsehen und Ärger. Nach Zwinglis Darstellung belehrte ihn der Propst in lahmer Schulmeisterei, nicht immer die Wahrheit zu sagen, eine Aufforderung, die noch nie etwas gefruchtet hat, weil sie in sich selbst paradox ist.

Der Bericht über den Zwischenfall am Großmünster-Stift ist nicht die einzige den Zehnten betreffende Notiz des Jahres 1520. Aus einem Brief Hedios erfahren wir, daß Zwingli Literatur zum Zehnten-Thema suchte, ein Zeichen, daß ihn die Frage interessierte und er mit den gewonnenen Positionen nicht zufrieden war. Hedio muß Zwinglis Wißbegierde enttäuschen, da die beiden wichtigsten Traktate des Spätmittelalters über dieses Problem, die Veröffentlichungen der beiden Tübinger Professoren Gabriel Biel und Konrad Summenhart, "Tractatus de potestate et utilitate monetarum" und "Tractatus bipartitus de decimis" (310), nicht in seinem Besitz sind (311).

Die Zeit von 1520 bis Dezember 1524, dem Zeitpunkt, an dem Zwingli seine endgültige Konzeption des Zehnten entfaltete, ist gekennzeichnet durch die wachsende Verbreitung 'geistlichen Ungehorsams' im Kanton Zürich. Die Zürcher Landschaft ist bewegt durch Zehntverweigerungen und Proteststreiks. Wir wollen diese Aktionen, die charakterisiert sind durch die Kombination von Zehntverweigerung, Forderung nach Verkündigung des Evangeliums bzw. nach evangelischen Predigern und Bestehen auf der Kommu-

nalisierung des Zehnten, durch den Konflikt der Gemeinde
Wytikon mit dem Großmünster-Stift in Zürich illustrieren. Das
Beispiel ist kein Einzelfall, sondern Repräsentant vieler, ähnlich gelagerter Vorkommnisse, die sich in dieser Periode in
fast allen Dörfern des Zürichbiets zugetragen haben (312).

Wytikon war kirchenorganisatorisch dem Großmünster in Zürich
zugeordnet, das in der Gemeinde, in der nur eine Kapelle stand,
die nicht den Rang einer Pfarrkirche besaß, alle Rechte einer
Pfarrkirche wahrnahm. Dem Großmünster war die Seelsorge und damit die geistliche Führung der Gemeinde Wytikon anvertraut. Deshalb ging der Zehnte aus Wytikon an das Großmünster in Zürich.

Nach einem Vorgeplänkel im Jahre 1522 (313) hatte der Zürcher
Rat im März 1523 den ersten Streitfall zwischen beiden Parteien
zu behandeln, in dem die Prediger- und die Zehntenfrage verknüpft
waren (314). Im Dezember 1522 hatte die Gemeinde Wytikon vom
Großmünsterstift die Erlaubnis erhalten, wegen der weiten und
beschwerlichen Wege in den Wintermonaten 1522/23 einen Prediger
anstellen zu dürfen, der an der im Ort befindlichen Kapelle
Gottesdienst halten solle (315). Mit dem Frühjahr war in Wytikon
der Wunsch kräftig geworden, den Prediger (316) im Sommer zu be-
halten und damit in geistlicher Hinsicht vom Großmünster unabhängig zu werden. Dieses Begehren brachten die Leute von Wytikon
vor den Großen Rat der Stadt Zürich, den sie als neutrale und
kompetente Instanz in ihrem Konflikt mit dem Großmünster ansahen.

Den Wunsch nach der Berufung eines eigenen, ständigen Predigers verkoppeln die Bauern mit der Zehntenfrage. Zugleich mit
ihrem evangelischen Ansinnen stellt die Gemeinde Wytikon den
Antrag, den nach Zürich abfließenden Zehnten in die eigenen
Scheuern zu leiten und über ihn nach eigenem Gutdünken befinden
zu dürfen. Steckt dahinter nicht die Absicht, den Zehnten zum
Unterhalt und zur Unterstützung des Gemeindpfarrers und der
Gemeindearmen zu verwenden, wie dies später in den Zwölf Artikeln
vorgesehen ist?

Während der Rat in der Frage des Predigers wohlwollendes Ent-
gegenkommen zeigte und entschied, die Gemeinde dürfe ihren
Prädikanten - Wilhelm Reublin - bis zu einem neuen Beschluß am
Jahresende anstellen, lehnte er die Zehntforderung rundweg ab.
Nach der Anordnung des Rats ist der Zehnte weiterhin an das
Großmünster abzuliefern. Die Bauern von Wytikon scheinen an
diesem Punkt nachgiebiger gewesen zu sein. Der Zürcher Rat nimmt
auf ihre Aussage Bezug, sie wollten den Zehnten gerne geben, -
"es wäre dann, dass ander lüt den nit me gebint, wölltind si
ouch ungebunden syn" (317).

Die Auseinandersetzung zwischen Wytikon und dem Großmünster-
kapitel passt in die Theorie der Zehntverweigerungen in der Reformationszeit (318). In dem Begehren der Bauern wird keine
wirtschaftliche Notlage angesprochen. Die Forderung nach der
Anstellung eines Gemeindpfarrers steht vielmehr als gleichbe-
rechtigtes Ziel, in gewissem Sinne auch als Erklärung und Begründung neben der Bitte um Aufhebung des Zehnten. Nach einem
undatierten (Juni 1523?) Schreiben des Großmünsterstifts an die
Gemeinde Wytikon haben die Bauern in einer weiteren Eingabe den
Verzicht auf den kleinen Zehnten gewünscht (319). In der Antwort, die ein bezeichnendes Licht auf die Zehntenerhebungen im

Kanton Zürich in den Jahren 1522 und 1523 wirft, schreibt das
Stift, daß neben anderen Erwägungen deshalb nicht auf den kleinen Zehnten verzichtet werden könne, weil der große so spärlich
einginge (320). Diese Aussage wird durch eine Randmarginalie
zur Bestandsaufnahme der Zehnterträgnisse 1517-1522, die der
Zürcher Rat im November 1523 vornahm, bestätigt (321).
 In der Bemerkung nennt der Schreiber zwei Gemeinden, Stadelhofen und Wytikon, in denen der Zehntabgang beträchtlich gewesen
sei. Während die Amtleute den Ertrag des Zehnten in Wytikon auf
100 Stück geschätzt haben, sind 44 Stück abgeliefert worden. Die
Zehnteinnahme ist gegenüber den Vorjahren geringer geworden, obwohl die beiden letzten Jahre 1522 und 1523 nicht unfruchtbarer
als die vorangegangenen gewesen sind. Die Amtleute vermuten, daß
die Leute von Wytikon - und Stadelhofen - bewußt gegen die Vorschriften und Ordnungen verstoßen haben.
 Die Politik des Rats und des Großmünsterstifts gegenüber der
mangelhaften Zehntentrichtung ist nachsichtig. Beide Körperschaften dringen nicht auf den Rechtsstandpunkt. Die Chorherren
bitten den Rat allein um Rat und Hilfe, wie der ausstehende
Zehnte in die Scheuern des Stifts einzubringen sei, - mit dem
Zugeständnis, daß der Rat wegen der vielen Geschäfte und "um
friden und ruowen wilen" (322) nicht in der Lage sei, das Recht
durchzusetzen.
 Die Friedensliebe und Kompromißbereitschaft des Kapitels ist
bedingt durch die Erfahrungen des Jahres 1523. Den nächsten Vorstoß in der Zehntenfrage, den wir datieren können, unternahm
Wytikon zusammen mit fünf anderen Gemeinden, die ebenfalls dem
Großmünster in Zürich zehntpflichtig waren, am 22. Juni 1523.
Die Begründung der Gemeindevertreter für ihren Wunsch nach Zeh-
tenreform ist detaillierter als im März, bewegt sich jedoch in
den ausgezogenen Grundlinien.
 Die Verordneten erklären, sie würden nun durch das Evangelium,
richtiger: durch Prediger wie Wilhelm Reublin, unterrichtet, daß
der Zehnte ein Almosen sei. Einzelne Chorherren trieben aber mit
dem Zehnten schweren Mißbrauch und zerstörten den Almosencharak-
ter (323). Unter diesen Umständen, lautet die unausgesprochene
Folgerung, sind die Bauern, falls keine grundlegenden Reformen
geschehen, nicht verpflichtet, den Zehnten an das Großmünster
abzuliefern. Die grundlegenden Reformen bestehen jedoch in dem
'Ruhen' des Zehnten in der heimatlichen, örtlichen Landgemeinde.
 Zu diesem Neuanfang in der Zehntgeschichte konnte sich der
Große Rat nicht entschließen. Für den Moment entscheidet er in
konservativem Sinne: Der Zehnte ist wie von altersher zu entrichten. Über die Neuerungen, die in den letzten zwanzig oder
dreißig Jahren aufgekommen sind, wird der Rat zu angemessener
Zeit die nötigen Beschlüsse fassen. Nach Rücksprache mit den
Chorherren will der Rat dafür sorgen, daß die Mißbräuche am
Großmünsterstift abgestellt werden (324).
 Herausgefordert durch die Zehntverweigerungen und Protest-
schreiben war neben den unmittelbar Betroffenen vor allem der
anerkannte Führer der Zürcher Reformation, da die Gegner das
bäuerliche Vorgehen ohne Qualifikationen und Modifikationen auf
die Predigten Zwinglis zurückführten (325). Der Vorstoß Wyti-
kons und der fünf anderen Gemeinden, zu diesem Zeitpunkt die

stärkste In-Frage-Stellung der Zehntordnung, zwang Zwingli,
wenn er die Führung nicht aus der Hand geben wollte, zum 'Gegen-
angriff'. Zwei Tage nach dem Auftreten der Gemeinden, am 24.
Juni 1523, zog er in einer Predigt, die er unter das Thema
'Menschliche und göttliche Gerechtigkeit' stellt, die sozialen
und wirtschaftlichen Konsequenzen, die seiner Meinung nach mit
dem Evangelium vereinbar waren.
    Zwingli schätzte die Bedeutung dieser Ansprache hoch ein und
betrachtete sie als maßgebliche Verlautbarung der Zürcher Reformation zu sozialen Problemen. Wegen ihrer Relevanz wurde sie
sofort in Druck gegeben und einen Monat später, am 30. Juli
1523, veröffentlicht. In der heutigen Schrift 'Von göttlicher
und menschlicher Gerechtigkeit' liegt uns Zwinglis erste, in
aller Öffentlichkeit vorgetragene Lösung des Zehntenproblems
vor.
    Für die mit der Publikation verfolgte Absicht ist zusammen
mit dem Vorwort die Widmung aufschlußreich. Es ist nicht zufäl-
lig, daß die Abhandlung Nikolaus von Wattenwyl, dem Propst des
Chorherrenstifts in Bern, zugeeignet ist, denn nach Bern waren
üble Gerüchte über das in Zürich herrschende Chaos gedrungen.
Kaspar von Mülinen, der konservative Berner Gesandte an der
Tagsatzung, hatte in seine Heimatstadt einen Warnruf überbracht,
den unbekannte Zürcher aus der Oberschicht ausgestoßen hatten:
"Lieben Eidgenossen, werent bi zyt, dass die luterisch sach mit
denen, so (da)mit umgand, nit überhand gwinn; dann unser predicanten hand in unser stadt dahin gepracht, (daß), so es mine
Herren gern wolltend wenden, so mögen sie es nit. Und (es) ist
darzuo kommen, dass etlicher in sinem eignen hus nit sicher ist,
er (be)dörfte, dass er ander zuo im neme, die mit harnesch
wertint, damit im nüt beschehe. Und hat die sach sich also in-
gerissen, dass unser puren uf dem land weder zins nach zehenden
mer wöllent geben. Und sye ein söliche zweiung in unser stadt
und uf dem land, derglichen nie gehört ist." (326) Charakteri-
sterweise ging es bei diesem Alarm neben der Bedrohung des eigenen Lebens um den regelmäßigen Eingang der Zinsen und Zehnten,
der der altgläubigen Partei am Herzen lag. Diese Bewertung ist
aufschlußreich für die Bedeutung, die dem Zehntenproblem in der
Reformationszeit innewohnt.
    Aus der Ausgangssituation ergibt sich die Intention der
Schrift Zwinglis. Wenn er sie nach Bern richtet, um den üblen
Leumund, dem 'Revolutionsgeruch' Zürichs entgegenzuwirken, will
er sie sicher nicht verstanden wissen als eine Rede, die weitere
Unruhe stiftet und revolutionäre Erregung anstachelt, sondern
als eine Ermahnung, die zu Ruhe und Ordnung ruft und den un-
revolutionären Charakter seiner Verkündigung anzeigt. Um seinem
vornehmen Vermittler und allen weiteren Lesern jeden Gedanken
an politischen Umsturz auszureden, legt Zwingli im Vorwort als
Zweck seiner Publikation fest: "Hie in würstu sehen, daß das
euangelium Christi nit wider die obergkeit ist, daß es umb
zitlichs gut willen nit zerrüttung gebirt, sunder ein bevestung
ist der obergkeit, die recht vart nach der maß die gott vor-
schript." (327)
    Die Mittel und die Strategie, mit denen Zwingli seine Absicht
verfolgt, werden unter anderem in der Behandlung des Zehnten-

problems deutlich. Die Erörterung der Zehntenfrage ist wie die
Behandlung aller konkreten Probleme der Beschreibung der Regierung und Verfassung der bürgerlichen Gesellschaft, des Bereichs,
in dem die menschliche Gerechtigkeit gültig ist, untergeordnet.
Die Aufgaben der weltlichen Führung und der Gesellschaft, die
unter dieser Führung lebt, entfaltet Zwingli nicht in systema-
tisch-theologischer Darstellung, sondern in einer breiten Auslegung von Röm 13,1-7 (328). In diesem 'politischen Programm'
stellt Zwingli sozusagen das Problem des Zehnten unter den
Titel 'Recht der Schuldverhältnisse'. Er diskutiert diese Fragen als neunten Punkt seiner Exegese.
Nach Röm 13,7 "redt got durch Paulum: Darum gebend allen
menschen, das ir inen schuldig sind" (329). Die Bewegung gegen
den Zehnten betrachtet Zwingli unter dem Aspekt, daß neidische
und geizige Menschen anderen unter dem Deckmantel des Evangeliums nicht das geben wollen, was sie ihnen schuldig sind. Die
Zehntverweigerer sind keine Christen, die im Sinne des Paulus
handeln, sondern Kriminelle, die den rechtmäßigen Eigentümern
den Besitz, der ihnen legitimerweise zusteht, wegzunehmen suchen.
Außerhalb der Diskussion steht der Laienzehnte, mit dem
Zwingli beginnt. Der Laie, der über Zehnten verfügt, hat die
Zehnten erworben, indem er seinen Grund und Boden pachtweise
verliehen hat. Aufgrund dieser Transaktion bildet der Laienzehnte faktisch einen Pachtzins, an dessen Legalität nicht ge-
rüttet werden kann.
Strittig ist dagegen der Kirchen- oder geistliche Zehnte,
gegen den religiöse Gründe ins Spiel gebracht werden können.
Auf derartige Gedankengänge und Beweisführungen läßt sich
Zwingli aber nicht ein. Er will die Zehnten, die den Geistlichen gehören oder von ihnen erkauft sind, vom Standpunkt des
Wirtschaftsrechts betrachten. In dieser Perspektive ist unbe-
streitbar, daß der Zehnte zu entrichten ist.
Jeder, der ein mit Zehnten belastetes Gut erworben hat, war
sich beim Kauf bewußt, daß auf diesem Grundstück Zehntforderun-
gen lagen. Wenn er diese Zehnten nach bestätigtem und besiegel-
tem Erwerb nicht liefert, ändert er eigenmächtig den Vertrag
und bricht ihn damit. Dabei ist zu bedenken, daß er wegen der
Zehnten-Hypothek den gekauften Grund und Boden billiger als
vergleichbaren anderen erworben hat. Indem er von seinem wohlfeil gewonnenen Besitz gerade die Forderungen abwehrt, die ihn
so preiswert gemacht haben, verschafft sich der Zehntenverweigerer einen doppelten Vorteil. Doch dieser doppelte Vorteil ist,
auf lange Sicht gesehen, von keinem Nutzen.
Wie alle Betrüger verletzt der Zehntverweigerer nicht nur
den unmittelbar Geschädigten, den Zehntherren, sondern auch die
Obrigkeit, die mittelbar verwundet wird. Die Regierung ist in
Zwinglis Sicht eine konservative Macht, die den Status Quo zu
erhalten sucht. Sie wacht über die Verträge, die sie dokumentiert, beurkundet und bestätigt hat. Wenn der Zehntverweigerer
seinen Kontrakt auflöst, der wie jeder Vertrag vor der Obrigkeit geschlossen wurde, macht er nicht nur das Angebot des
Käufers und die Forderungen des Zehntempfängers, sondern auch
das Urteil der Obrigkeit zunichte. Diese Beleidigung kann die

weltliche Gewalt, deren politisch-wirtschaftliche Hoheit auf
dem Versprechen und der Versicherung beruht, die Einhaltung
der Verträge garantieren zu können, nicht dulden. Sie muß gegen
den Zehnt-Streikenden einschreiten und ihn zum Gehorsam zwingen.
Falls sich jemand weigert, den Zehnten abzuliefern, soll er
wie jeder andere Übeltäter und Schuldner bestraft werden. Für
ihn können genausowenig wie für jeden anderen, der Eigentum angreift, beschädigt und vernichtet, mildernde Umstände angeführt
werden. Die religiösen Argumente, die der Zehntverweigerer vorbringt, zwingen die Regierung nicht, Ausnahmeregelungen zu treffen. Da der Zehnt-Streikende wie jeder andere Kriminelle den
Gesetzen der Obrigkeit widersteht, ist er wie ein gewöhnlicher
Dieb, Räuber oder Betrüger zu bestrafen.
    Doch die Schuld des Zehntverweigerers reicht tiefer als bis-
her angedeutet. Er begeht nicht nur Majestäts- bzw. Obrigkeits-
beleidigung, sondern auch Gotteslästerung, da nach Zwinglis
Staatsanschauung, begründet auf seiner Auslegung von Röm 13,
derjenige, der sich gegen die Obrigkeit auflehnt, eo ipso gegen
Gott rebelliert. Ein Angriff gegen die Obrigkeit, die von Gott
eingesetzt wurde, ist gleichbedeutend mit Aufruhr gegen Gott.
Vor dem Richterstuhl der 'armen', von der göttlichen weit entfernten menschlichen Gerechtigkeit ist der Zehntverweigerer
nicht als religiös besonders feinfühlig, sondern als gottlos zu
bezeichnen.
    Wie die lutherischen Reformatoren benutzt Zwingli in seiner
Argumentation bis zu diesem Punkt ungehemmt die Methode der
Kriminalisierung der Zehntenstreiks. Im Unterschied zu den
lutherischen Reformatoren geht Zwingli jedoch ausführlich auf
die Frage ein, ob die Obrigkeit aus eigenem Ermessen Änderungen
an der Zehnterhebung und -verteilung vornehmen könne. Dieser
Schritt in Richtung auf Verantwortung der Regierung ist von den
lutherischen Reformatoren mit Ausnahme von Brenz nicht gewagt
worden. Von Zwingli dagegen wird die Möglichkeit einer Reform
grundsätzlich nicht bestritten. Wenn wirtschaftliche, soziale
oder politische Gründe dafür sprechen, kann die Obrigkeit das
Zehntwesen neu ordnen. Einzige Bedingung der Reform ist, daß die
Obrigkeit in der Verbesserung der Zehntordnung kein Unrecht begeht. Sie muß, sofern sie eine Neuregelung des Zehntsystems
durchführen will, den bisherigen Zehntempfängern eine angemesse-
ne Entschädigung und Ablösesumme für die verlorenen Rechte und
Privilegien gewähren, wobei der Ersatzbetrag dem Wert der genommenen Güter entsprechen muß. Selbst in seiner konservativsten
Phase geht Zwingli über alle Zugeständnisse hinaus, zu denen
sich die mitteldeutschen Reformatoren bereit erklärt haben.
    Nach 'Von göttlicher und menschlicher Gerechtigkeit' ist der
Zehnte weiter in überlieferter Form zu entrichten, solange die
Obrigkeit nicht die Initiative zur Umwandlung des Zehntwesens
ergriffen hat. Nur an einem Punkt kommt Zwingli radikaleren
Strömungen entgegen. Er ist sich wie die Bauern von Wytikon und
alle anderen Kritiker bewußt, daß der rechtlich unanfechtbare
und unbestreitbare Zehnte derzeit mißbräuchlich verwendet wird.
Die gegenwärtigen Zehntempfänger investieren die Zehnten in
Güter, die unter schwere Anklage fallen müssen. Jedoch ist es
nach dem Urteil des Zürcher Reformators wiederum Aufgabe der

weltlichen Herrschaft, für Abhilfe zu sorgen und den Gebrauch
des Zehnten, der für viele zum Anstoß geworden ist, zu reformieren.
Aber die Nachgiebigkeit Zwinglis gegenüber der Obrigkeit ist
begrenzt. Wenn die weltliche Gewalt chronische Skandale und zum
Himmel schreiende Mißstände nicht aufhebt, verliert sie den
Titel einer rechtmäßigen Obrigkeit und wird zur unredlichen
Gewalt. Von dem mangelnden Funktionieren, von der ungenügenden
Leistung der Regierung muß sich jedoch niemand anfechten lassen, weil die Geschichte ihren eigenen Lauf nehmen wird. An diesen Trost schließt Zwingli die Drohung, daß, mit einem modernen
Bild gesprochen, Pulverfässer, die nicht auf ordentlichem Wege
geleert werden, eine solche Sprengkraft in sich bergen, daß sie
explodieren, wenn erst einmal die Lunte brennt. Mißstände, die
nicht beseitigt werden, entfesseln Unruhe und Unordnung, Anarchie und Chaos. Um eine Fehentwicklung im Zehntwesen zu vermeiden, ist es geboten, die Reform der Zehntordnung an der wichtigsten 'Front', bei den Zehntempfängern, in Angriff zu nehmen (330)
- und damit das Versprechen des Rats an Wytikon und die fünf
anderen Gemeinden (331) einzulösen.
Abgesehen von den mutigen Ratschlägen zur Erneuerung des
Zehntwesens benutzt Zwingli in 'Von göttlicher und menschlicher
Gerechtigkeit' als Leitfaden für den Gang durch das Zehntenproblem die Methode der Privatisierung des Zehnten. Bei seiner
ersten öffentlichen Behandlung der Zehntenfrage spricht der
Zürcher Reformator das Thema 'Gemeinde und Zehnten' nicht an.
Er beachtet und sieht es nicht, weil er das ganze Problem unter
wirtschafts-rechtlichen Aspekten betrachtet. In dieser Perspektive ist die konservative Auffassung richtig. Es geht nicht an
für Bürger, schon gar nicht für Christen, sich vertraglich gesicherten und zugestandenen finanziellen Belastungen zu entziehen, zumal dann, wenn gerade durch die Hypotheken beim Kauf ein
ökonomischer Gewinn verbucht werden konnte.
Das politische Problem jedoch, das in der Zehntordnung der
Reformationszeit lag, die Frage: öffentliche Steuer oder Privateinnahme, wird mit dieser einseitig ökonomisch-rechtlichen Argumentation nicht erfasst. Gerade dieses Problem aber motivierte
und schuf im Kanton Zürich in der Reformationszeit die Zehntenverweigerungen als mögliche Problemlösungen. Weil der anerkannte
Führer der Zürcher Reformation aus außen- und sicherheitspoli-
tischen Bedenken um der Beruhigung der konservativen Mächte
willen diesen für Wytikon und die anderen protestierenden und
zehntverweigernden Gemeinden entscheidenden Gedanken nicht berücksichtigt hat, war er in den beiden folgenden Jahren gezwungen, sich in weiteren Schriften zur Zehntenfrage zu äußern.
Nach der ersten öffentlichen Deklaration nimmt Zwingli
schriftlich erneut Stellung zum Zehntenproblem in 'Auslegen und
Gründe der Schlußreden', einem Kommentar zu den 67 Schlußreden
vom 29. Januar 1523, der 'Geburtsurkunde' der Zürcher Reformation. Die Apologie der Schlußreden, mit der Zwingli die erfolg-
reiche Entwicklung der Zürcher Reformation im ersten Halbjahr
1523 sichern will, wurde am 14. Juli 1523 veröffentlicht, also
rund drei Wochen, nachdem der Zürcher Leutpriester seine große
Themapredigt im Großmünster gehalten hatte. Wenn die Zeichen
nicht trügen, hat Zwingli in dieser Schrift, die sich an ein

anderes Publikum wendet (332), die beiden Anliegen der oberdeutschen Reformation, die 'Illegitimierung' des gegenwärtigen
Zehntwesens und die Legitimierung der Zehntordnung in anderer
Form, aufgenommen. In seiner Auslegung der letzten Schlußrede,
in der verschiedene soziale Forderungen zusammengefasst sind,
nennt er als Intentionen, mit denen er ein Gespräch über den
Zehnten eröffnen wollte, die Differenzierung des göttlichen und
menschlichen Rechts, d.h. in diesem Kontext mit großer Wahrscheinlichkeit des Neuen und des Alten Testaments, die Aufdek-
kung der Mißstände und die Offenbarung der rechten Gestalt des
Zehntwesens. "Aber von der gotshüseren oder der kilchen zehenden wegen hab ich wellen antwurt geben, ob man sy uß götlichem
oder menschlichem rechten schuldig sye; daby wellen anzeigen die
grossen mißbrüch der zehenden, damitt den armen wächtern ir
narung, die inen genommen und mit gwalt entzogen ist, widrum
wurde, nit die gantz summ, sunder ein eerliche, zimmliche narung. Dann iro vil sind, die sprechend: Sol ich die warheit
sagen, so muß ich an'n bettelstab kummen." (333)
    Da Zwingli in diesen Sätzen nicht die Verwirklichung seiner
Absichten darstellt, sondern andeutet, was er in der Diskussion,
die wie bekannt bei dem von Bürgermeister Marx Röist geleiteten
Gespräch am 29. Januar 1523 nicht in Gang gekommen war (334),
ist letzte Klarheit über die Frage, ob die von Zwingli in 'Auslegen und Gründe der Schlußreden' angestrebte Zehntenkonzeption
mit der der oberdeutschen Reformatoren identisch ist, nicht zu
gewinnen, obwohl sich die Intentionen, die Zwingli bekanntgibt,
mit den Vorstellungen der bisher von uns analysierten oberdeutschen Reformatoren decken. Die verbleibenden Aussagen in der
Auslegung der 67. Schlußrede tragen nicht zur Klärung bei. Der
Zürcher Reformator weist darauf hin, daß er mit dem Wunsch nach
einer Diskussion über den Zehnten keine eigensüchtigen Beweg-
gründe verfolgt hat. Wer ihn kennt, weiß, daß er sich mit weni-
gem begnügen kann. Es ist wahrheitswidrig, seiner Aufforderung
zum Zehnten-Gespräch das Ziel der persönlichen Bereicherung zu
unterstellen. Dem umsichtigen Kirchenpolitiker geht es um die
Gemeindepfarrer, die der Verkündigung des Gotteswortes wegen
nicht zu Bettlern und Landstreichern werden sollen.
    Die Auseinandersetzungen um den Zehnten rissen in den folgen-
den Monaten und Jahren nicht ab, obwohl der Rat zwei Monate
später, am 29. September 1523, das Großmünsterstift, den Haupt-
bezieher der Zehnten im Kanton Zürich, seiner Zusicherung an
Wytikon und die fünf anderen Gemeinden gemäß reformierte und
damit das vorrangige Angriffsobjekt aus der Schußlinie zog. Die
Intention, durch die Erneuerung des Großmünsterstifts, die auf
den Vorschlag der Chorherren hin vom Großen Rat in Kraft gesetzt
wurde (335), die politisch-ökonomischen Vorwürfe gegen das Kapitel abzuweisen und gegenstandslos zu machen, wird in der Vorrede zu der reformierten Ordnung deutlich. Der gemeine Mann,
der das Stift mit seinen Zinsen und Zehnten ernähre, habe keinen
Gefallen mehr an der Tätigkeit bzw. Untätigkeit der Chorherren
mehr gehabt. Um den Grund seines Mißfallens zu beseitigen und
entsprechend seinen Wünschen zu handeln, werden die angegebenen
Reformen vorgenommen bzw. für die Folgezeit angekündigt.

Im allgemeinen bezweckten die Reformen, aus einer Chorherren-
eine Predigergemeinschaft zu machen (336). Welche Rolle aber
war in der reformierten Ordnung des Chorherrenstifts der Gemeinde Wytikon zugewiesen?
Wytikon blieb eine der drei Filialgemeinden des Großmünsters,
"da das gestifft den zehenden nimmt" (337). Die Seelsorge in der
Gemeinde wurde dem Großmünster belassen, genauso wie die Zehnten
weiter nach Zürich eingesammelt und abgezogen wurden. Das Stift
beschloß jedoch, "mit der zit" (338) in allen Filialgemeinden
auf eigene Kosten ohne finanzielle Belastung der Untertanen einen
Prediger einzusetzen, der das Evangelium in der jeweiligen Gemeinde recht verkündige. Der Zehnte, der aus Wytikon geliefert
wird, kommt damit indirekt der Gemeinde zugute. Die Machtstruk-
tur, die Überordnung und geistliche Autorität des Großmünsterstifts über die Untertanen der Gemeinde Wytikon, bleibt aber erhalten. Die Autonomie der Gemeinde, die in den Zehntenverweigerungen intendiert war, wurde nicht verwirklicht.
Mit der Reform des Großmünsterstifts ist die Periode der auf
der reformatorischen Botschaft begründeten Zehntenverweigerungen
der Gemeinde Wytikon abgeschlossen. Aber die altgläubig gesinnten
Mitglieder der hohen Geistlichkeit hatten noch genügend Zehntbesitz in der Zürcher Landschaft, um das Feuer für Zehntverweigerungen nicht ausgehen zu lassen. Das Jahr 1524 bildet den Zenit
in der epidemischen Ausbreitung der Zehntverweigerungen. Die
Untertanen des Großmünsters in Wytikon standen nun vor der Frage, ob sie sich an der allgemeinen Welle der Protestaktionen
und Zehntenstreiks beteiligen sollten, zumal sie das Hauptobjekt
ihrer Zehntverweigerungen, die Unabhängigkeit und Souveränität
der Gemeinde in allen kirchlichen Angelegenheiten, nicht erreicht
hatten. Im Unterschied zu den Zehntendemonstrationen in anderen
Gebieten der Zürcher Landschaft, die noch genuin reformatorisch
begründet werden konnten, mußte sich aber die Argumentation der
Gemeinde Wytikon wandeln, wenn sie die Zehntenfrage wieder aufwerfen wollte. Die Bauern von Wytikon, die an der Kommunalisierung des Zehnten, an der Umwandlung dieser Abgabe aus einer
Privateinnahme in eine öffentliche Steuer weiterhin interessiert
waren, mußten auf einer anderen Legitimationsbasis als im Sommer
1523 stehen, wenn sie die Zehntenfrage am Leben erhalten wollten.
Das Nachspiel des großen Konflikts von 1523 bestätigt die
These von dem für die Reformationszeit typischen Junktim von
Zehntenverweigerung und Bitte um einen Prediger des reinen Gotteswortes. In der Verhandlung vor dem Zürcher Rat (339) am
3. Juli 1524 beriefen sich die Vertreter der Gemeinde Wytikon
darauf, gehört! zu haben, "daß die Wytikomer capell älter dann
die pfarr zuo der propsty wäre" (340). Die Gemeinde Wytikon kann
deshalb nicht verpflichtet sein, den Zehnten an das Großmünster
in Zürich abzuführen, sondern ist berechtigt, selbst die Organisation, Erhebung und Verteilung des Zehnten durchzuführen. Die
Forderung nach lokaler Autonomie, nach Souveränität und Unabhängigkeit ist in der Gemeinde Wytikon so stark wie im Vorjahr.
Aber 1524 können die Vertreter der Gemeinde nur die altbekann-
ten, konventionellen Gründe eines traditionellen Zehntenkonflikts
vorbringen.

Auf diese Argumente hin war die Entscheidung des Rats, die 15
Tage später am 18. Juli 1524 erfolgte (341), kurz und bündig.
Die Gemeinde hat den Zehnten weiterhin an das Großmünster zu
entrichten. Wer dies versäume, müsse Strafe zahlen. Wie ausdrücklich vermerkt wird, befremdet der Ungehorsam der Leute von
Wytikon die Ratsherren. Endgültig dürfte die Auseinandersetzung
zwar erst durch die allgemeine Entscheidung der Zehntenfrage im
Kanton Zürich, durch das Mandat des Rats vom 14. August 1525
(342), bereinigt worden sein, aber daß ein derartiger konventioneller Zehntenstreit im Gegensatz zu den reformatorischen Zehntverweigerungen zu den Dingen gehörte, die ein ordentliches Gericht auch 1524 ohne alle Schwierigkeiten entscheiden konnte,
ist offensichtlich.
Anders steht es mit den typischen Zehntenstreiks der Reformationszeit. Durch derartige Konflikte war die Entscheidungs-
und Entschlußkraft jedes weltlich-politischen Führungsgremiums
bei aller Erfahrung, die sich in einem solchen Kreis mit der Zei↑
ansammelt, überfordert, da hinter diesen Protestaktionen in erster Linie keine wirtschaftlichen Motive standen und nicht die
üblichen juristischen Formeln vorgebracht wurden. Im Dezember
1524 waren alle Beteiligten, Rat, kirchliche Hierarchie, Reformatoren und Gemeinden mit der Zehntenfrage, mit der Kombination:
Zehntenverweigerung, Verlangen nach lokaler Autonomie und Forderung nach der Berufung eines evangelischen Gemeindepfarrers, die
die Zehntenstreiks in der Reformationszeit auszeichnet, noch
keinen Schritt weitergekommen. Daneben aber sah Zwingli noch
andere rebellische und aufrührerische Entwicklungen, die einmal
grundsätzlich geklärt werden mußten. So kam es, daß der Zürcher
Reformator am 7. Dezember 1524 die Kanzel im Großmünster zu
einer zweiten Predigt bestieg, in der er sich mit den 'wahren
Aufrührern' befasste.
Die Ansprache am 7. Dezember 1524 kommt den Ausführungen
über 'Göttliche und menschliche Gerechtigkeit' an Umfang und
Weite des Problemhorizonts gleich. Wie in der ersten Predigt
bildet das Zehntproblem einen kleinen Ausschnitt aus der Fülle
der Anliegen, die Zwingli bearbeitet. In der Mannigfaltigkeit
der Themen zeigt sich einerseits die Universalität des Zwinglischen Blickfelds, andererseits die Beschränktheit und Dichte
einer Stadt von 4 500 Einwohnern, in der es noch möglich war,
daß ein Prediger auf einen Schlag alle bedeutsamen sozialen
Probleme anpacken konnte. Die Rede, in der Zwingli diese Leistung vollbrachte, wurde von Prediger und Zuhörern gleichermaßen
als relevant eingeschätzt. Drei Wochen später, am 28. Dezember
1524, lag sie gedruckt vor.
Die Gliederung der Abhandlung, die drei Teile und eine Zusammenfassung (Beschluß) enthält, ist elegant und klar. Im
ersten Teil will Zwingli "von den ufrürern sagen, die damit
gut Christen wellend sin" (343). Der zweite Teil handelt "von
den rechten ufrürigen, die deß doch ghein wort wellend
haben" (344). Schließlich soll das letzte Kapitel "wäg anzeygen,
durch die wir überein kumen und in grossem friden und ruwen
läben mögind" (345).
In diesem Gedankenprozeß ist die Unterscheidung zweier gesell-
schaftsgefährdender Gruppen die größte Überraschung. Die Kon-

struktion einer zweiten Gruppe, in der die Aufrührer versammelt
sind, die keine Aufrührer sein wollen, im Kontrast zum ersten
Kreis, in dem die Aufrührer sich scharen, die trotz ihrer revolutionären Ideen wahre Christen sein wollen, ist ein genialer
Einfall, der viele Altgläubige sozusagen 'auf dem falschen Fuß
erwischt'. Diejenigen, die der Predigt des Evangeliums Aufstache-
lung zu Rebellion und Revolution vorwerfen, werden von Zwingli
selbst des Aufstands - gegen Gottes Wort! - bezichtigt. Konservative Politiker werden in einer verblüffenden Beweisführung zu
Radikalen gestempelt.
    Gewidmet ist die Schrift der Gemeinde Mühlhausen (im Elsaß).
Die durch die Habsburger (Vorderösterreich) bedrohte Stadt hatte
sich 1515 der Eidgenossenschaft angeschlossen, weil die mächtige
Förderation im zerrissenen und zerrütteten Südwesten Deutschlands den stärksten Schutz versprach. 1524 war in Mühlhausen die
Messe abgeschafft worden. Man kann Zwinglis Zueignung daher als
Ermutigung und Bestätigung der progressiven Gemeinde verstehen.
Außerhalb der Vorrede nimmt der Zürcher Publizist allerdings
keinen Bezug auf Probleme der elsässischen Stadt, weil er voll
und ganz von den Zürcher Fragen in Anspruch genommen ist.
    In der Vereinigung derer, die die Gesellschaft umstürzen,
aber dennoch wahre Christen genannt werden wollen, entdeckt der
Zürcher Reformator vier Gruppen, nämlich erstens einen vehementen
Antiklerikalismus, der sich in seinem Haß auf Papst, Bischöfe,
Mönche, Nonnen und Pfaffen erschöpft und keinen Nährboden für
positive Entwicklungen bietet, weil die Liebe zu Gott, die
Grundlage des wahren Glaubens fehlt, und zweitens einen Liber-
tinismus, der die Botschaft des Evangeliums als Freibrief zum
Sündigen mißversteht. Bevor wir die dritte Gruppe besprechen,
sind als letzte, historisch bedeutsam gewordene 'Abweichler'
die Täufer um Konrad Grebel zu nennen, die nach Zwinglis Darstellung unvernünftig und im Widerspruch zu jeder maßvollen
Politik die Frage der Kindertaufe vorantreiben und damit die
Reformation gefährden (346).
    Den dritten Kreis der Aufrührer bilden die Zins- und Zehnten-
verweigerer. Gemeinsamer Nenner beider Bewegungen ist, daß in
beiden Fällen der Versuch gemacht wird, aus der Botschaft des
Evangeliums privaten Nutzen und privaten Profit zu schlagen.
Den platten Materialismus, der der Verkündigung des Gotteswortes widerstrebt, will Zwingli wie 1523 angreifen, wobei er
diesmal, obwohl er der konservativste Repräsentant der oberdeutschen Reformation bleibt, das Zehntenproblem jedoch mit
einer größeren Blende, mit der genuinen Blende der Gemeinde-
Reformation, betrachtet.
    Zu Beginn der Auseinandersetzung mit den Zehntenverweigerern
wiederholt Zwingli in Fortsetzung der Predigt 'Von göttlicher
und menschlicher Gerechtigkeit' das Wort des Paulus Röm 13,7,
das ihm zum Kriterium der Diskussion geworden ist. Ebenso
zitiert er das siebte Gebot (Ex 20,15; Dtn 5,19): "Du solt nit
stälen." (347) Es scheint, daß der Zürcher Reformator auch in
seiner zweiten großen Themapredigt Zehntenstreiks mit der Methode der Kriminalisierung ins gesellschaftspolitische Abseits
stellen will. Aber der Schein trügt. Bei aller taktischen Vorsicht sind Zwinglis Ausführungen zur Zehntenfrage als Verteidi-

gungen und Rechtfertigungen der Zehntenverweigerungen zu verstehen. Der Abstand zu den lutherischen Reformatoren, die mit
gewissen Nuancierungen das Vorgehen der Bauern für unrechtmäßig
halten und sich bemühen, den Nachweis der Illegalität zu führen,
klafft nun auch bei Zwingli auf. Wie alle oberdeutschen Reformatoren weist er die Aktivität und die Forderungen der Gemeinden
die eine Änderung der Kirchen- und Zehntenorganisation im Sinne
des neu geschenkten Evangeliums erreichen wollen, nicht mehr
zurück, sondern erkennt die Berechtigung ihres Handelns und
Verhaltens an und verstärkt die Bereitschaft zum Konflikt, indem er die Gefühle und Emotionen in Worte fasst, formuliert und
klärt.

Die Zustimmung zum Protest der ländlichen Gemeinden im Kanton
Zürich bedeutet, daß Zwingli in seiner neuen Publikation die
Ziele der Gemeinde-Reformation in der Zehntenfrage anstrebt. Wie
bei Hedio werden wir dem klar und einprägsam strukturierten Gedankengang folgen. Da der Leutpriester am Großmünster bei der
rechten Gestaltung der Zehntsammlung und -ausgabe einsetzt, werden wir zum ersten fragen, wie Zwingli das Zehntwesen in einer
anderen Form als der bestehenden legitim macht.

Im Kontrast zu allen bisher interpretierten oberdeutschen
Reformatoren, die die Verfassung der wahren Zehntordnung im
Neuen Testament finden, kennt Zwingli in dieser Frage keinen
Biblizismus, und im Gegensatz zu Hedio, der das Zehntwesen auf
der breiten Erörterung des gesellschaftlichen Fundaments konstruiert, fehlt bei Zwingli eine 'natur-' oder 'vernunftrecht-
liche' Sozialphilosophie. Für den Plan einer gültigen Zehntordnung geht der Zürcher Prediger vom positiven, d.h. vom kanonischen, Recht aus. Nach Zwinglis Verständnis ist der Zehnte gedacht als Armensteuer, denn "die bäpstlichen recht zeygend an,
daß die zehenden ein stür oder schoß sygind der armen menschen" (348). Abzuliefern ist der Zehnte an die Kirche, in der
der zehntpflichtige Gläubige getauft worden ist. Die enge Lokal-
oder Parochialgebundenheit der Abgabe deutet an, daß das Zehntwesen von seinem Ursprung und Wesen her eine unter der Souveränität der Ortsgemeinde stehende Selbsthilfe-Einrichtung gewesen ist. Die rechtliche Konstruktion der Zehntorganisation
ist darauf aufgebaut, daß jede Gemeinde autonom, selbständig
und selbstverantwortlich handelt und fähig ist, die Aufgabe der
Armenfürsorge und -hilfe ohne fremde Unterstützung zu erfüllen.
Mit diesen Gedanken ist der Grundstein des legitimen Zehntwesens
gelegt.

Aus den Erträgen des Zehnten dem in der Verkündigung tätigen
Geistlichen einen angemessenen Lebensunterhalt zu verschaffen,
war für die Gemeinde erste Verpflichtung. Die verbleibenden
Überschüsse wurden durch Beauftragte der Gemeinde oder durch
den Priester selbst an die Armen verteilt. Damit das System
funktionieren konnte, hat "aber one zwyfel ... dozemal gotz-
vorcht, trüw und liebe müssen grösser sin weder wir leyder zu
unseren zyten sehend" (349).

Wie alle oberdeutschen Reformatoren legitimiert Zwingli den
Zehnten als Steuer. Die Einrichtung des Zehnten war nach der
ursprünglichen Intention, die im kanonischen Recht zum Ausdruck
kommt, gut und notwendig, da die Priester, die auf kein eigenes

Vermögen zurückgreifen konnten - Zwingli schließt die Priester, die ausreichendes väterliches Erbe besaßen, ausdrücklich vom Zehnten aus -, versorgt werden mussten. Daß es ferner zum Ehrentitel einer christlichen Gemeinde gehört, den Armen zu helfen, ist in keiner Periode der Kirchengeschichte bestritten worden. Die Institution des Zehnten ist somit kirchen(verfassungs)rechtlich nicht anzugreifen.

Die Interpretation der kanonischen Zehntenkonzeption, die der Zürcher Reformator unternimmt, deckt sich nicht mit dem Verständnis der katholischen Kirche. Den Grundideen des kanonischen Rechts läuft die Gemeindeauffassung Zwinglis zuwider, der im Einklang mit seiner Theologie und Ekklesiologie der Ortsgemeinde die Souveränität in allen kirchlichen Angelegenheiten zuerkennt. Wie bei jedem Souveränitätsgedanken ist diese Souveränität mit der Steuerhoheit verbunden, die aus dem Steuerbegriff erwächst.

Aufgrund ihrer Verfügungsgewalt über die Steuereinnahmen ist jede Gemeinde kompetent, sich selbst zu verwalten, ihren Pfarrer zu unterhalten und den Armen zu helfen. Von diesen Grundprinzipien aus gehen Verbindungslinien zum späteren Kongregationalismus.

Zwingli hat das erste Ziel getroffen, die kirchenverfassungsrechtliche Billigung des Zehntwesens in einer neuen Gestalt. Wie immer in der oberdeutschen Reformation beruht die Legitimation der reformierten Zehntordnung auf zwei Säulen, auf der Souveränität der Ortsgemeinde, die kein Bischof und kein 'praecipuum membrum ecclesiae' antasten kann, und auf der Steuerhoheit derselben Körperschaft. Neuartig und richtungsweisend an den Ausführungen des Zürcher Reformators ist, daß er die Konzeption der Souveränität und Steuerhoheit nicht wie frühere oberdeutsche Reformatoren auf das Neue Testament und nicht wie Hedio auf das 'Naturrecht' begründet, sondern aus dem Corpus Iuris Canonici herausholt, das damit in dem protestantischen Besitz aufgenommen wird.

Einen neuen Gedanken entwickelt Zwingli ebenso in seiner Strategie der 'Illegitimierung' des Zehnten in seiner vorliegenden Form. Er behauptet, daß die gegenwärtigen Zehntbezieher, deren Disqualifikation er wie jeder Gemeinde-Reformator erreichen will, außerhalb der Legalität stehen, weil sie ihre Zehntrechte durch Betrug erworben haben. Diesen Einfall hatte schon Brunfels in seiner Darstellung und Konstruktion der Zehntgeschichte (350), ohne die Idee auszuführen. Für Zwingli dagegen wird die Erzählung der Manipulationen der Zehntgeschichte zum Hauptmittel, die derzeitigen Zehntempfänger zu diskreditieren.

An der historisch folgenreichen Betrugskomödie, die der Leutpriester am Großmünster breit und ausführlich schildert, sind neben den eigentlichen 'Schurken' nicht nur die Päpste, sondern auch die Obrigkeiten und Gemeinden beteiligt. Daß die Zehnten "aber in ein wüsten mißbruch kommen, deren nit der bapst allein, wiewol fürnemlich, sonder ouch der gwalt und gemeind schuldig sind" (351), stellt Zwingli zu Beginn seines Berichts differenzierend fest.

Da die päpstlichen Dekrete den Kauf und Verkauf des Zehnten, besonders aber die Wegführung des Zehnten aus der Parochialgemeinde verbieten, ist der erste 'Sündenfall' in Zwinglis Konstruktion der Zehntgeschichte die päpstliche Verleihung von Zehntrechten an Stifte und Klöster, d.h. an Institutionen, die mit der Predigt und Seelsorge in einer Kirchengemeinde nicht das geringste zu tun haben. Aber nicht allein der Papst hat den geistlichen Gemeinschaften den Genuß der verbotenen Frucht ermöglicht. Wenn sich die Obrigkeit nicht durch die auf die weltliche Gewalt erweiterte Chance des Erwerbs von Zehnten und Zehntrechten hätten bestechen lassen, wären die Stifte und Klöster nicht in den Zehntbesitz gekommen.

Das Schlimmste jedoch ist, daß Päpste und Obrigkeiten zusammen nicht alleinverantwortlich sind für die Fehlentwicklung des Zehntwesens. Die dreisten Stiftsherren und Äbte konnten sich nicht damit begnügen, den Papst und die weltliche Gewalt zu übertölpeln, weil sie keinen rechtlich verbindlichen Anspruch auf die Zehnten erworben hätten, "wenn der gmeind verwilligung nit ouch darzu knüpft wäre" (352). Folglich sind sie als Wölfe im Schafspelz in die Gemeinden eingedrungen, um sich ihren widerrechtlichen Raub bestätigen und legalisieren zu lassen. Jeder Abt, der die Zehnten einer Pfarrkirche an sich reißen wollte, brachte in die Gemeindeversammlung einen oder zwei benachbarte Äbte mit, die, natürlich auf Gegenseitigkeit, den großen Lobgesang über die Frömmigkeit, Spiritualität und patriarchalische Güte des interessierten Abtes anstimmten. Durch die rühmenden und preisenden Schilderungen haben sich die Gemeinden betören lassen, so daß sie die Entfremdung des Zehnten von seinem ursprünglichen Verwendungszweck zuließen. Die Nachgiebigkeit der Gemeinde ist bedauerlich, weil der letzte Damm gegen die hereinbrechende Katastrophe weggezogen wurde. Doch ist hervorzuheben, daß nach Zwinglis Darstellung in der Organisation und Verteilung des Zehnten die örtliche Kirchengemeinde über das letzte Wort verfügt. Erst die Zustimmung der Gemeinde macht den Übergang des Zehnten an gemeindeferne Stifte und Klöster rechtsgültig.

Weil die bedenken- und gewissenlosen Stiftsherren und Äbte immer wieder einen einfältigen Toren gefunden haben, der für einen kümmerlichen Lohn den Pfarrdienst in der verwaisten Gemeinde versah, war ihrer tyrannischen Herrschaft kein Rechtsbruch wegen mangelnder Vertragserfüllung vorzuwerfen. Die Bestimmung des Zehnten als Armensteuer haben die Mönche, die 'Suppenesser', wie das Schimpfwörtervokabular der Zeit sie nennt, umgangen, indem sie ihre Klöster 'Armenspitäler' getauft haben, ein Hohn angesichts des in diesen Institutionen angehäuften Reichtums. Nachdem der Mißbrauch des Zehnten durch die Klöster, die keine Predigt und Seelsorge in den Zehnten abliefernden Gemeinden übten, eingeführt worden ist, war der Weg zum Kauf und Verkauf des Zehnten in Laienhände nicht mehr weit. Es war in Wirklichkeit ein kleiner Schritt, der zum Zehnten als heißbegehrtem Spekulationsobjekt führte. Diesen Stand der Dinge hat die Zehntgeschichte im 14. Jahrhundert erreicht (353) und auf diesem Stand ist sie bis 1524 geblieben.

Die Zehntgeschichte diskreditiert die derzeitigen geistlichen Zehntempfänger; die Fehlentwicklung des Zehntwesens läßt Rückschlüsse auf die gegenwärtigen Zehntherren zu. Doch die Schuld der Vorfahren lastet auf den heutigen Gemeinden, den Kindern

und Kindeskindern. Wenn die Obrigkeit die Zehntabgaben an
Stifte und Klöster verbieten und die ursprüngliche Zehntverfassung mit dem harten Kern der Gemeindesouveränität wiederher-
stellen würde, könnte sie genausogut Kauf und Verkauf, Kontrakt
und Vertrag beseitigen. Jeder Handel und Wandel bricht zusammen,
sofern Abkommen willkürlich gebrochen und aufgehoben werden
können.

Mit dieser Ansicht unterscheidet sich Zwingli von Brunfels,
der eine in den Grundzügen ähnliche Zehntgeschichte konstruiert
hat. Für Brunfels spielt die derzeitige Rechtslage im Zehntwesen, die Zwingli eingehend erörtert, keine Rolle, weil er in
seinem harten Antiklerikalismus die geistlichen Herren als Betrüger ansieht, auf die keine Rücksicht genommen werden muß.
Der Zürcher Reformator dagegen betont die Legalität der Rechts-
titel, auf die sich Stifte und Klöster berufen. Sie sind zwar
durch Sünde und Schuld der Menschen zustande gekommen, aber
unter dem Aspekt des bürgerlichen Rechts, der menschlichen Gerechtigkeit, nicht anzufechten. Dem mittelalterlichen Prinzip
getreu ist die Heiligkeit geschlossener Verträge ohne Bedenken
der Entstehungsgeschichte zu beachten.

Von der Methode, den Zehnten in seiner derzeitigen Gestalt
durch die Differenzierung des Alten und des Neuen Testaments
illegitim zu machen, hält Zwingli nicht viel. Er bringt das
Tagesthema 'Zehnten und göttliches Recht', die mehr oder weniger
unauffällige Verkleidung der Unterscheidung des Alten und des
Neuen Testaments, erstaunlicherweise, nachdem er fünf Jahre zu-
vor dieselbe Frage aufgeworfen hatte, mit dem Neid in Zusammenhang, der sich seiner Ansicht nach in der Zehntenbewegung manifestiert. Das Ziel des 'objektiven', 'theologischen' Interesses,
das in dem Problem scheinbar zum Ausdruck kommt, ist nach
Zwingli, bei fehlender Legitimation durch das göttliche Recht
den Zehnten nicht mehr abzuliefern. Diese Intention ist zu
durchsichtig, um unbemerkt bleiben zu können.

Zwingli gesteht zu, daß der Zehnte in dieser Form nicht in
der Heiligen Schrift begründet ist. Die Zehntenverweigerer haben
Recht, wenn sie äußern, daß die Abgabe nicht aus göttlichem
Recht stammt; aber damit sind sie noch nicht berechtigt, den
Zehnten zu verweigern. Gegen alle politischen Theologen, die
bisher diesen Schluß gezogen haben, weist Zwingli darauf hin,
daß in der Bibel Worte stehen wie: "Du solt nit stälen (Ex
20,15; Dtn 5,19), du solt bezalen (Röm 13,7)." (354)
Wie die Zitate andeuten, wiederholt der Zürcher Reformator
in den folgenden Sätzen Argumentationsmuster aus 'Von göttlicher
und menschlicher Gerechtigkeit', seiner ersten großen Abhandlung über soziale Probleme. Vor Gott und der göttlichen Gerechtigkeit gibt es kein menschliches Eigentum, "denn wir sind
allein schaffner" (355). Die menschliche Gerechtigkeit jedoch,
die von der göttlichen meilenweit entfernt ist, kennt das Eigentum, weil in ihrem Geltungsbereich wegen der Sünd- und Boshaf-
tigkeit des Menschen Gütergemeinschaft nicht durchgeführt und
geboten werden kann. Da bei jedem Zehntenstreit Eigentumsfragen
verhandelt werden, ist für Zehntenkonflikte nicht das Evangelium, wie die Zehntenverweigerer meinen, sondern der Richter
zuständig, der nach der Gewohnheit in Eigentumsprozessen das

Urteil fällt. Er hat zu entscheiden, ob jemand Schulden zu begleichen hat oder nicht, die Frage, die nach Zwinglis Auffassung den Kern der Zehntendiskussion bildet. "Also volgt, das du die zehenden schuldig bist, so lang dich der richter für eynen schuldner erkennt." (356) Zwingli ist zuversichtlich, daß in den Zehntenstreitigkeiten jeder Richter sich auf den Standpunkt stellen wird, daß die Zehntpflichtigen aufgrund der geschlossenen Verträge und Abkommen den Zehnten abzuliefern haben.

Ja, spricht der Zehntpflichtige, "so ich aber den so ungestaltenn mißbruch sich, ouch darby die armen sich grossen mangel haben, und der richter eintweders nit verstadt oder nit wil erkennen den armen zu, das inen ghört, so muß ich je selbe anheben yngryfen" (357). Der Zehnte wird "nit gebrucht, als er ist angehebt; unnd wirdt yeder kilchhöre, ouch den armen entzogen. Antwurt: Das ist waar. Darumb heyß ich still halten, biß das wir dahyn kommend, da wir den waaren ufrurern ouch iren prästen sagen werdend. Dann ye so sind sy in eim sölichen mißbruch so lang gewesen, das die, so inn uff den hüttigen tag mißbruchend, nit so bärlich ze schelten sind. Denn se habend ouch in dem mißbruch alle nidren unnd hochen mit stillschwygen verhället, deßhalb personen uff die zehenden gewidmet, und zehendkouff beschehen sind, das one verletzung gemeines rechten hierinn niemants die zehenden mögend abgetrennt werden, wie vor gnugsam gesagt ist. Aber verendrung und abrichten mit ablösen und den armen zuordnen, das wirdt ein form gewinnen." (358)

Zwinglis Stellungnahme zur Zehntenverweigerung bedeutet trotz aller mildernden Aussagen und einschränkenden Bedingungen, daß das Objekt und die Ursache des Protests reell und wahr ist. Was soll die Revolution noch hindern, wenn die Berechtigung der Revolution anerkannt wird? In Antithese zu den lutherischen und in Übereinstimmung mit den oberdeutschen Reformatoren räumt Zwingli den Streikenden die prinzipielle Berechtigung ihres Handelns ein und akzeptiert die Begründung ihres Vorgehens. Der Zehnte erfüllt nicht mehr die Funktionen, für die er geschaffen worden ist; in seiner Organisation haben sich Krebsgeschwüre breitgemacht, die abgetötet werden müssen.

Teilweise nimmt Zwingli die Billigung der Protestaktionen zurück, indem er erklärt, daß die jetzigen Zehntbezieher nicht für die Machenschaften bestraft werden können, die ihre Vorgänger verübt haben. Die gegenwärtigen Zehntherren sind unwissend die Zehntverhältnisse eingegangen, von denen sie jetzt leben. Sie haben mit dem Fortbestand der Ordnungen gerechnet, die nun einzustürzen drohen. Da es keine Kollektivschuld gibt und in diesem Fall Unwissenheit vor Strafe schützt, entspricht es der menschlichen Gerechtigkeit, die Zehntbesitzer nicht in revolutionärem Jagdfieber aus ihrem Eigentum zu vertreiben, sondern die Sicherheit ihres Besitzes anzuerkennen.

Nützen die menschlich überzeugenden, Tradition und Kontinuität bewahrenden Anregungen des Zürcher Reformators etwas in einer Zeit (7. Dezember 1524!), in der in manchen Gegenden schon der Bauernkrieg begonnen hat? Steht Zwingli selbst hinter diesen Einschränkungen des Protests? Menschen, die auf der einen Seite die Bestätigung des Zürcher Reformators für ihren Kampf gegen Machthaber und Gewaltherrscher erhalten, werden auf der anderen

Seite wenig Neigung zeigen, Mitleid mit den 'objektiven' Unterdrücker und Ausbeutern zu empfinden, weil diese 'subjektiv' ohne Schuldbewußtsein ihre Herrschaft angetreten haben. Der revolutionäre Elan wird die humanitären Bedenken gegenüber den Zehntherren hinwegspülen, sofern sie überhaupt vorhanden sind.

Wie stellt sich Zwingli in seiner ambivalenten Rede die Lösung des Zehntenproblems vor? Der unkomplizierteste Weg, die einfache Einführung der Zehntordnung des Corpus Iuris Canonici, wird dadurch erschwert, daß die heutigen Zehntbezieher die notwendigen Unterschriften unter die vorliegenden Vorträge vorweisen können. "In der zehenden verbesserung stadt stercker entgegen, weder daß die klöster, stifften und zehendenbesitzer brieff und siegel habend, das man sy by dem irem gut, zinsen und zehenden blyben lassen sol, ja schützen und schirmen." (359)

Da nach mittelalterlicher Rechtsanschauung und nach Zwinglis Rechtsdenken die Heiligkeit der Verträge ohne Rücksicht auf die Entstehungsgeschichte des Vertrags zu achten ist, empfiehlt der Zürcher Prediger zur Behebung des Dilemmas die Problemlösung, die in Zürich gefunden wurde. Nach Beschluß des Zürcher Rats dürfen die bisherigen Zehntempfänger, die Stifte und Klöster, keinen Nachwuchs mehr aufnehmen. "Man lasse die münch, pfaffen oder nonnen im fryden absterben, und nemme man gheine me an ir statt." (360)

Mit dieser Regelung werden in der Zehntenfrage zwei Fliegen mit einer Klappe geschlagen. Einerseits werden die Zehnten in der unmittelbaren Zukunft weiter an die Stellen abgeliefert, die darauf ein Anrecht haben. Die Gültigkeit der bestehenden Zehntenverträge wird nicht angetastet. Andererseits werden die gegenwärtigen Zehntverhältnisse allmählich aufgelöst, da an einem nicht allzuweit entfernten Punkt in der Zukunft die heutigen Zehntbezieher nach dem normalen Ablauf ihrer Zeit abgegangen sein werden. Die im Augenblick widerwilligen Zehntpflichtigen können zufrieden sein, insofern ihre Zehntlast in der Nachwelt umverteilt und als Kirchensteuer verwendet werden kann. Wenn die Zehntgeber nicht ungeduldig die Umwandlung ihrer Privatschulden in öffentliche Steuern in die Hand nehmen, sondern bereitwillig die von der Obrigkeit gesteuerte Entwicklung abwarten, profitieren beide am Zehnthandel interessierte Parteien, Zehntpflichtige und Zehntherren, von dem Vergleich.

Selbst bei Anerkennung des Kompromisses sind schwere Spannungen jedoch nicht zu vermeiden. Das Problem, das auf den Nägeln brennt, ist das Ärgernis, daß der Zehnte hinweggeführt wird aus den Gemeinden, in denen er als Basis für ordentliche Predigt und Seelsorge dienen soll. Jeden Moment kann eine Gemeinde 'Barrikaden auftürmen', um die Zehntwagen eines Stifts oder Klosters an der Abholung des Zehnten aus den Zehntscheuern des Dorfes zu hindern. An dieser schwachen Stelle des Zehntvergleichs muß Abhilfe geschaffen werden. Sonst ist immer wieder der Anlaß und die Möglichkeit zum Aufruhr gegeben.

Um die Unstimmigkeiten zu beseitigen, schlägt Zwingli vor, in Übereinstimmung mit dem kanonischen Recht zunächst einmal dafür zu sorgen, daß der jeweilige Gemeindepfarrer in ausreichender Weise aus dem Kirchenzehnten bezahlt wird. Nachdem dies geschehen ist, sollte die Gemeinde versuchen, den übriggebliebenen Zehnten abzulösen, indem sie dem Zehntbesitzer den angemessenen Gegenwert für seinen Zehnten in Kapital oder in Grund und Boden erstattet. Sobald die Abgaben an kirchliche Institutionen außerhalb der Gemeinde abgegolten sind, ist ein gegenseitiger Tausch der Zehntlasten unter den diesen Einrichtungen zehntpflichtigen Gemeinden denkbar. Wenn die Neuordnung des Zehntwesens in dieser ruhigen, gleichmäßigen, nichts überstürzenden Art und Weise eingeleitet wird, bleibt der Frieden in den Gemeinden gewahrt. Jeder hastige, ungeduldige, revolutionäre Sturm und Drang aber wird zu Chaos und Anarchie führen, die Zwingli in jeder Hinsicht vermeiden will.

Die ganze Zehnten-Affäre ist Sache der weltlichen Obrigkeit. Es handelt sich um zeitliche Güter, über die zu urteilen der weltlichen Gewalt zusteht. Mit der notwendigen Geduld sollen die weltlichen Autoritäten die Überführung des Zehnten von den gegenwärtigen Privateigentümern zu den Gemeinden, den rechtmäßigen Besitzern, in die Wege leiten. Zwingli stattet Gott für die Stadt Zürich, die bis zu diesem Zeitpunkt die Reformation so tatkräftig in Angriff genommen hat, seinen Dank ab. "Ich dancken gott, dem herren - in dem ich ouch verzüg, das ich's nit zu schmeichlen oder rum reden -, das die ersamen fromen von Zürich unsaglich arbeit umb deß euangeliums willen getragen, biß das es in den gang kommen ist, das sich by inen das Bapstumb wil lassen abbrechen. Und wiewol es erst in die äher gadt, ist doch ghein zwyfel, gott werd alle radtschleg, die in im sind angehebt, ouch ryff machenn unnd zu gutem end bringen." (361)

Zwinglis Lösung des Zehntenproblems ist menschlich und tolerant. In seinen Ausführungen ist das Bemühen zu spüren, möglichst ohne Zwang auszukommen. Wenn man die gegebenen Verhältnisse nicht im Sinne des Gedankens der 'strukturellen Gewalt' interpretiert, wird in der Tat nur auf diejenigen, die als Novizen oder Novizinnen in ein Kloster eintreten wollen, Druck ausgeübt. Aber die Aussage, daß die Unruhe und Mißstimmung der Bevölkerung über das Zehntwesen Wahrheitsgehalt in sich birgt und berechtigt ist, entwertet die Antwort, die Zwingli gefunden hat. Die durch die Zustimmung zur Aktion des Volkes gespaltene Aufforderung zu Frieden und Geduld konnte die Teilnahme an den Zehntenstreiks und am Bauernkrieg nicht aufhalten.

Die Stellungnahmen Zwinglis zur Zehntenfrage hörten nach dem vollen Ausbruch des Bauernkriegs im Februar 1525 nicht auf. Der Zürcher Reformator, der im April 1525 zusammen mit Leo Jud beschuldigt worden war, "der gemein, arm mann in miner Herren stadt und dero gerichten und gebieten folgtind inen allein in dem stuck nach, dass sie dhein zechenden noch zins gebint" (362) wurde vom Zürcher Rat wiederholt zu Aussagen und Gutachten über den Zehnten herangezogen. Allem Anschein nach hat er seine Meinung jedoch auch unaufgefordert kundgetan. In einigen Punkten modifizierte der Zürcher Publizist zwar seine Auffassung und Konzeption des Zehnten, aber die vorsichtige, unaufdringliche Bejahung der bäuerlichen Aktionen auf der Grundlage der Idee der Gemeinde-Reformation wurde von ihm in den Auseinandersetzungen des Bauernkriegs durchgehalten.

In derselben Zeit, in der Zwingli diese Gutachten publizierte, n.b. die ersten Schriften, in denen er sich exklusiv mit der

Zehntenfrage befasste, schrieb Luther seine 'Ermahnung zum
Frieden' und brachten Melanchthon und Brenz auf Bitten des
Kurfürsten von der Pfalz ihre Überlegungen zu den Zwölf Artikeln, die in der Haltung gegenüber den Bauern, in der Intention
und in der Methode erheblich von Zwingli und der Gemeinde-Reformation abweichen, aufs Papier.

Die Unruhen des deutschen Bauernkriegs begannen ab April 1525
sich in der Zürcher Landschaft bemerkbar zu machen. Dem Geist
der Zeit folgend fassten viele Untertanengebiete Zürichs, z.B.
die Gemeinden der Herrschaft Grüningen (363), der Grafschaft
Kyburg und der Herrschaften Eglisau, Andelfingen, Neuamt und
Rümlang (364), der Herrschaft Greifensee (365) und die Bauern
aus Hausen, Heisch, Ebenschwil und Rifferswil (366), ihre Mißstimmung und Erregung in Klageschriften zusammen. Die Thesen-
papiere, die auf den Zwölf Artikeln, ergänzt durch lokale Beschwerden, beruhten, überreichten sie dem Rat der Stadt Zürich
oder den ihnen zugewiesenen Ratsverordneten.

Wie ihre große Vorlage begründeten die Klagesätze der Zürcher
Untertanengebiete ihre Wünsche und Forderungen durch das Evangelium. Deswegen beschloß der Zürcher Rat wie Kurfürst Ludwig V.
von der Pfalz, daß sein Urteil über die vorgelegten Artikel
durch eine Stellungnahme der Zürcher Prediger fundiert werden
solle. So kam es, daß im Mai 1525 unter der Federführung Zwinglis die drei Leutpriester Zürichs, Dr. Heinrich Engelhard, Leo
Jud und Ulrich Zwingli, ein Gutachten zu den Artikeln der Bauern
der Grafschaft Kyburg und ihrer Genossen ausarbeiteten. Die Abhandlung ist als eine indirekte, wohlwollende Kritik der Zwölf
Artikel zu bewerten.

Die Intention, die die Prediger mit ihren Vorschlägen an den
Rat verfolgen, ist Vermittlung. Bei prinzipieller Anerkennung
der bäuerlichen Vorstellungen werden an den einzelnen Punkten
die anstössigsten Forderungen gestrichen. Diese Taktik wird in
der Behandlung des Zehntenproblems sichtbar.

In dem Gutachten findet sich nur ein Passus, in dem auf den
Zehnten Bezug genommen wird. Gerade diese Notiz erweckte großes
Interesse. Sofort nach der Vorlage wurde sie vermutlich aus der
Erinnerung aufgezeichnet. Von den zwei Manuskripten, in denen
die Abhandlung der Leutpriester heutzutage existiert, ist die
zweite Handschrift daher allein eine Aufzeichnung der Zehntendiskussion (367).

In den Artikeln der Untertanen der Grafschaft Kyburg und
ihrer Genossen thematisierte der zweite Artikel die Zehntenfrage.
Die Bauern erklärten, "so wellent sie hinfür niemas, wer der syg,
dhein fal, gläss, ungnossami, lib- und roubstüren, noch dheinen
zehenden mer geben, anders dann korn, win, haber" (368). Die
Empfehlung der Leutpriester an den Rat bedeutet vom Ergebnis
her eine Reduktion der weitergehenden Absichten der Landleute,
in der Sache aber eine Anerkennung ihrer Forderungen, ohne daß
das grundsätzliche Problem des Zehnten erörtert wird. Gegen die
Zusicherung, daß der große Zehnte, unter den nach Auffassung der
Prediger Wein, Korn, Roggen, Weizen, Gerste, Hafer und Heu fallen, ohne Schwierigkeiten und Komplikationen eingesammelt und
abgeliefert wird, soll der Rat das Versprechen geben, sich um
die Ablösung des kleinen Zehnten zu bemühen (369). Angesichts

der folgenden Auseinandersetzung ist festzuhalten, daß bei der
Zusicherung des Rats an die Landschaft tatsächlich nur an eine
Absichtserklärung, nicht an eine Verordnung gedacht ist. Der
Rat bietet den Bauern nicht an, den kleinen Zehnten aufzuheben,
sondern seine Abschaffung, soweit es möglich ist, zu veranlassen.
Zum sechsten Artikel der Untertanen der Grafschaft Kyburg,
"dass man klöster-, gottshüser-, kilchen- und pfrundengüeter nit
hinweg füeren sölle, sonder daselbig, an jetlichem ort sins, be-
halten und da bliben, ob man dess(en), den armen oder sunst der
gmeind, notdurftig wurde, daß man das könnde angrifen" (370),
ist die Erwiderung der Leutpriester ebenso entgegenkommend. "Ob
aber ein kilchhöry den zähenden gern wölty zu iren handen lösen,
wöllend unsere herren darumb tag geben, was gwarsamy ein yeder
darumb habe, zu verhören und darinn geburlich handlen." (371)
Entscheidend ist für die Prediger, daß die Übernahme des Zehnten,
der als Hauptbestandteil der Kirchen- und Pfarreigüter zu gelten
hat, friedlich und ohne Gewalt geschieht. Dazu wird der Rat von
Zürich behilflich sein, indem er einen Gerichtstag festsetzt,
an dem Zehntpflichtige und Zehntherren zusammenkommen, um über
ihre jeweiligen Rechtsansprüche zu beraten. Die Forderungen der
Bauern werden nicht zurückgewiesen, sondern unter der Voraussetzung einer fundierten Rechtsgrundlage akzeptiert.
    Zwingli selbst scheint die Unzulänglichkeit des Zehnten-Rat-
schlags empfunden zu haben, in dem die prinzipiellen, mit dem
Zehntwesen verkoppelten Fragen nicht erörtert wurden. Vielleicht
aus diesem Grunde hat er der am 28. Mai 1525 erfolgenden Antwort
des Rats an die Bauern (372) ein Vorwort mitgegeben, in dem er
an konkreten Streitfragen allein das Zinsen- und Zehntenproblem
anspricht (373).
    In seinen Aussagen zum Zehnten-Thema konzentriert sich der
Zürcher Reformator auf einen Gesichtspunkt: auf die Tatsache,
daß jeder Käufer eines mit Zehnten belasteten Grundstücks für
diesen Grund und Boden einen geringeren Preis als den für ver-
gleichbares Land üblichen bezahlen musste. Der Zehnte wurde aus
richtigen Überlegungen eingeführt und dient seiner ursprünglichen
Intention nach einem guten Zweck. Der jetzige Mißbrauch ist nicht
zu leugnen, und es wird darauf ankommen, eine neue, reformierte
Ordnung des Zehntwesens aufzurichten - "dorumb sol man den missbruch abstellen und widrumb recht verwenden" (374) -, aber bei
jeder Einstellung der Zehntenzahlungen muß der Verkäufer, der
seinen Grund und Boden unter völlig anderen Bedingungen als den
nach der Auflösung des Zehnten gegebenen entäußert hat, entschädigt werden. Die Aussicht auf diesen 'Lastenausgleich' scheint
nach Zwinglis Meinung jeden potentiellen Demonstranten von
Zehntenverweigerungen abzuschrecken.
    Gegen eine vernünftige Reform des Zehntwesens hat Zwingli
nichts einzuwenden. "Das man die zehenden recht verwende an die
bruch und notturften, umb dere willen sy erstlich angesehen und
verwilligott sind, dahin sind wir träffenlich geneigt." (375)
Das Problem besteht darin, die Neuordnung der Zehntorganisation
so zu steuern, "das die zehenden zu ufenthalt der oberhand und
der gemeind verwendt werd" (376). An diesem Punkt gibt Zwingli
zu bedenken, daß viele Zehnten aus dem Gebiet Zürichs an fremde
Einnehmer überwiesen werden. Weil somit ein Wandel der Zehnt-

verfassung ohne außenpolitische Verwicklungen nicht vonstatten gehen kann, ist mit Gewalt und Zwang nichts zu erreichen. Der Zürcher Rat wird sich aber der Sache mit allem Nachdruck annehmen, um den Zehnten mit der Zeit seinen rechtmäßigen Empfängern, der Obrigkeit und der lokalen Kirchengemeinde, zuzuleiten.

Abgesehen davon, daß die Obrigkeit als legitime Zehntbesitzerin neben die christliche Gemeinde tritt, steht im ersten Zehntengutachten Zwinglis nichts anderes als in 'Wer Ursache gebe zu Aufruhr'. In den Wirren des Bauernkriegs hat der Zürcher Reformator festgehalten an der Strategie der Kommunalisierung des Zehnten, die mit vorsichtiger Diplomatie vorangetrieben werden muß.

Der Rat lud, nachdem er sich bei anderen Gemeinden erkundigt hatte, ob sie sich dem Vorgehen der Bauern der Grafschaft Kyburg und ihrer Genossen anschließen wollten (377), die politischen Vertreter und die Geistlichen der aufständischen Gemeinden auf den 22. Juni 1522 zu einer Tagung ein. Ausschließlich die Frage des Zehnten wurde erörtert. Durch aufrührerische Predigten ist der gemeine Mann zu der Überzeugung gekommen, der Zehnte sei nicht göttlichen Rechts und nicht mehr zu geben. Dagegen ist von Ulrich Zwingli, der ebenfalls anwesend war, "der länge nach erscheint und gelütrot worden, dass sölicher zehend von erstem guoter, frommer meinung ufgesetzt und doch nahin mit der zit in einen missbruch und böse ordnung kommen, und syg nit destminder ein ufrechte schuld, und möge sich niemas keiner unbild nit beklagen; es stande ouch einer oberkeit zuo, für und für zuo arbeiten und ein ufsechen zuo tragen, dass der zehend wider in einen rechten gang gebracht und an die notdurftigen verwendt werde" (378). Zwingli bejaht das Zehntwesen in einer auf der Basis der Gemeindesouveränität erneuerten Gestalt und fordert den Rat auf, in diesem Sinne für eine Neuordnung des Zehntsystems zu sorgen. Die Ratsherren versprechen daraufhin, über die Artikel der Bauern nachzudenken und zu überlegen, wie die Zehntorganisation verbessert und auf welche Zehnten verzichtet werden könne (379). In einem am 1. Juli 1525 erlassenen Mandat (380) schärfte der Rat den Landleuten ein, den kleinen Zehnten zu entrichten bis zu einer endgültigen Entscheidung, zu der die Ratsherren die Reflexionen und Urteile anerkannter Gelehrter einfordern wollte, nachdem die Bauern das Versprechen, sich um die Abschaffung des kleinen Zehnten zu kümmern, als Empfehlung verstanden hatten, den kleinen Zehnten nicht mehr abzuliefern.

Zu den anerkannten Gelehrten, deren Gedanken die Zürcher Obrigkeit erfahren wollte, gehörte Zwingli, obwohl es für andere, weniger bekannte Prediger in diesen erregten Zeiten nicht ungefährlich war, die Ideen des Leutpriesters am Großmünster vorzutragen. Am 12. Juli 1525 wird dem Rat von Landvogt Berger in Grüningen berichtet, daß der Pfarrer von Hombrechtikon verhaftet wurde (381). Der Geistliche hatte am 2. Juli 1525 in einer Predigt über den Zehnten seiner eigenen Darstellung nach die Zehntenkonzeption Zwinglis vertreten. Der Zehnte, der in seiner ursprünglichen Intention und Verfassung gut war, ist im Lauf der Kirchengeschichte verfallen. In einer erneuerten Gestalt ist das Zehntwesen wiederaufzurichten. Die Abgabe gehört in die Obhut der Gemeinde, die daraus den Pfarrherren und die Bedürftigen

versorgt. Im Unterschied zu Zwingli und im Einklang mit den
anderen oberdeutschen Reformatoren differenziert der Pfarrer
von Hombrechtikon zwischen Altem und Neuem Testament: Das Neue
Testament und das Evangelium binden die Christen in diesen
Fragen nicht. Wenn die Zehntrechte jedoch verbrieft und ver-
siegelt sind, müssen sie erfüllt werden. Der Zehntenverweigerung, die in einer Gemeindeversammlung in Hombrechtikon gefordert wurde, hat der Pfarrer widersprochen. Er will keinen Aufruhr und hat über das Zehntenproblem, über das er die Meinung
Zwinglis und anderer Theologen gehört hat, geschwiegen, bis die
gegenwärtigen Auseinandersetzungen ihn zu einer Stellungnahme
zwangen (382).

Während die Leute von Hombrechtikon, die ihren Pfarrer vor
der Verhaftung schützen wollten (383), zu einer Buße von 5 Pfd.
verurteilt wurden (384), hat Zwingli seine Auffassung dem Rat
mündlich vorgetragen. Das Konzept der Rede, die vor dem 14.
August 1525 gehalten worden sein muß, ist noch erhalten (385).
Neue Ideen stehen nicht darin. Neben dem Hinweis, daß der Rat
im Einklang mit dem erlassenen Mandat auf die weiterbestehende
Gültigkeit des kleinen Zehnten aufmerksam machen solle, empfiehlt Zwingli, an die freie Verkündigung des Evangeliums in
Zürich zu erinnern, für die man dem Rat nicht genug danken
könne. Mit diesem Schritt hat sich der Zürcher Magistrat bewährt
und ausgezeichnet. Wenn die Bauern gegen den pflichtbewußten Rat
rebellieren, ungehorsam und undankbar sind, wird Gott sie strafen. "Ingedenck sygind, das sy inen das euangelium mit so vil
muy und arbeit, für all ander stett und ort, fry zu predgen ge-
pflantzet habend. Und wo sölchs mit frävel undanckbargheit
übersehen wurd, sygind ir ungezwyflet, gott werde üch üwer trüw
geniessen lassen und alle ufrurigen straffen." (386)

Nicht mehr Bürgermeister und Ratsherren, sondern die Bauern
selbst sollen um die Aufhebung des kleinen Zehnten nachsuchen;
dem Rat war die Bitte um die Befreiung des Landvolks vom kleinen
Zehnten zu 'heiß' geworden. In allen übrigen Punkten wiederholt
Zwingli in knapper Form die Überlegungen und Ansichten, die er
schon früher entwickelt und vertreten hat. Das trifft genauso
zu für das abschließende Gutachten, mit dem der Zürcher Reformator das Mandat vom 14. August 1525 vorbereitete, die endgültige Entscheidung des Zürcher Rats über die Zehntenfrage. Im
Vergleich zu Luther, Melanchthon und Brenz, die unter dem Eindruck des Aufruhrs die Legitimation des gegebenen Zehntwesens
mit der Methode der Privatisierung anstreben, verläßt Zwingli
sogar unter den Belastungen des Bauernkriegs die für die oberdeutsche Reformation charakteristische Strategie der Kommunalisierung des Zehnten nicht.

Der erste Punkt des in fünf Teile gegliederten Gutachtens
betrifft die Frage, ob der Zehnte aus göttlichem Recht stamme.
Die 'übernatürliche' Herkunft des Zehntgebots lehnt Zwingli ab.
Der Zehnte, im Alten Testament verlangt, im Neuen Testament
nicht bestätigt, ist für das Volk Gottes nicht mehr gültig.

Im weiteren Verlauf seiner Darlegungen übernimmt Zwingli
seine Argumentation aus der Predigt vom 7. Dezember 1524. Er
begründet das Zehntsystem durch das kanonische Recht. Von seinen
Funktionen her ist die Berechtigung des Kirchenzehnten nicht zu

bestreiten. Er ist eine öffentliche Steuer zur Deckung der kirchlich-seelsorgerlichen Bedürfnisse der Gemeinde. "Die sind ufgesetzt mit gmeiner verwillgung aller völckeren und kilchhörinen, die zehend gebend, zu ufenthalt des pfarrers oder hirten und andrer armen." (387) Die Souveränität der Gemeinde zeigt sich in der Einwilligung in die Institution des Zehnten, die die Gemeinde gibt bzw. geben muß. Diese Zustimmung beweist, daß der Zehnte von großem Nutzen ist. Niemand würde sich gegen seine Einsammlung sperren, wenn die Gemeinde ihn selbst verwalten würde.

Problematisch am Kirchenzehnten ist allein die gegenwärtige Form. An den Mißständen, in die das Zehntwesen geraten ist, sind schuld Gottes Zorn, päpstliche Verantwortungslosigkeit, bischöfliche Pflichtvergessenheit und, 'last, but not least', die Fahrlässigkeit der Gemeinde, die die Entfremdung des Zehnten zugelassen hat, "dann die kilchenzehenden sind, vorus by den alten, von iren kilchen nit verwandlet on ünserer vorderen offne verwilligung" (388). Die jetzigen Bezieher des Zehnten können Dokumente und Urkunden, Brief und Siegel vorweisen, die den rechtmäßigen Besitz dieser Abgabe belegen. Aufgrund des mittelalterlichen Rechtsdogmas der Heiligkeit geschlossener Verträge ist erwiesen: Die heutige Gemeinde ist verpflichtet, den Zehnten an die vertraglich eingesetzten und rechtlich befugten Empfänger abzuliefern. In unumstößlichen und unabänderlichen Kontrakten hat die Gemeinde, die verfassungstheoretisch die legitime Zehntherrschaft innehat, auf ihr Recht verzichtet. Ohne Schwierigkeiten kann sie die verlorengegangenen Einnahmen nicht zurückfordern.

Mit Hilfe dieser Überlegungen, deren Zusammenhang mit früheren Darstellungen, besonders mit 'Wer Ursach gebe zu Aufruhr' offenkundig ist, kann Zwingli seine zusammenfassende Beurteilung des Zehntenproblems formulieren. Seine Position, in der die positiv-rechtliche Begründung des gegenwärtigen Zehntsystems reflektiert wird, erläutert der Zürcher Reformator in drei Punkten: Erstens ist der Zürcher Rat die rechtmäßige Obrigkeit, der die Zürcher Untertanen schuldigen Gehorsam zu leisten haben; zweitens haben die Untertanen, wenn sie christlich und nicht wider Gott handeln wollen, dem Urteil der Obrigkeit zu folgen, daß der Zehnte aufgrund der gegebenen Rechte legitimerweise abzuliefern und zu bezahlen ist; drittens besagt das Landrecht, daß eine Abgabe, die jahrhundertelang eingesammelt worden ist, gewohnheitsmäßig weiter erhoben werden muß. Diese Regel gilt, selbst wenn der Zehnte nicht aus Gottesfurcht, Liebe und Fürsorge eingerichtet worden wäre.

Trotz der juristischen Probleme wird der Zürcher Rat, der im Zug der Reformation schon viele Verbesserungen eingeführt hat, aber versuchen, die ursprüngliche und legitime Verwendung des Zehnten wiederherzustellen. Der Rat ist der Gemeinde dafür verantwortlich, daß eine Organisation des Zehnten aufgerichtet wird, in der die Gemeinschaft der Gläubigen die Souveränität besitzt. "Nachdem aber und sölche ding unfgericht und die geistlichen abgestorben sind, wellend wir üns in den zehenden, die in ünserem gwalt stond, ya so geschicktlich halten, das ir all sehen werdend, das wir me üwrem und der armen nutz weder üserem nachtrachtend, ouch in den zehenden, die wir billich allein söltind ynnemen." (389)

Zwingli konstruiert das Verhältnis von 'Staat' und 'Kirche' so, daß aufgrund der geschichtlichen Entwicklung die Kirchengemeinde als höchste Instanz dem Magistrat die Verantwortung für die Reformation der kirchlichen Angelegenheiten übertragen hat. Die starke Hand der Obrigkeit ist notwendig, um die Gemeinde aus dem jetzigen Übergangsstadium in die verbesserte, erneuerte, reformierte Kirchenordnung zu führen. Die Schwäche der Zwinglischen Konzeption liegt darin, daß das Ende der Transformationsperiode nicht festgelegt ist. Im Zürich Zwinglis ist die Autonomie der Kirchengemeinde gegenüber dem Magistrat, der weltlichen Gewalt, nicht gesichert, was durch den kirchenpolitischen 'Rückschritt' Zürichs nach 1525, ganz bestimmt nach 1531 bestätigt wird. Erst Calvin ist in langen und erbitterten Kämpfen der welthistorische Durchbruch gelungen, die Unabhängigkeit der christlichen Ortsgemeinde gegenüber der weltlichen Herrschaft, auch wenn sie auf deren Hilfe angewiesen blieb (390), durchzusetzen und damit die kirchengeschichtliche Vorform des modernen Verfassungsstaats zu schaffen. Nicht Zwingli, sondern Calvin hat die Verwirklichung der Gemeinde-Reformation erreicht.

4. Die Auseinandersetzungen in Memmingen

Christoph Schappeler, der Memminger Reformator, hat die Frage des Zehnten oft, aber nicht umfassend erörtert. Dennoch hat er von allen oberdeutschen Reformatoren den Bauernkrieg, die Bewegung, deren Zusammenhang mit der Reformation wir zu reflektieren und zu verstehen suchen, am nachhaltigsten beeinflusst.

Schappeler, 1472 in St. Gallen geboren, predigte seit 1513 an der St. Martins-Kirche in Memmingen. Schon vor dem Ausbruch der Reformation kam es in der freien Reichsstadt zu Auseinandersetzungen um den temperamentvollen Doktor der Theologie, der 1516 im Rat angegriffen wurde, weil er in einer Predigt erklärt hatte, die Reichen würden die Armen ausbeuten (391). Genauso kritisch äußerte sich Schappeler fünf Jahre später, als er den Obrigkeiten vorwarf, sie straften die Reichen nicht so streng wie die Armen. Diese Behauptung rief wiederum den Unwillen des sich getroffen fühlenden Rats hervor, der allerdings anschließend im persönlichen Gespräch den beherzten Prediger schonend behandelte (392).

Zwischen 1516 und 1521 hatte sich Schappeler, vermutlich im Jahre 1520, der reformatorischen Bewegung angeschlossen. Er stand in engem Kontakt zu Zwingli; aufgrund der guten Beziehungen wurde ihm 1523 die Ehre zuteil, auf der zweiten Zürcher Disputation zusammen mit Joachim Vadian und Sebastian Hoffmeister das Präsidium der Versammlung zu bilden. In Memmingen fand die evangelische Predigt begeisterten Widerhall. Daß die finanziellen Auswirkungen bald sichtbar wurden, zeigt die Klage des Pfarrers an der Kirche zu Unserer Lieben Frau, er leide an seinen Pfarreinkünften merklich Schaden "von des Luthers wegen" (393).

Im Unterschied zur St. Martins-Kirche war die Kirche zu Unserer
Lieben Frau die Kirche der niederen Volksschichten. Die Klage
des Gemeindepfarrers zeigt, daß Schappeler nicht nur vor seinen
Gemeindegliedern predigte. Er redete auch nicht allein zu Memminger Bürgern, sondern ebenso zu vielen Menschen aus der Umgebung der oberschwäbischen Stadt, die zu den Predigten des
volkstümlichen Prädikanten strömten.

Im Lauf dieser stürmischen Jahre wurde Schappeler bei seinem
kirchlichen Vorgesetzten, Christoph von Stadion, Bischof zu
Augsburg, mehrfach verklagt. In einer Beschwerde des Procurator
fidei wird im Januar 1524 die Zehntenpredigt Schappelere untersucht, wobei der Memminger Prediger wörtlich zitiert wird. Nach
der Angabe des Prokurators hat er behauptet: "Man sey nit schuldig, den zechenden ze geben bey einer todsünd." (394) Desglei-
chen eröffnete der Memminger Reformator in derselben Predigt am
6. Dezember 1523, die Laien seien eigentlich gelehrter als die
Priester. Es werde die Zeit kommen, in der die Pfarrer bei den
Laien in die Lehre gehen würden. Diese Ausführungen wurden mit
harten Beschuldigungen gegen die pflichtvergessenen Kleriker
gekoppelt (395).

Die herausgegriffenen Zitate sind trotz ihres fragmentari-
schen Charakters aufschlußreich. In den knappen Aussagen finden
sich immerhin die Kriminalisierung der päpstlichen Priester, die
Aufforderung, den Zehnten nicht mehr an die 'Räuber und Diebe'
abzuliefern, zumindest den Streik nicht als Todsünde zu betrachten, und die Kommunalisierung des Zehnten, angedeutet in der
Gleich-, ja Überordnung der Laien über die Priester. Trotz Ver-
kürzung und Verstümmelung sind die Grundgedanken der Zehnten-
Auffassung der oberdeutschen Reformation wiedergegeben.

Die Zehntenpredigt Schappelers, die er wie alle Gemeinde-
Reformatoren mehr als einmal in seinem Leben gehalten hat, fiel
in Memmingen und Umgebung auf fruchtbaren Boden. Im Juli 1524
folgte auf diese Reden der erste, größere Konflikte ankündigende
Zehntenstreik, in dem sich zwei Dörfer aus dem Umkreis und
mehrere Bürger weigerten, den fälligen Zehnten zu entrichten.
Die Vorgänge ähneln den geschilderten Zehntendemonstrationen in
Straßburg und im Zürichbiet. Nur die Berufung auf den Reformator
ist direkter, denn die protestierenden Bauern und Bürger erklären, "sie hören alle sagen, können es auch aus der h. Schrift
nicht finden, dass sie den Zehnten zu geben schuldig seien" (396).
Wer kommt hier als Lehrer und 'Sager' außer Schappeler in Betracht?

Die Beilegung der Zehntenverweigerungen endete mit einer
schweren Niederlage des Rats. Zunächst vermochten die Ratsherren
mit außenpolitischen Bedenken, d.h. mit Hinweisen auf die pre-
käre Stellung einer 'Stadtregierung', der mächtige Territorialfürsten immer wieder die mangelnde Herrschaft über ihre 'Untertanen' vorwarfen, alle aktionsfreudigen Bürger zu überzeugen -
außer dem Bäckermeister Hans Heltzlin, einem der Vorsitzenden
der späteren Memminger Disputation, der standhaft bei seinem
Protest blieb. Als der Rat daraufhin Hans Heltzlin ins Gefäng-
nis warf, bracht ein Volksaufruhr los.

Die Demonstranten verlangten vordringlich die Freilassung
Hans Heltzlins, beschäftigten sich aber auch grundsätzlich mit

der Frage des Zehnten und der Zehntenverweigerung. Die aufgebrachten Bürger verlangten erstens, daß jeder, der bei derartigen Angelegenheiten "sein Recht erbiete", d.h. sich verantworten und rechtfertigen könne, nicht verhaftet werden dürfe. Die Forderung bedeutete einen unumschränkten Schutz für Zehntenverweigerungen, wie in der anschließenden Diskussion mit dem Rat noch einmal klargestellt wurde. Zweitens wünschten die auf dem Marktplatz Versammelten, daß das Problem des Zehnten und der anderen Belastungen, die der Gemeinde auferlegt seien, zwischen Pfarrer und Gemeinde geregelt werden solle, ohne daß der Rat in die Dispute eingreife und ein Urteil fälle. Drittens forderten die protestierenden Bürger ein baldiges 'Religionsgespräch', das beliebteste Mittel zur Durchsetzung der Reformation.

Der Demonstration war ein nahezu vollständiger Erfolg beschieden. Hans Heltzlin wurde, für die Obrigkeit besonders demütigend, ohne Urfehde freigelassen. Der zwei Tage später folgende Versuch, zusammen mit den Zünften und den Elfern, den Vertretern der niederen Zünfte und der Gemeinde, die aufrührerischen Bürger zum Einlenken zu bewegen, schlug fehl. Sechs der zwölf Zünfte nahmen die Forderungen der Demonstranten auf und faßten unter anderem den Beschluß, daß alle geistlichen Abgaben, also auch die Zehnten, im direkten Gespräch zwischen Pfarrer und Gemeinde besprochen, geklärt und festgesetzt werden sollten. Die Obrigkeit musste erkennen, daß sie künftig die Stadt nur noch im Einvernehmen mit den Elfern und der Gemeinde regieren konnte.

In einer Abschrift aus dem 18. Jahrhundert ist uns ein Zehnten-Gutachten aus Memmingen überliefert. Friedrich Braun, der diese Abhandlung 1889 ediert hat, datiert dieses Gutachten in die Zeit der Juli-Unruhen 1524 und plädiert für die Verfasserschaft Schappelers (397).

Die Stellungnahme zum Zehnten, die nach Friedrich Braun vom Memminger Rat bei Schappeler angefordert worden war (398), enthält die charakteristischen Züge der Zehntenkonzeption der oberdeutschen Reformatoren. Das Problem, wie der Christ auf die gewaltsame Zehnteneintreibung zu reagieren hat, steht im Mittelpunkt der Ausführungen. Ausgangspunkt der Frage ist aber die Unrechtmäßigkeit der geistlichen Zehnten, die Schappeler in den beiden ersten Absätzen des Gutachtens klar und eindringlich herausgearbeitet hat.

Angesichts der Sach- und Rechtslage im Zehntwesen könnte der Christ behaupten: "So will ich kainen Zehenden geben, dieweil ich jn nit schuldig bin." (399) Gegen diesen einfachen Schluß, den der Memminger Reformator nicht als falsch und unrichtig bezeichnet, wendet der Verfasser des Gutachtens ein, daß christliches Verhalten am Neuen Testament orientiert sein müsse. Selbst bei ungerechten Verhältnissen liege die Aufgabe der Christen nicht im Handeln, sondern im Erleiden. Der Christ hat den Mantel zu lassen, wenn man den Rock von ihm fordert. Er hat den Zehnten abzuliefern, obwohl die Einnahme des Zehnten Tyrannei und 'Antichristentum' bedeutet. "Gibst jm den Zehenden also, so thust Recht wie ein Christ auss gehorsam ... jn der gebung und Er wie ain wider Christ und Tyran in der nemung." (400)

Neben dieser Mahnung zur Gewaltlosigkeit, die Hedio, Zwingli und andere oberdeutsche Reformatoren ebenfalls vorbringen, verwendet Schappeler dieselben Methoden wie die übrigen Gemeinde-Reformatoren. Er beginnt seine Darlegungen mit der Methode der Trennung des Alten und des Neuen Testaments. Der Zehnte, gedacht als Mittel, den Lebensunterhalt des aaronitischen Priestertums zu gewährleisten, gehört unter die Bestimmungen des Zeremonialgesetzes. Nachdem das Zeremonialgesetz, seiner 'eigentlichen' Intention nach eine Antizipation des Künftigen, durch das Kommen Christi erfüllt ist, entfällt die Pflicht, den Zehnten weiter zu entrichten. "Suma sumarum, Christus der Ewig priester des Rechten Ewigen geistlichen priesterthumbs hat abgelaint das figurlich und Eusserlich zergenglich Aaronisch priesterthumb mit allen seinen ampten, also das alle die jn jne glauben, mit jm durch den geist gottes gesalbt und von allen priesterlichen oder Levitischen Pflichten ausserlich entpunden sein." (401)

Trotz der klaren Aussagen des Neuen Testaments ist die Organisation des Zehnten wieder in die christliche Kirche eingeführt worden. Schappeler findet für das Problem die Lösung aller oberdeutschen Reformatoren. Nach der Geschichtsauffassung, die in den Kreisen der Gemeinde-Reformation gültig war, ist es den Prälaten gelungen, die Verfassung der Urgemeinde in ihr Gegenteil zu verkehren, so daß trotz der Befreiungstat Christi der heutige Christ den längst abgeschafften Zehnten weiterhin zu zahlen hat. Im Lauf der Kirchengeschichte haben sich die Prediger, die im Grunde nur Lehrer der Gemeinde sein können, von den Laien abgesondert und die Allüren des beseitigten Priestertums angenommen. Zur Aufrechterhaltung ihres prächtigen Lebensstils mussten sie den abgelösten Zehnten erneut verlangen.

Den Schluß des Gutachtens bilden Angriffe auf die Kleriker der römischen Kirche. Die Prälaten haben mit ihren Zehntenforderungen die Bauern betrogen und ausgebeutet. Sie hätten sie gar verhungern lassen, "so got mit seinen gnaden nit khumen wär und het die landt und leutfresser gestilt und jren Unersettlichen rachen mit seinem Wort gestopft" (402).

Anders als der geistliche Zehnte steht bei Schappeler wie bei allen oberdeutschen Reformatoren der an weltliche Gruppen geleistete Zehnte außerhalb der Kritik. Von Adligen oder Spitälern (als Vertretern der Armen und Kranken) kann angenommen werden, daß sie den Zehnten zu Recht erkauft und erworben haben. Ihnen den Zehnten zu verweigern, bedeutet, der Obrigkeit zu widersprechen und die Rechtskraft obrigkeitlicher Urteile zu bezweifeln. Schappeler empfiehlt, den Bauern zu erzählen, wie die Ägypter zu den Zeiten Josephs ohne Murren den Fünften ihrer Feldarbeit dem Pharao abgeliefert haben. Diese Predigt rennt offene Türen ein, da der Zehnte an weltliche Kreise, an Obrigkeiten oder Außenseiter der Gesellschaft, nicht in dem Maße wie der geistliche Zehnte den Demonstrationen der Bauernschaft ausgesetzt war. Insgesamt fügt sich Schappelers in den Juli-Tagen 1524 abgefasstes Zehnt-Gutachten mit seinen Prinzipien und seiner Ermahnung zur Gewaltlosigkeit in die Zehntenauffassung der oberdeutschen Reformatoren ein.

Das geforderte Religionsgespräch kam nach einem weiteren Zwischenfall, der die Stimmung in der Stadt auf den Siedepunkt getrieben hatte, am 2. Januar 1525 zustande. Weihnachten 1524 brachen in der Kirchen zu Unserer Lieben Frau, in der Pfarrer Jakob Megerich wie eh und je die Messe gelesen hatte, Tumulte aus, nachdem Gottesdienstbesucher die Einführung des evangelischen Abendmahls und die Abschaffung der Messe verlangt hatten. Unter Druck erklärte Jakob Megerich, der hartnäckigste Vertreter des alten Glaubens in Memmingen, sich bereit, mit Schappeler zu disputieren und damit das im Juli 1524 gewünschte Religionsgespräch zu ermöglichen.

Schappeler stellte für die Diskussion sieben Thesen zusammen, die ihm den Sieg über seine Gegner bescherten. Die katholischen Geistlichen, die konstatierten, sie könnten Schappelers Ansichten weder akzeptieren noch widerlegen, mußten mit dieser Kapitulationserklärung Schappelers Überlegenheit anerkennen.

Die Frage des Zehnten behandelt die dritte These. "Den Zehnten aus göttlichem Rechte zu geben, wisse das Neue Testament und das Gesetz nicht zu sagen" (403), lautet die knappe Aussage. Die Kürze der Stellungnahme ist nicht verwunderlich, denn Schappelers Entfaltung der Zehntenkonzeption war der feierlichen Disputation vorbehalten, zu der die Artikel nur Anstoß und Impuls liefern sollten. Allem Anschein nach wollte der Memminger Reformator die Methode der Trennung des Alten und des Neuen Testaments benutzen. Der Zehnte ist nicht aus göttlichem Recht herzuleiten, weil das Alte Testament, das Gesetz, in diesem Punkt für Christen nicht mehr gültig ist. Nach der Unterscheidung der beiden Testamente wird Schappeler eine reformierte Zehntordnung vorgeschlagen haben, nach der der Zehnte unter der Souveränität der Gemeinde zur Unterstützung der weltlichen Obrigkeit, der Prediger, die rein, klar und lauter das Wort Gottes verkündigen, und der Armen eingesammelt und ausgeteilt wird. Doch wird darüber in der These selbst nichts ausgesagt.

Trotz seines Erfolges konnte der Sieger der Disputation vom 2. Januar 1525 seine Vorstellungen beim Rat nicht durchsetzen. Die vorsichtigen Ratsherren beschlossen, vor der Durchführung kirchlicher Reformen Gutachten bekannter Theologen einzuholen.

Einer der beiden Theologen, dessen Bemerkungen zu den sieben Thesen Schappelers erhalten geblieben sind (404), war der damals in Augsburg (405) lebende Reformator Urbanus Rhegius. Rhegius, 1498 in Langenargen bei Lindau am Bodensee geboren, war 1520/21 als Prädikant in Augsburg immer mehr zum überzeugten Anhänger der Reformation geworden. Wegen seines Einsatzes für die neue Lehre musste er im Dezember 1521 die Reichsstadt verlassen und kam nach Zwischenaufenthalten in seiner Heimat und in Tettnang nach Hall in Tirol als Nachfolger Strauß'. 1524 kehrte der populäre Theologe als Prediger an die St. Anna-Kirche nach Augsburg zurück. In dem wirtschaftlich und politisch bedeutenden Gemeinwesen erwarb Rhegius die Führung unter den reformatorisch Gesinnten.

An diesen Mann wandten sich die Memminger Ratsherren, die in der Frage der kirchlichen Reformen unsicher und unentschlossen nach entscheidenden Gesichtspunkten suchten. In seiner Stellungnahme zum Zehntenproblem verfolgt der Augsburger Prädikant dieselben Ziele wie alle Gemeinde-Reformatoren. Er will das Vorgehen der Zehntverweigerer rechtfertigen, indem er die bisherigen Zehntempfänger angreift und eine rechtmäßige, legitime Gestalt des Zehntwesens fordert.

Die grundsätzlichen Fragen sind zu dem Zeitpunkt geklärt, an dem Rhegius sein Gutachten verfasst. Der Prediger an der St. Anna-Kirche muß nur noch die Stichworte nennen, um seine von allen oberdeutschen Reformatoren geteilte Zehnten-Auffassung deutlich zu machen. Den unrechtmäßigen Zehntenempfang der Bischöfe und Domherren, Mönche und Nonnen stellt Rhegius her, indem er die biblische Begründung des Zehntgebots aufhebt. Das aaronitische Priestertum ist durch den neuen Bund, in dem zwischen Gott und Mensch kein Priester mehr vermittelt, abgeschafft. An seine Stelle sind die Diener der Gemeinde getreten, die der Gemeinde das Wort Gottes verkündigen und mit der Tat der Liebe dienen. Alle, die nicht das Evangelium predigen oder das Amt des Diakonen versehen, werden vom Genuß der Gemeinde-Steuern, d.h. vom Genuß des Zehnten, ausgeschlossen. "Welche nit das Euangelium predigen und Diacon Stand halten, denen ist man nichts schuldig, dann was frye liebe thut." (406)

Für Rhegius steht die Kommunalisierung des Zehnten fest. Alle geistlichen Abgaben gehören der Gemeinde als verfügungsberechtigter Instanz. Sie muß aus den Erträgen die Funktionsträger, Prediger und Diakone, unterhalten, ohne durch diese Leistungen ihre Souveränität und Finanzhoheit zu verlieren.

Die weiteren Ausführungen Rhegius' bewegen sich in diesem Rahmen. An Zehntenempfängern, deren Recht auf den Zehnten nicht zu bezweifeln ist, nennt der Augsburger Prediger die weltliche Obrigkeit, an die die Zehnten nach Landesbrauch und nach menschlicher Satzung entrichtet werden, und die Armen und Bedürftigen. Der für Memmingen, in dem ein großes und bedeutendes Spital zum Heiligen Geist stand, besonders wichtige Spitalzehnte ist auch in Zukunft abzuliefern, weil er die Unterstützung kranker und alter Menschen dient, "die vor kranckheit und allter ir brot nit mögen gewinnen" (407). Diesen Zehnten zu verweigern, ist nicht erlaubt.

Falls bei der Organisation des für die Außenseiter der Gesellschaft bestimmten Zehnten Mißbräuche eintreten, ist die weltliche Gewalt gehalten, für die Abstellung der Fehlentwicklungen zu sorgen. Auf beiden Seiten, auf der Seite der Obrigkeit und auf der Seite der Untertanen, soll christliche Treue und das Wohl des Nächsten bedacht werden. Weder die Zehntgeber noch die Zehntnehmer sollen Nachteile und Unbilligkeiten erleiden.

Auch die Prediger tragen dafür Verantwortung, daß das Zehntwesen geordnet wird. Sie sollen beiden Parteien vor Augen führen, was in ökonomischen Angelegenheiten billig und recht ist. Die Zehntgeber sollen das besonders von Zwingli gern zitierte Gebot erfahren, jedermann zu geben, was man ihm schuldig ist (Röm 13,7), und die Zehntnehmer sollen darauf sehen, daß nicht brüderliche Liebe übertreten werde. Niemals darf die christliche Freiheit zu fleischlichem Nutzen mißbraucht werden.

Die Gedanken Rhegius' gehören in die Zehntenauffassung der oberdeutschen Reformation. Während Zehntlieferungen an weltliche 'Stände' geboten bleiben, werden die bisherigen geistlichen Zehntempfänger 'illegitimiert'. Die Souveränität und Finanzhoheit

der lokalen Gemeinde wird herausgestellt, der das Verfügungsrecht über den Zehnten - und alle anderen kirchlichen Abgaben
- zukommt.

Der Kreis, an den Rhegius das Gutachten sandte, war begrenzt.
Aber derartige Ideen hat der Augsburger Prediger nicht nur einmal in diesem Schreiben referiert, sondern des öfteren in seinen
Predigten geäußert und eingeschärft. Ohne direkt zum Kampf an-
zustoßen, werden in diesen Reden die Grundlagen für den Bauernkrieg gelegt, indem die Autonomie und Selbständigkeit der Gemeinde hervorgehoben und die Änderung der kirchlichen und gesellschaftlichen Verhältnisse vorgezeichnet wird.

Neben Urbanus Rhegius wurde der Ulmer Reformator Konrad Sam
vom Memminger Rat angeschrieben und um eine Stellungnehme zu den
sieben Thesen Schappelers gebeten. Sam, im selben Jahr wie
Luther in Rottenacker bei Ehingen an der Donau geboren, war im
Jahre 1520 als Prediger in Brackenheim für die Reformation gewonnen worden. 1524 wurde er als Anhänger Luthers aus dem damals
von den Habsburgern verwalteten Herzogtum Württemberg ausgewiesen. Er zog in die reiche und in Schwaben politisch führende
Reichsstadt Ulm, in der ihm die Prediger-Stelle am Ulmer Münster
übertragen wurde. Wegen seiner energischen Angriffe auf den alten
Glauben und die alte Kirche wurde er der Führer der evangelischen
Bewegung in Ulm. Daß Sam auch in der Umgebung Ulms Ansehen und
Autorität gewann, zeigt die Tatsache, daß ihn der Memminger Magistrat ein Jahr nach seinem Eintreffen in der Reichsstadt neben
Urbanus Rhegius um eine Beurteilung der Anschauungen Schappelers
und um Vorschläge zur Lösung der durch die reformatorischen Bestrebungen aufgeworfenen Probleme ersuchte.

Sams Antwort auf die Zehntenfrage (408) ist knapp. In Übereinstimmung mit den Prinzipien der Gemeinde-Reformation greift
er den Zehnten als Privateinnahme an, wohingegen er den Zehnten
als Steuer verteidigt und seine Einsammlung und Austeilung unter
den Schutz der Obrigkeit stellt. Die Privatisierung des Zehnten,
das Endergebnis der Zehntgeschichte im Spätmittelalter, wird bei
Sam ersetzt durch die Konzeption der Kommunalisierung.

Da der Zehnte unter die Verbindlichkeiten des Zeremonialgesetzes zu ordnen ist, kann der vom Gesetz befreite Christ nicht
mehr gezwungen werden, den Zehnten zu entrichten. Wenn es ohne
große Unruhe und Empörung möglich ist, soll jedes Gemeindeglied,
das bisher den Zehnten bezahlt hat, seine Freiheit gebrauchen,
mit anderen Worten: den Zehnten verweigern. "Weil wir aus göttlichem Rechte in dem neuen Testamente als frey von dem Gesetz
Gal. 4 zu dem Zehenden nicht mögen gezwungen werden, so könne
jeder, wann es ohne grosse Empörung sich thun lasse, sich dieser Freyheit gebrauchen." (409) Insofern der Ulmer Reformator
wie der Straßburger Prediger Hedio (410) derartige Gedanken
nicht nur in einem mehr oder weniger geheimen Gutachten, sondern
auch in öffentlichen Predigten geäußert hat, ist er als einer
der Wegführer zum Zehntenstreik und zum Bauernkrieg anzusehen.

Der Zehnte, den die Vereinigung der Christen zur Deckung
ihrer eigenen Bedürfnisse verlangt, ist rechtmäßig. Entschei-
dender Bezugspunkt der einzuführenden Zehntorganisation ist die
Gemeinde. Ihr sollen die Einkünfte aus dem Zehnten zufließen.
In Beantwortung der Memminger Anfrage erklärt Sam: "Wo aber

einer gantzen Gemein ein grosser schade hierdurch zu stehen
möchte, da man ihn nicht gebe, so solle man ihn geben. Wann nun
grosse Zerrittung und mercklicher Schade dem Volck dardurch zu-
wachsen sollte, so stehe es der Obrigkeit zu, hierinn keine
Neuerung vorzunehmen, ja, es solle ein jeder Christ dieses
Sinnes seyn, daß er lieber den Zehenden gebe als durch die
Unterlassung seinem Nächsten Schaden zufüge." (411)
Der Christ soll seine Freiheit gebrauchen gegenüber dem
mosaischen Gesetz, gegenüber dem durch das Evangelium aufge-
lösten Zehntwesen der römischen Kirche. Der Zehnte als Steuer
der Gemeinde dagegen wird um der Nächstenliebe willen gefordert.
Sobald die christliche Versammlung den Zehnten erhebt und verwaltet, bedeuten Zehntenverweigerung und -streik Mißachtung und
Beleidigung der Gemeinde und des Nächsten. Der wahre Gläubige
unterläßt derartige Handlungen, weil er seinem Mitmenschen nicht
schaden, sondern helfen will. Er verzichtet darauf, seine Freiheit lieblos anzuwenden, und liefert der Gemeinde den Zehnten
ab. Die Obrigkeit ist zum Eingreifen berechtigt, wenn die Gemeinde - nicht die Hierarchie! - durch Zehntenverweigerungen Nachteile erleidet.
Im übrigen rät der Ulmer Reformator zur Vorsicht (412). Die
zur Zurückhaltung mahnenden Äußerungen können aber nicht ver-
decken, daß der Theologe den Umsturz vorbereitet. Schließlich
ist in seinem Gutachten zu lesen, daß die derzeitige Gestalt
des Zehntwesens illegitim und eine neue Form der Zehntverfassung
mit der Gemeinde als Mittelpunkt, Souverän und Nutznießerin
notwendig sei. Beide Gedanken, die der Ulmer Reformator sicher
auch in seinen Predigten ausgesprochen hat, genügen, um Menschen,
die für ihre Autonomie und Unabhängigkeit kämpfen wollen, zum
Handeln zu bewegen.
Die nächste schriftliche Äußerung Schappelers zur Zehntenfrage führt bereits in den Bauernkrieg, dessen Zentrum zu Beginn,
im Februar und März 1525, in Memmingen lag. Wie GÜNTHER FRANZ
wahrscheinlich gemacht hat (413), war Schappeler zusammen mit
dem Kürschnergesellen und Laientheologen Sebastian Lotzer Verfasser des berühmtesten Bauernkrieg-Dokuments, der Zwölf
Artikel.
Sebastian Lotzer (414) ist wie Rouget de Lisle, der Autor
der Marseillaise, der Mann EINES Textes, der Zwölf Artikel. Das
Anfang März 1525 in Memmingen verfasste und herausgegebene Manifest, nach eigener Bekundung "Die grundlichen und rechten Haupt-
artikel aller Baurschaft und Hindersassen der gaistlichen und
weltlichen Oberkaiten, von wölchen si sich beschwert vermeinen",
ist geistesgeschichtlich der Höhepunkt des Bauernkriegs von
1524/25. Über den Autor wurde lange gerätselt. Neben anderen
Urhebern brachten schon die zeitgenössischen Historiographen
Thomas Müntzer und Balthasar Hubmaier ins Spiel. Mit großer
Wahrscheinlichkeit stellen die Zwölf Artikel jedoch ein Gemein-
schaftswerk des Memminger Stadtpredigers Christoph Schappeler
und des Kürschnergesellen Sebastian Lotzer dar.
Lotzer, geboren in Horb, war 1523 nach den üblichen Wander-
jahren eines Gesellen nach Memmingen gekommen. Der fromme, in
der Heiligen Schrift gut bewanderte Laie, der an der Ausbreitung
der Reformation großen Anteil genommen hatte, stieß in der ober-

schwäbischen Reichstadt zu Schappeler und dem Kreis, der sich um den Prediger geschart hatte. Der literarisch nicht besonders gebildete Handwerker griff in den aktuellen Kampf mit heute weitgehend unbekannten Flugschriften ein. In seiner letzten Veröffentlichung vor den Zwölf Artikeln, in 'Die Entschuldigung einer frommen, christlichen Gemeinde zu Memmingen' verteidigte Lotzer nach den Unruhen im Weihnachtsgottesdienst in der Kirche zu Unserer Lieben Frau die Memminger Gemeinde durch die Erklärung, in Memmingen würde nichts anderes begehrt als das, was göttlich und recht ist - "dann ain ersame gmaine begert nichts anders, dann was götlich und recht ist" (415).

Der reale Beginn des Bauernkriegs von 1524/25 liegt in der Entstehung des Baltringer Haufens. Nach dem Weihnachtsfest 1524 hatten sich in dem kleinen Dorf Baltringen bei Leipheim jeden Donnerstag einige Bauern getroffen, um die Zeitläufte zu besprechen. Anfang Februar 1525, in der beginnenden Fastenzeit, gingen sie über den lokalen Rahmen ihres Dorfes hinaus und zogen von Nachbarort zu Nachbarort. Aus der kleinen Gruppe von sechs oder sieben Bauern wurde bald eine mehrfache Hundertschaft. Aus Furcht, daß ihre Zusammenrottung als Aufruhr und Rebellion verstanden werden könnte, suchten die überraschten Bauern einen sprachgewandten, redekundigen Führer, der ihre dumpfe Mißstimmung in Worte fassen konnte. Sie fanden ihren Mann in Ulrich Schmid aus Sulmingen, der sich nach eigener Darstellung nicht aus egoistischem Interesee, sondern aus Gefälligkeit an die Spitze des Bauernverbands setzte.

Ulrich Schmid, dessen Bedeutung im Bauernkrieg meistens unterschätzt wird, entwickelte in der dritten Verhandlung mit den Gesandten des Schwäbischen Bundes am 27. Februar 1525 die kühne Idee, den aufgebrochenen Konflikt nicht auf dem herkömmlichen Weg des alten Rechts und des Kammergerichts, sondern auf der ungewöhnlichen Bahn des göttlichen Rechts und der Heiligen Schrift zu schlichten (416). Dieser Durchbruch verwandelte den von Ulrich Schmid geführten Baltringer Haufen aus einer Vereinigung, die partikuläre Mißstände abzustellen suchte, in eine Bewegung, die das allgemeine Problem der Legitimation menschlicher Herrschaft klären wollte.

In der Woche nach der Zusammenkunft wandte sich der Bauernführer nach Memmingen. Er wollte, nachdem er die Auseinandersetzung aus einem traditionellen Bauernaufruhr zu einem weltanschaulichen Konflikt erhoben hatte, in dem geistigen Zentrum Oberschwabens die Namen der 'Richter' erfahren, die geeignet wären, den Streit auf der neuen Basis des göttlichen Rechts der Heiligen Schrift zu entscheiden.

Neben dieser Aufgabe setzte sich Ulrich Schmid ein zweites Ziel. Den Vertretern des Schwäbischen Bundes waren bei der zweiten Zusammenkunft am 16. Februar 1525 ungefähr 330 in sich ungemein vielfältige Beschwerdeschriften der Dörfer des Baltringer Haufens überreicht worden. Diese divergenten Forderungen waren in ein gemeinsames Programm umzusetzen, damit die Gespräche mit den Repräsentanten des Schwäbischen Bundes auf eine einheitliche Grundlage gestellt werden konnten. Doch Ulrich Schmid betrachtete sich nicht als den geeigneten Mann für diese Aufgabe, sondern hoffte, in Memmingen einen gewandten Publizisten zu finden, der die Zusammenfassung, Redaktion und Herausgabe der bäuerlichen Klagen übernehmen konnte. Auf diese Weise avancierte Sebastian Lotzer zum Feldschreiber des Baltringer Haufens.

Nach GÜNTHER FRANZ (417) hat Lotzer den Hauptteil der Zwölf Artikel geschrieben bzw. redigiert. Von Schappeler, den Lotzer später hinzuzog, stammen die Einleitung (418), die biblischen Belegstellen für die letzten sieben Artikel, die nach Luthers Meinung die Juristen angingen, und der Schluß.

Die Zwölf Artikel gehören nicht nur in den Bauernkrieg, sondern auch in die Zehntendiskussion der Reformationszeit, die mit dem Bauernkrieg zusammenhing. Im Kontrast zu allen anderen politischen Theologen ist das Ergebnis, das Lotzer mit seinen Ausführungen über den Zehnten erreichen will, allein die Legitimation der Zehntenorganisation in einer neuen Form. Die Polemik gegen die überlieferte Zehntordnung, die Diskreditierung des herkömmlichen Systems beschränkt er auf ein Minimum, auf den Satz: "Nachdem der recht Zehat aufgesetzt ist im alten Testament und im Neuen als erfült." (419) Abgesehen von dieser Einleitung sind alle Bemühungen Lotzers darauf gerichtet, das Zehntwesen in einer besseren Gestalt rechtmäßig zu machen.

Der zweite, der Zehnten-Artikel, kann jedoch nicht ohne den ersten Artikel verstanden werden, der die Pfarrerwahl durch die Gemeinde fordert, da die Souveränität der Gemeinde, die sich in der Wahl der Funktionsträger und in der Finanzhoheit manifestiert, in beiden Einrichtungen, in Pfarrerwahl und Zehntenorganisation, zum Ausdruck kommt. Der erste Artikel schöpft aus den Theorien der Gemeinde, die in den Predigten und Schriften der Reformatoren entfaltet wurden. Weil die Verkündigung des Evangeliums in der Gemeinde als das für jede christliche Gemeinschaft notwendige Fundament gilt, sind in jeder Gemeinde Menschen auszusondern, die allein die Aufgabe haben, das Wort Gottes zu predigen. Verantwortlich für die Wahl der Prediger und die Einführung in ihr Amt ist nach den Zwölf Artikeln nicht der Patronatsherr, auf dem die Fürsten-Reformation ihr Kirchenwesen gründete, sondern die Öffentlichkeit, die Allgemeinheit. Sie ernennt und beruft den Pfarrer in ihren Dienst. Da dieses Modell der oberdeutschen Reformation bis zum Beginn des Bauernkriegs zwar öfters gefordert, aber noch nirgendwo realisiert war, lautet die Forderung des ersten Artikels: "Zum Ersten ist unser diemütig Bitt und Beger, auch unser aller Will und Meinung, das wir nun fürohin Gewalt und Macht wöllen haben, ain ganze Gemain sol ain Pfarer selbs erwölen und kiesen; auch Gewalt haben den selbigen wider zu entsetzen, wann er sich ungepürlich hielt." (420)

In diesem Text ist der Wunsch nach 'Demokratisierung' eines wichtigen gesellschaftlichen Bereichs, des Kirchenwesens bzw. der weltlichen Kirchenorganisation, zu entdecken. Bei aller Anerkennung 'demokratischer' Ansätze der deutschen Geschichte sind aber die Schattenseiten in den Vorstellungen der Gemeinde-Reformation nicht zu vergessen.

Der erste Einwand betrifft den Horizont der Kirchenverfassungstheorie Lotzers. Wenn man es ganz negativ ausdrücken will, muß man konstatieren, daß er Kirchtumspolitik betreibt. Sein

Gesichtskreis endet an den Grenzen der Parochie. Er zieht nicht
in Erwägung, daß eine weltliche Kirchenorganisation über den
Rahmen einer lokalen Gemeinde hinausreichen könnte. Vielmehr
werden Pfarrer und Gemeinde eng zusammengerückt. Die Gemeinde
wählt den Pfarrer, der im eigenen Interesse keine anderen Bindungen als die an die eigene Pfarrei aufbauen kann. Wenn er über
die Bannmeile der Parochie hinausgeht, gefährdet er seine Position in der Gemeinde und seine Wiederwahl, die im guten Willen
der Gemeindeglieder ruht.

Die Partikularisierung der Universalkirchen, die in der Reformationszeit als Hauptlinie in den theologischen Auseinandersetzungen zu beobachten ist, wird von Lotzer auf die einzelnen
örtlichen Pfarreien zugespitzt. Damit passt der erste Artikel
in die berüchtigte 'Lokalborniertheit', in die partikularisti-
schen Tendenzen, die auch sonst in der Bauernbewegung nachzu-
weisen sind. In gleicher Weise aber gehört dieser Punkt der
Zwölf Artikel in die Gemeinde-Reformation, in der der Gedanke
der Manifestation und Verwirklichung der allgemeinen Kirche in
der Kirche eines begrenzten Gemeinwesens einen wichtigen Bestandteil des Ideengefüges bildet (421).

Mit diesen Gedanken, die eine Trennung von 'Kirche' und
'Staat' schwierig machen, hängt zweitens zusammen, daß in den
Zwölf Artikeln die Einheit von politischer und christlicher Gemeinde nicht aufgehoben, sondern vorausgesetzt wird. Die Verkündigung des Evangeliums ist als politisches Gut unteilbar. In
einer Gemeinde sind mehrere Gottesdienstformen und Glaubens-
weisen, die nebeneinander existieren, ausgeschlossen. Nur Lehrer
einer Lehre und Prediger eines Glaubens dürfen in einer Gemeinde
Seelsorge üben, Gottesdienst halten und das Wort Gottes predigen. Verständlicherweise müssen sie die richtige Lehre und den
richtigen Glauben haben.

Die Gemeinde wählt zwar selbst den Pfarrer, der das reine
und lautere Evangelium predigt, aber allem Anschein nach haben
die bei der Wahl unterlegenen Gemeindeglieder sich dem Willen
der Mehrheit zu beugen. Die öffentliche Religion, der öffentliche Gottesdienst und die öffentliche Verkündigung, die das
ganze Mittelalter hindurch bis zur Veröffentlichung der Zwölf
Artikel ein politisches Einheitsband, ein politisches Wahr-
zeichen darstellen, bleiben in Lotzers Thesen ein unabdingbares politisches Symbol. Auch an dieser Stelle gehören die
Zwölf Artikel in die Gemeinde-Reformation. Sie reflektieren in
gedrängter Form, was in den ausführlicheren Reden der oberdeutschen Reformation, besonders in den großen Predigten
Hedios und Zwinglis angelegt war. Für die Gemeinde-Reformation
war die Frage der Religion eine politische Entscheidung, die
für die ganze Gemeinde getroffen werden mußte. Tolerantere Ansichten hegten dagegen die Wittenberger Reformatoren, die im
Sinn der Fürsten-Reformation 1525 Predigt, Gottesdienst und
Seelsorge als in einem Lande und in einer Gesellschaft teilbar
ansahen (422).

Im gleichen Rang mit der Pfarrerwahl steht als Ausdruck der
Souveränität der Gemeinde in der weltlichen Kirchenorganisation
die Zehnthoheit. Obwohl der Zehnte durch das Neue Testament erfüllt ist, "nichts destminder wöllen wir den rechten Kornzehat

gern geben; doch wie sich gebürt" (423). Zu diesem Zweck werden von der Gemeinschaft Vertreter gewählt und eingesetzt, die für das Zehntwesen der Gemeinde verantwortlich sind. Diese Repräsentanten der Allgemeinheit, die die kirchlichen Finanzen verwalten, nennt Lotzer mit einem traditionellen Ausdruck 'Kirchenpröpste'.

Die Kirchenpröpste als Vertreter der Gemeinde sammeln den Zehnten ein und verteilen ihn. Der Hauptanteil gebührt dem Pfarrer, der im Gottesdienst lauter und klar das Wort Gottes verkündigt. Er soll vom Zehnten den notwendigen Lebensunterhalt bekommen, "sein zimlich, gnugsam Aufenthalt" (424). Von dem Zehnten können Pfarrer in der sie kritisch beobachtenden Gemeinde kein Leben in Hülle und Fülle führen. Die Gemeinde, die das letzte Wort hat, da die Kirchenpröpste mit Erkenntnis (Zustimmung) der Gemeinschaft des Einkommen des Pfarrers festsetzen, wird die Geistlichen auf das Nötigste einzuschränken wissen.

Der Rest der Zehntenerträge soll mit dem Einverständnis der Allgemeinheit an die Armen und Bedürftigen, die Deklassierten, die in einem Dorfe wohnen, verteilt werden. Falls der Erlös des Zehnten sogar die Ausgabe für den Prediger und die Almosen für die Armen übersteigt, soll der Überschuß gesammelt werden, um ihn für die immer wieder anfallenden Kriegslasten parat zu haben. Auf diese Weise hat der arme Mann nichts zu verlieren, wenn ein Dorf gezwungen wird, die hohen Kriegskontributionen zu entrichten.

Trotz der Erregung der oberschwäbischen Bauern strebt Lotzer eine rechtlich gesicherte Wandlung, keinen revolutionären Umsturz der Zehntordnung an. Bei juristisch einwandfreiem Zehnterwerb eines Zehntbesitzers ist das Dorf, das den Zehnten verkauft hat, nicht berechtigt, eigenmächtig die Zehntenzahlungen einzustellen. Der Zehntherr, der die Abgaben legitim übernommen hat, "sol es nit entgelten" (425). Obwohl es nicht in Ordnung ist, daß die dem Pfarrer, den Armen und der 'Kriegskasse' eines Dorfes zustehenden Zehnten entfremdet, 'privatisiert' und einem außerhalb der Gemeinde lebenden Zehntbezieher zugeführt werden, hat das Gemeinwesen das Recht zu suchen und sich mit dem Käufer gütlich zu vergleichen, indem sie mit Kapital oder mit Grund und Boden den 'verpfändeten' Zehnten auslöst.

Anders sieht die Sache aus, wenn der gegenwärtige Besitzer des Zehnten keine Dokumente vorlegen kann, die den rechtmäßigen Erwerb dieser Einnahme schlüssig beweisen. In diesem Fall ist das zehntpflichtige Dorf nicht mehr gebunden, den Zehnten an den fremden Nutznießer abzuliefern, sondern kann ihn in der Form und zu dem Zweck verwenden, die in den vorhergegangenen Absätzen dargestellt wurden. "Aber wer von kainem Dorf solliche erkauft hat und ire Forfaren inen selbs solche zugeaignet haben, wöllen und sollen und seind inen nichts weiters schuldig zu geben, allain, wie obstat, unsern erwölten Pfarrer darmit zu underhalten, nachmalen ablesen oder den Dürftigen mittailen, wie die hailig Geschrift inhölt." (426)

Als Schlußsatz wird angefügt, daß der kleine Zehnte ganz aufgehoben werden soll. Diese Forderung schnitt nicht sehr tief ein, da die Erhebung des kleinen Zehnten sowieso unregelmäßig war.

Letzter legitimiert den Zehnten als Kirchensteuer. Ausgangspunkt ist das Gemeinwesen, in dem politische und christliche
Gemeinde zusammenfallen. In diesem Gemeinwesen ruht die
Souveränität in der weltlichen Kirchenorganisation, die sich
in der Wahl der Funktionsträger (Pfarrerwahl) und in der Finanzhoheit (Zehntherrschaft) dokumentiert. Als öffentliche Steuer
wird der Kirchenzehnte verwaltet von der Gemeinde bzw. einem
Ausschuß unter Kontrolle der Gemeinde, der dem Pfarrer, wenn er
rein und lauter das Evangelium predigt, die notwendige Unterstützung und den Armen die notwendige Fürsorge zukommen lässt.
   Die Kirchenverfassung, die Lotzer konstruiert, ist die knapp
formulierte, aber schlüssig durchdachte Konzeption der Gemeinde-
Reformation. In den beiden ersten Artikeln 'seiner' Zwölf Artikel skizziert der schwäbische Handwerksgeselle den ersten Verfassungsentwurf der deutschen Geschichte, in dem in der Theorie
eines gesellschaftlichen Verbands der Gedanke der Gemeinde-
Autonomie klar zum Ausdruck gebracht und unumstößlich festgehalten wird.
   In derselben Zeit, in der er die Zwölf Artikel formulierte,
schrieb Lotzer an den Memminger Artikeln, einer Zusammenfassung
der Forderungen der unter der Herrschaft der Reichsstadt Memmingen stehenden Dörfer. Im Wortlaut auf weite Strecken identisch,
sind die uns überlieferten Memminger Artikel genauso aufgebaut
wie die Zwölf Artikel. Der erste Artikel fordert die freie
Pfarrerwahl der Gemeinde, während im zweiten eine Lösung des
Zehntenproblems vorgeschlagen wird. Am 1. März 1525 wurde die
Schrift der Obrigkeit, dem Rat der freien Reichsstadt Memmingen,
übergeben.
   Der vorsichtig taktierende Rat beschloß, "man sol auf der
landschaft suplicieren bei baiden predigern, auch den helfern
rat haben" (427). Mit guten Gründen vermutet der Kirchenhistoriker Friedrich Braun, daß das vom Rat der oberschwäbischen
Stadt bei Schappeler eingeholte Gutachten in einer Kopie aus
dem 18. Jahrhundert bewahrt worden ist, wobei der Umstand, daß
die Schappeler vorgelegten Memminger Artikel im Aufbau nicht
mit den uns bekannten übereinstimmen, ärgerlich ist (428). Über
den zweiten Artikel, den Zehnten-Artikel, heißt es in dem aus
Memmingen stammenden Schreiben, in dem alle Artikel der Memminger Beschwerdeschrift erörtert werden: "Der Zehenden halben hab
ich euch vorhin ain bericht geben aus schriften, mögt ihr höhers
nit aufbringen. Aber eur Erpietung in disem Artigkel kann niemandt Tadelen oder abschlagen, dan das Euangelium lernet niemandt nichts zunemen, Sonnderlich, dieweil es den Armen zugehört." (429)
   Der Verfasser des Schriftstücks unterscheidet zwischen den
Memminger Artikeln und einer Antwort des Rats, die ihm vermutlich zur Beurteilung vorgelegt worden ist. Er verweist auf eine
frühere Stellungnahme zum Zehnten, mit großer Wahrscheinlichkeit
auf das Zehnt-Gutachten (430), in dem Schappeler ausführlicher
als in den Thesen zum Memminger Religionsgespräch vom 2. Januar
1525 auf das Problem des Zehnten zu sprechen gekommen war. Der
Memminger·Reformator stimmt der zurückhaltenden Erwiderung des
Rats zu, der offensichtlich den für Memmingen besonders wichtigen Spitalzehnten gegenüber den bäuerlichen Forderungen vertei-

110

digen wollte. Dieses Vorhaben billigt Schappeler, dessen eigene
Vorstellungen radikaler gewesen zu sein scheinen, vorbehaltlos,
"dan das Euangelium lernet niemandt nichts zunemen, Sonnderlich,
dieweil es den Armen zugehört."
    Neben Schappeler wurde im März 1525 Urbanus Rhegius vom
Memminger Rat als Gutachter bestellt, um die Memminger Artikel
auf ihre Richtigkeit und Schriftgemäßheit zu überprüfen. Da die
Ausgangslage des Augsburger Reformators mit der Melanchthons
und Brenz', der Gutachter der Zwölf Artikel, als nahezu identisch
angesehen werden kann, ist seine Antwort geeignet, am konkreten
Beispiel die unterschiedliche Reaktion der ober- und mitteldeutschen Reformatoren auf die Forderungen der Bauern darzustellen.
    In den beiden entscheidenden Punkten unserer Analyse der
Bauern-Artikel, dem Begehren nach freier Pfarrerwahl der Gemeinde und der Forderung nach dem Verfügungsrecht über den Zehnten,
billigt der Augsburger Theologe die Anliegen der Bauern und
stimmt ihnen zu. Er präzisiert die bäuerlichen Vorstellungen
in Einzelheiten, ändert an ihnen jedoch nichts Wesentliches.
    Rhegius hält es vor allem nicht für gerecht, daß Pfarrer,
die nicht in einer Gemeinde residieren, den Zehnten aus dieser
Gemeinde beziehen. Sobald dies geschieht und der Pfarrer die
Seelsorge vernachlässigt - eine Bedingung, die in jedem Fall
als gegeben angenommen werden kann -, sind die Mitglieder der
Parochie befugt, den Zehnten zu verweigern. Der Zehntenstreik
kann ihnen nicht verwehrt werden, weil sie für ihre Leistungen
nicht den entsprechenden Gegenwert bekommen. In Rhegius' eigenen
Worten: "Ist iendert ein Zehent auf ein Pfarrer verordnet zu
seiner Unterhaltung und derselb Pfarrer residiert nit und achtet
der Schaf nit, sonder allein der Woll, hie mögen die Pfarrleut
demselben Pfarrer den Zehnten vorhalten. Denn wer nit arbeit,
der soll nit essen, 2. Thessal. 3." (431)
    Positiv geht Rhegius von einer auf der einzelnen Ortsgemeinde
basierenden Kirchenverfassung aus, in der im Unterschied zu anderen Gemeinde-Reformatoren den Bischöfen ein gewisses Mitsprache-
recht eingeräumt wird. Gemeinsam mit der Gemeinde soll sich der
Bischof um die Berufung eines rechten 'Gemeindehirten' bemühen.
Das wahre Urbild und Modell der Pfarrerwahl durch Bischof und
Gemeinde findet Rhegius bei Paulus. Der Apostel setzt die Prediger nicht eigenmächtig ein, sondern beruft sie mit Wissen und
Zustimmung der betreffenden Gemeinde. Erst wenn die Gemeinde den
vom Apostel vorgeschlagenen Kandidaten geprüft und gebilligt
hat, ist die Ernennung gültig. "Zur Zeit Pauli befalch er Timo-
theo und Tito, seinen Jungern, sie sollten Priester einsetzen.
Item in Geschichten der Apostel am 14. c. liest man, wie Paulus
und Baturbas Priester verordneten. Unter dem Volk aber sölchs
geschach mit Wissen, Willen und Berufen einer Gemeind." (432)
    Nach dem Vorbild des Paulus sind die Bischöfe dafür verant-
wortlich, daß rechte Seelsorger für die Gemeinden ausgesucht
werden. Das Problem liegt darin, daß die gegenwärtigen Bischöfe
ihre Aufgabe schlecht oder gar nicht wahrnehmen. In diesem Konfliktfall zwischen den Wünschen der Gemeinde und dem Pflicht-
versäumnis der (geistlichen) Obrigkeit muß sich erweisen, wo
nach Meinung des Verfassungstheoretikers die stärkeren Kompetenzen liegen. Für Rhegius befinden sie sich auf der Seite der

Gemeinde. "Dieweil aber die Bischof zu unseren Zeiten kein
Erbermd haben über die armen Schäflin und das voll ungelehrter
Munich und Pfaffen fillend, auch das Evangelium nit lauter ohn
Menschenzusätz predigen lassend: So haben die Bauren Recht und
Fug genug, daß sie selbs ein tügenlichen Pfarrer erwählen, der
in Lehr und Leben sein Amt mug verwesen." (433)
    Nach der legitimen, aber eigenmächtigen Wahl der Bauern, die
in aller Ruhe und Ordnung und ohne großen Aufruhr einen ihnen
geeignet erscheinenden Pfarrer einsetzen sollen, müssen die bisherigen Instanzen, die einen Pfarrer in seine Gemeinde einführ-
ten, die weltlichen und geistlichen Obrigkeiten, von der Anstellung des neuen Seelsorgers unterrichtet werden. Sofern die Patronatsherren nach der schuldigen Anzeige ihre Zustimmung verweigern, müssen sich die Gemeinden aber um dieses Veto nicht kümmern. Selbst wenn eine Herrschaft das Recht auf die Besetzung
einer Pfarrstelle besaß und besitzt, hat sie in der unmittelbaren Gegenwart auf dieses Privileg zu verzichten. "Es sollt in
diesem Fall kein Lehensherr sein, sonder ein jegliche christliche Gmeind sollt Gewalt haben (seitmal sie den Kosten selbs
müssen haben) einen gelerten, ehrbern Mann zu erwählen, und
wenn schon ein Herr ein Dorf mit allen Zugehör erkauft hat, so
sollt er dennoch kein Pfarrer allein zu setzen oder entsetzen
haben." (434) Aus einem einfachen Grund hat der Herr des Dorfes
diese Befugnis nicht: "Es gehört der christlich Gmeind zu." (435)
    Angesichts der gespannten Situation gibt der Augsburger Pre-
diger den Patronatsherren, den für die Einsetzung eines Geist-
lichten Verantwortlichen, den Rat, entweder ihr Recht aufzugeben
und der Gemeinde zu übertragen oder sich zusammen mit der Gemeinde für die Anstellung eines tüchtigen Predigers und Seelsorgers einzusetzen. "Wa sie das nit thund, so wird Gott die
armen Seelen von ihren Händen fordern, als es sagt Ezech.
34." (436)
    Mit dieser Kritik des Patronatsrechts hebt sich Rhegius von
den mitteldeutschen, den Fürsten-Reformatoren ab. Auf der Basis
der genossenschaftlichen Gemeindeverfassung errichtet er das
Zehntwesen. Die Wahl des Pfarrers durch die Gemeinde ist schließlich auch deshalb legitim, weil die Pfarrleute den Pfarrer von
ihrem Einkommen und ihrem Gut unterhalten müssen. "So müssen die
Christen ein Pfarrer von ihrem Gut unterhalten; derhalben es
sich ziemt, dass sie mit gottsferchtiger Versammlung und ernst-
lichem Gebet ein Seelsorger erwählen, damit sie versorgt
seien." (437)
    Sofern der Gemeinde für ihre Leistungen nicht der entspre-
chende Gegenwert geboten wird, ist die Verweigerung des Zehnten
rechtmäßig. Wenn ein Prediger jedoch sein Amt gewissenhaft und
tadelfrei versieht, hat er legitimerweise Anspruch auf den von
der Gemeinde erhobenen Zehnten. "Wann nun ein Pfarrer sein Amt
wol versicht, warumb wolt man ihm nit geben, was zu Aufenthalt
seins Lebens not ist? Gott geb darnach, man nenns Zehenten oder
Zwaintzigisten, es ist Narrenwerk, dass wir Christen also umb
eins Namens willen zanken." (438)
    Neben den Predigern dürfen auch die weltlichen Obrigkeiten
an der Spitze der sozialen Hierarchie und die Armen und Bedürftigen ganz unten den Zehnten beziehen. "Dieweil am Tag ist, dass

sölch Zehnten etwa redlich erkauft sind, soll sich ein Christ
dieselben zu reichen in kein weg widern; sonst thäte er wider
die Ordnung des Weltlichen Gewalts, und wird nit helfen, dass
man sagt: ja, es nehments etlich unwürdiglich." (439)
Bei Rhegius wird in Übereinstimmung mit allen Gemeinde-Reformatoren der Zehnte als herrschaftlich begriffene Privateinnahme
abgelöst durch den Zehnten als genossenschaftlich verstandene
Steuer. Alle Äußerungen, in denen Rhegius dem Memminger Rat die
weitere Eintreibung der Zehnten ans Herz legt und von jeder Abschaffung dieser Abgabe warnt, sind auf dem Hintergrund der geplanten Umgestaltung zu sehen. Rhegius hat immer die drei
'Stände' im Auge, die seiner Meinung nach zu Recht Anspruch auf
die Zehnteinkünfte erheben können, wenn er auf der weiteren Entrichtung des Zehnten besteht.
Der vordringlich an der Erneuerung des Zehntwesens interessierte Augsburger Reformator tadelt an den Memminger Artikeln
die Methode, zur Begründung der Illegitimität der bisherigen
Zehntinhaber Altes und Neues Testament zu unterscheiden. Die
Differenzierung des Alten und des Neuen Testaments bedeutet nach
dem Urteil des Theologen nicht, daß der Christ nichts mehr zugunsten seines Nächsten tun solle. Die Ablieferung des Zehnten
an die genannten Gruppen stellt eine Tat der Nächstenliebe dar,
die im Neuen Testament genauso gewünscht und gefordert wird wie
im Alten.
Als Beleg für seine Ansicht greift Rhegius in Anlehnung an
Zwingli auf Röm 13,7 zurück: Christen sollen jedermann geben,
was sie schuldig sind. Die Verweigerung des reformierten Zehnten
ist mit Raub und Diebstahl gleichzusetzen. Selbst wenn der
Zehnte im neuen Bund nicht mehr bestätigt und geboten wird,
kann der Christ sich nicht eigenmächtig aus seinen Verpflichtungen lösen. Zusammenfassend stellt der Augsburger Prediger
fest: "Es sind viel Ding aus burgerlicher Ordnung und Satzung
der weltlichen Oberkeit, die in der Schrift nit eben ihren eignen, ausgedruckten Namen habend, als Umbgeld, Bodenzins und dero
Namen mehr; sie werden aber all in dem gmeinen Namen und Gebot
begriffen: Gebt Jedermann, was ihr ihm schuldig seid, stehlend
nit, verhaltend niemands das Sein; was liegt nun daran, wie man
ein Schuld nenne, Zehenten oder Ailften, die Schrift spricht:
Gebt jedermann, was ihr schuldig seid." (440)
In der zerrütteten und verdorbenen Ordnung des Zehntwesens
hat die weltliche Gewalt Besserungen einzuführen, da sie nach
Röm 13 als Dienerin Gottes die Aufgabe hat, nach dem Rechten zu
sehen und gesunde Verhältnisse wiederherzustellen. Niemand darf
in das Vorgehen und die Politik der Obrigkeit hineingreifen,
weil keine andere Gewalt die Vollmacht für das Amt besitzt, insofern Gott allein die weltliche Obrigkeit beauftragt hat, in
zeitlichen Dingen Frieden und Gerechtigkeit zu schaffen.
Die Hervorhebung der Rolle der Obrigkeit, die Überantwortung
aller Reformen in ihre Zuständigkeit soll ungestümen Eifer bremsen. Unter dem Eindruck des Schreibens des Augsburger Reformators, vielleicht auch in Erinnerung an die Stellungnahme des
Ulmers Sam zu den Thesen Schappelers (441) forderte der Memminger Rat die Bauern auf, nichts zu überstürzen und die Entscheidung des Schwäbischen Bundes, der politisch ausschlaggebenden

Korporation der Fürsten und Städte im süddeutschen Raum, abzu-
warten. Was die anderen Bauern erreichen werden bei ihren Herrschaften, wollen die Memminger Ratsherren ihren Untertanen ebenfalls konzedieren (442). Alle weiteren Überlegungen über eine
reformatorische Gestaltung des Zehntwesens hat der Sieg der
Fürsten im Bauernkrieg überflüssig gemacht.

Schappelers letztes Urteil über den Bauernkrieg ist zwiespältig. In einem Brief an Ulrich Zwingli vom 2. Mai 1525 erkennt er einerseits die Bemühungen des einfachen Volks an, das
Evangelium zu schützen und aufzurichten. Jahrhundertelang sind
die christlichen Gemeinschaften durch die Obrigkeiten getäuscht,
belogen und betrogen worden; sie verlangen jetzt gerechterweise
eine Änderung der bestehenden Verhältnisse; "onera Christiano
indigna ferre renuunt" (443). Andererseits mißbilligt Schappeler
das Blutvergiessen und Plündern der Bauern, in das sich immer
Egoismus und Eigensucht, die härtesten Feinde des Evangeliums,
einmischen. Den wilden und barbarischen Geist der aufrührerischen
Rotten kann Schappeler nicht gutheißen, obwohl er die Anliegen
der Bauern versteht und für gerecht hält.

Trotz seiner Ablehnung der Brutalität und Aggression, die
er mit allen Gemeinde-Reformatoren teilt, wurde der Prediger
ein Opfer der siegreichen Territorialfürsten. Verdächtigt als
Urheber der Unruhen, musste Schappeler im Juni 1525 bei der
Besetzung Memmingens durch den Schwäbischen Bund aus der freien
Reichsstadt fliehen. Er entkam glücklich in seine Heimat, nach
St. Gallen, wo er bis zu seinem Lebensende in verschiedenen
Stellungen tätig war.

Nach allem, was wir über Schappelers Wirken in Memmingen
wissen, ist es nicht falsch und unfair, ihn zu den Wegbereitern
des Bauernkriegs zu rechnen. Daß er mit dem tatsächlichen Gang
der Ereignisse, vor allem mit der Anwendung von Gewalt, nicht
einverstanden war, ändert nichts daran, daß er nachdrücklich
zum Widerstand gegen die herrschenden Zustände, auch und gerade
in dem die Bauern bedrückenden Zehntwesen, aufgerufen hat.

II. DER ZEHNTE IM ENTWURF DER LUTHERISCHEN
REFORMATION

Auf Einladung und unter Führung Ulrich Schmids hatten sich Anfang März 1525 in Memmingen die drei Bauernhaufen, die sich in Oberschwaben gebildet hatten: der Baltringer, der Allgäuer und der Seehaufe, zur 'Christlichen Vereinigung' zusammengeschlossen. Die gemäßigten Führer der Bewegung, die bis dahin wie Halbgötter verehrt worden waren (444), verloren an Boden, als das Heer des Schwäbischen Bundes unter Georg Truchseß von Waldburg gegen Oberschwaben vorzurücken begann. Am 26. März 1525 wurde vom Baltringer Haufen das erste Kloster in Brand gesteckt. Die Plünderungen zahlreicher Klöster und vereinzelter Herrensitze folgten. Während die Gesandten des Schwäbischen Bundes mit den Bauern weiterverhandelten, zeigte es sich am 4. April 1525 bei Leipheim östlich von Ulm zum erstenmal, daß die Bauern keinen ernsthaften Widerstand zu leisten vermochten. Fast ohne Verluste zersprengte der Bundesfeldherr den Baltringer Haufen. Mit dem starken Seehaufen, den er nicht anzugreifen wagte, schloß der Truchseß den Vertrag von Weingarten, in dem die Bauern sich verpflichteten, ihren Haufen aufzulösen.

Mitte April hatte Luther die Zwölf Artikel erhalten, die er mit seiner Schrift 'Ermahnung zum Frieden' beantwortete. In den Tagen, in denen Luther diese Abhandlung verfasste, wurden in seiner Umgebung die ersten Greuel der Bauern in Süddeutschland bekannt. Nachdem Luthers Versuch in den letzten Apriltagen erfolglos blieb, durch Predigten im mitteldeutschen Aufstandsgebiet die Bauern zum Stillhalten zu bewegen, forderte er Anfang Mai 1525 in 'Wider die räuberischen und mörderischen Rotten der Bauern' harte Gewalt gegen die Aufrührer.

Als diese Schrift vier Wochen später in der Öffentlichkeit erschien, hatte sich die Lage gewandelt. Der Kampf mit den Bauern war mehr eine blutige Verfolgung als eine Schlacht gewesen. Am 12. Mai 1525 waren nach dem Übertritt der Stadt Böblingen auf die Seite des Bundesfeldherrn die württembergischen Bauern bei Böblingen vernichtend geschlagen worden. Landgraf Philipp von Hessen und Herzog Georg von Sachsen hatten den Aufstand in Mitteldeutschland am 15. Mai 1525 mit dem Sieg bei Frankenhausen niedergeworfen. Unter den elsässischen Bauern hatte der vom Landvogt des Elsaß zur Hilfe gerufene Herzog Anton von Lothringen mit seinen albanesischen, spanischen und französischen Söldnern am 16. Mai 1525 in Zabern ein furchtbares Blutbad angerichtet. Zusammen mit dem Heer des Schwäbischen Bundes waren Pfalz, obwohl Kurfürst Ludwig V. ebenso wie die Bischöfe von Speyer und Worms mit den Bauern einen Waffenstillstand geschlossen hatte, Mainz und Trier gegen die fränkischen Bauern, den Odenwälder und Taubertaler Haufen, gezogen und hatten sie am 2. Juni 1525 bei Königshofen niedergemetzelt. Luther verlangte in neuen Schriften Mäßigung und Gnade; aber zu diesem Zeitpunkt war das schreckliche Strafgericht bereits vollzogen worden.

Die Fürsten-Reformation ist ein ungewolltes, aber unvermeidbares Ereignis der Stellungnahme der lutherischen Reformatoren zum Bauernkrieg. Anders als die oberdeutschen Reformatoren lehnten die Vertreter der Fürsten-Reformation, die sich zum Problem des Zehnten geäußert haben, die Gemeindekonzeption und den Verfassungsentwurf der Bauern ab. Die Zehntenauffassungen der drei Reformatoren Martin Luther, Philipp Melanchthon und Johannes Brenz, die alle in der konkreten Situation des Bauernkriegs und der Auseinandersetzung mit den Zwölf Artikeln formuliert worden sind, werden geprägt durch diese Abneigung und das dahinterstehende andere Kirchenverständnis (445). In den Augen der lutherischen Reformatoren ist der Zehnte keine öffentliche Kirchensteuer, über die die Kirchengemeinde verfügen kann, sondern eine Privateinnahme, die der privatrechtlich verstandenen und konstituierten Herrschaft zukommt. Jeder Versuch der Gemeinden, die Verwaltung des Zehnten in die eigene Verantwortung zu übernehmen, ist Raub und Diebstahl. Die Gemeinde hat auf dem Gebiet des Zehntwesens nur die Pflicht, den Zehnten abzuliefern, aber nicht das Recht zur eigenständigen und autonomen Organisation des Zehnten.

Aufgrund der ablehnenden Einstellung der lutherischen Reformatoren zur Gemeinde-Reformation, zum Selbstbestimmungsrecht der christlichen Gemeinde, mussten die Fragen, die die oberdeutschen Reformatoren in der von uns geschilderten Weise beantwortet haben, in der mitteldeutschen Reformation anders gelöst werden. Die Gemeinde, der nicht die höchste Entscheidungsgewalt, die Souveränität, eingeräumt wird, die nicht über den Zehnten bestimmen und die für das Gemeindeleben notwendigen Funktionsträger ernennen kann, ist nicht in der Lage, unabhängig und selbständig die kirchlichen Verhältnisse zu regeln und zu ordnen. Wer ist dann aber Träger des Kirchenwesens? Wer ernennt die für das Gemeindeleben erforderlichen Geistlichen und Diakone? Wer bezahlt sie? Unter den Bedingungen des 16. Jahrhunderts lautete die Antwort, die die lutherischen Theologen gefunden haben: die Obrigkeiten, besonders die Territorialfürsten. Damit sind wir bei dem Phänomen 'Fürsten-Reformation' angelangt, zu dem die lutherischen Reformatoren ebenfalls geführt wurden.

Die in sich folgerichtige Konzeption der mitteldeutschen Reformatoren wurde ergänzt durch eine Argumentation, die den gewaltsamen Widerstand der Untertanen unmöglich machen sollte. Wie und mit welcher Methode Luther, Melanchthon und Brenz dieses Ziel erreichten, wollen wir in den folgenden Kapiteln analysieren.

1. Martin Luther

Luther hat sich genausowenig wie Melanchthon oder Brenz vor dem Großen Bauernkrieg und der Publikation der Zwölf Artikel mit der kirchenpolitischen Frage des Zehnten beschäftigt (446). Er sah in dem Zehntwesen kein Problem, vielleicht weil zu seiner Zeit alle Zehnten im Gebiet des eigentlichen Kursachsen, also in

der Gegend um Wittenberg, weitgehend den Händen der Bischöfe
entrissen und in die Gewalt der Laien gekommen waren (447).
Der kirchliche Charakter der Abgabe war nahezu verschwunden.
Aber ganz gleich, welche Erwägungen für Luthers Zurückhaltung
maßgeblich waren: Aus eigenem Antrieb hätte sich Luther nicht
zu einer Auseinandersetzung mit der Zehntenfrage gedrängt ge-
fühlt.
    Allein in der Schrift 'Von Kaufhandlung und Wucher', in der
er seine Ansichten über das Wirtschaftsleben allgemein und
grundsätzlich zusammengefasst hat, erwähnt Luther den Zehnten,
ohne auf das von uns beschriebene Zehntenproblem einzugehen. Er
erklärt dort:"Darumb ist der zehend der aller feynste zinse und
von anbegynn der wellt yn ubung gewest und ym allten gesetz
gepreyset und bestettiget, als der nach Göttlichem und natur-
lichem recht der allen billichst ist." (448) An dieser Stelle
wird nicht sichtbar, daß an der Institution des Zehnten wichtige
und zukunftsweisende kirchenpolitische Fragen hängen. Der Zehnte
oder jede andere in Prozentsätzen festgelegte Abgabe ist vielmehr, wie Luther ausführt, vorbildlich für alle anderen Zins-
einrichtungen, weil bei ihm Schuldner und Gläubiger in gleicher
Weise am Risiko beteiligt sind, weil bei ihm "der zins herr yn
der fahr stehet. Geretts wol, so ist der funffte gut. Geretts
ubel, so ist er deste geringer, wie es Gott gibt."
    Das kurze Zitat war das Relevanteste, was Luther vor 1525
über den Zehnten schrieb. Eine Konzeption des Zehnten, in der
die mit dem Zehntwesen verbundenen kirchenpolitischen Fragen
angegangen werden, hat er erst in der kleinen, aber äußerst
folgenreichen 'Ermahnung zum Frieden auf die Zwölf Artikel der
Bauernschaft in Schwaben' entfaltet. Diese Schrift, verfasst
nach dem Ausbruch des Großen Bauernkriegs in Oberschwaben als
Erwiderung und Widerlegung der Zwölf Artikel, hat das Ergebnis
des Bauernkriegs mitbestimmt, wenn man der These zustimmt, daß
für den Ausgang eines Krieges ideelle Klärungen ebenso wichtig
sind wie Schlachten. In der kleinen Abhandlung Luthers wurde
jeder auf dem Fundament des christlichen Glaubens begründete
Versuch der Änderung gesellschaftlicher Verhältnisse bestritten.
Den unruhigen und aufrührerischen Kräften des 16. Jahrhunderts
wurde durch diese Argumentation der Boden entzogen, auf dem sie
eine erfolgversprechende Umwälzung der sozialen Ordnung hätten
beginnen können. Auf der anderen Seite hat Luther, ohne diese
Absicht zu haben, die Politik der Fürsten und Räte, die mit der
Berufung auf alte Rechte und Privilegien den Forderungen der
Bauern tatkräftig und ohne Kompromißbereitschaft entgegentraten,
die Politik des Landgrafen Philipp von Hessen, des Herzogs
Georg von Sachsen und des bayrischen Kanzlers Leonhard von Eck,
bestätigt, gerechtfertigt und legitimiert. Der materiellen
Niederlage des gemeinen Mannes wurde die ideelle hinzugefügt,
was der Bewegung der Gemeinde-Reformation in Deutschland den
Todesstoß versetzte. Luther, der in 'Ermahnung zum Frieden'
den ersten Schritt zu einer Widerlegung der politischen Bestrebungen und des Aufruhrs des gemeinen Mannes wagen wollte, musste
zwei Aufgaben erfüllen. Die erste war, die herrschenden Verhältnisse, für die wir in unserem Zusammenhang das Zehntwesen aus-
gewählt haben, rechtmäßig zu machen, die zweite, den Widerstand

vonseiten der Bevölkerung unmöglich zu machen. Während der
erste Punkt ein Eingehen auf aktuelle Probleme verlangte, er-
forderte der zweite - Luther näherliegend - prinzipielle Erörterungen. Luther ist beiden Ansprüchen nachgekommen.
Wie hat Luther seine Aufgaben gelöst? Wie hat er das herrschende Zehntwesen rechtmäßig und den Protest gegen die bestehenden Zustände unmöglich gemacht?

Die Verfolgung des ersten, enger begrenzten Ziels, die Legi-
timationserklärung des Zehntsystems in seiner gegebenen Gestalt,
nimmt Luther in 'Ermahnung zum Frieden' auf in der Erörterung
des substantiellen Inhalts der Zwölf Artikel. In diesem Kontext
setzt er sich mit dem zweiten Artikel auseinander, in dem
Lotzer die Erneuerung des Zehntwesens als Kirchensteuersystems
vorgeschlagen hat. Die Gedanken und Vorstellungen dieser Forderung will Luther zurückweisen.

Als beste Methode, die Ablehnung begründet zu formulieren,
erkennt Luther die Deklaration des Zehnten zu einer Privateinnahme der Obrigkeit, denn privatrechtlich gesicherte Besitz-
verhältnisse sind leichter zu verteidigen und schwerer umzustürzen als öffentlich-rechtlich fundierte Steuersysteme. Die
Verfestigung der privatrechtlichen Positionen im Zehntwesen,
die im Spätmittelalter erreicht war, hatte die für diese Erklärung notwendigen Voraussetzungen so unmißverständlich geschaffen, daß Luther diese Deklaration nicht einmal explizit
aussprechen musste. Es genügt für ihn, zum zweiten Artikel
festzustellen: "Da wöllen sie den zehenden, der nicht yhr, sondern der oberkeyt ist, zu sich reyssen un damit machen, was sie
wöllen." (449)

Luther statuiert in dieser Aussage, daß der Zehnte der Obrigkeit als Obrigkeit gehört. Er übergeht die Idee, daß die weltliche Gewalt die Zehnteinnahmen als Vertreterin und Repräsen-
tantin der Gemeinschaft unter der steten Kontrolle der Allgemeinheit verwaltet. Den Steuercharakter der Zehnteinnahmen beachtet er nicht, sondern macht den Zehnten zu einer reinen
Privatabgabe, die - zunächst merkwürdigerweise - der Obrigkeit
zusteht.

Die Erhebung des Zehnten ist für Luther sogar wie die Anwendung von Gewalt eine hoheitliche Funktion, die die Obrigkeit
in besonderer Weise kennzeichnet. Genauso wie er an einer früheren Stelle in der Schrift erklärt hatte: "Dazu nemet der oberkeyt yhre gewallt und recht auch, ja alles, was sie hat. Denn
was behellt sie, wenn sie die gewallt verloren hat?" (450)
sagt er jetzt zu den Vorschlägen, das Zehntwesen zu ändern,
lapidar: "Das heysst die oberkeyt gantz und gar abgesetzt". (451

Wenn die Bauern die Verfügung über den Zehnten beanspruchen,
wollen sie die Herrschaft im Land übernehmen. "Redet yhr doch
ynn diesem artickel, als weret yhr schon herren ynn landen und
hettet alle güter der oberkeyt zu euch genommen und wöllet niemant unterthan seyn noch geben. Daran man greyfft, was yhr ym
synn habt." (452)

Luther sieht im Besitz des Zehnten Privilegien, die über das
alltägliche Privatrecht hinausgehen. Dennoch macht für ihn die
Vergünstigung, die Allgemeinheit für sich zahlen zu lassen, eine
Einnahme noch nicht zu einer öffentlich-rechtlichen Abgabe. Bei

ihm fehlt die direkte Verantwortung gegenüber den Zahlungs-
pflichtigen. Während über Privateinkünfte der Empfänger nach
Belieben schalten und walten kann, ohne den Geldgebern, die
seinen Aufwand ermöglichen, Rechenschaft ablegen zu müssen,
steht eine öffentlich-rechtliche Abgabe, eine Steuer, unter
öffentlicher Kontrolle. Der Steuereinnehmer muß die Bevölkerung
darüber aufklären, wie er die gemeinsam aufgebrachten Beiträge
und Mittel gebrauchen und verwenden will.

Obwohl er die Erhebung des Zehnten als herrschaftliches Recht
versteht, bekämpft Luther die öffentliche Aufsicht über das
Zehntwesen. Für den Wittenberger Reformator ist die Herrschaft,
zu deren Zeichen die Einsammlung des Zehnten gehört, ein Privatgut, das zwar andere Güter überragt, aber trotzdem privat
bleibt. Dieses Gut ist der Obrigkeit von Gott geschenkt worden.
Er hat ihr das Amt des Schwertes übertragen, um die Hinterlist
und Bosheit der Welt im Zaum zu halten. Deshalb bleibt der Herrscher eine Privatperson, die nur vor Gott, nicht vor der Öffentlichkeit Verantwortung auf sich nimmt. Erwägungen, die Tätigkeit
und Amtsführung der Obrigkeit durch die Allgemeinheit beurteilen
und überprüfen zu lassen, ist Luther immer aus dem Weg gegangen.
Die Obrigkeit hat das Recht, den Zehnten einzuziehen, ohne daß
ihr daraus kontrollierbare Pflichten erwachsen, - ist die Quint-
essenz seiner Anschauungen über den Zehnten.

Mit dieser auf dem Privatcharakter der Herrschaft begründeten Auffassung des Zehntwesens kann Luther jeden Angriff auf den
Zehnten abwehren. Die Bauern selbst, äußert Luther, haben erklärt, "niemant das seyn zu nemen" (453). Da der Zehntenempfang
aber in aller Regel durch Verträge abgesichert ist, wird die
Verweigerung des Zehnten durch Luthers Insistieren auf dem privatrechtlichen Charakter dieser Abgabe zur Wegnahme von Eigentum.
Die Hauptidee des zweiten Artikels, daß eine Gemeinde selbst
über die Erhebung und Verwaltung des Zehnten bestimmen könne,
etikettiert Luther als "eytel raub und offentliche strauch
dieberey" (454).

Die Kriminalisierung des bäuerlichen Vorgehens stellt Luther
an den Beginn seines Kommentars zum zweiten Artikel. Gedanken
zur Änderung des Zehntwesens sind nach Luthers Argumentation
keine politischen Vorstöße und öffentlichen Diskussionsanregun-
gen, sondern kriminelle Eingriffe in das Privateigentum, die
nicht mit den Mitteln 'ständischer' Auseinandersetzung, sondern
mit dem Strafrecht abgewehrt werden müssen. Wie vereinigt Luther
seine Konzeption und Anschauung einesteils mit dem kanonischen
Recht, andernteils mit dem religiös begründeten Protest der Bauern, mit dem das Vorgehen der Aufständischen legitimierenden
Gedanken der Souveränität der Gemeinde im Kirchenwesen? Während
er über die Bestimmungen des kanonischen Rechts, nach denen der
Zehnte als eine Abgabe für den Aufbau und Ausbau der Kirchenorganisation zu verstehen ist, schweigt, vielleicht weil das
kanonische Recht nach der öffentlichen Verbrennung vor dem
Elstertor in Wittenberg am 10. Dezember 1520 für ihn keinen Ge-
sprächspartner mehr darstellt, geht er auf das prinzipielle, der
Zehntendebatte der Reformationszeit zugrundeliegende Begehren
der Bauern kurz ein, nachdem er bereits in den Gedanken zum
ersten der Zwölf Artikel (Pfarrerwahl durch die Gemeinde) grund-

sätzliche Ausführungen zu den Forderungen der Bauern vorgetragen hat.

Wenn die Obrigkeit - mit den Mitteln des Zehnten - den überlieferten katholischen Gottesdienst aufrechterhält, während die Gemeinde nach der neu geschenkten reinen Lehre die Einführung eines evangelischen Gottesdiensts verlangt, ist im Gegensatz zur Auffassung der Zwölf Artikel dem Streit keine politische und schon gar keine wirtschaftliche Bedeutung zuzumessen. Trotz ihres entgegenlaufenden Interesses ist die Gemeinde angehalten, den Zehnten abzuliefern, da die Zahlung des Zehnten innerhalb des sozialen und ökonomischen Lebens eine Handlung darstellt, die ganz in das 'Haus', in die Privatspäre gehört. Eine öffentliche Anerkennung der katholischen Messe ist darin nicht zu erkennen. Kein evangelischer Christ muß sich wegen des Zehnten Gewissensbisse machen, weil die Leistung in keinem Zusammenhang mit dem 'papistischen Aberglauben' steht.

Damit ist die negative Seite des Problems 'Zehntwesen und Kirchenorganisation' aufgehellt. Positiv hat Luther schon in den Erläuterungen zum ersten Artikel hervorgehoben, daß die Gemeinschaft evangelischer Christen zur Wahl eines eigenen Pfarrer und zur Abhaltung eigener Gottesdienste schreiten darf, wenn die Obrigkeit keine Reformen im Sinne des evangelischen Glaubens durchführen will. Der gewählte Pfarrer und die neuen, dem Evangelium gemäßen Einrichtungen sind jedoch aus eigener Tasche zu bezahlen. "Wöllt yhr geben und guts thun, so thuts von ewrem gute, wie der weyse man spricht. Denn gott durch Esaiam sagt: Ich hasse das opffer, das vom raube kompt." (455)

Zusammen mit der unablösbaren Pflicht, den der Herrschaft zustehenden Zehnten für die Organisation der alten Kirche zu entrichten, unterstützen die Anhänger Luthers ihre eigene, neu konstituierte Gemeinde durch substantielle Beiträge. Die doppelte Belastung ist konsequent. Der Zehnte ist eine privatrechtlich fundierte Abgabe an die Herrschaft, die damit machen kann, was sie will, und in dieses Privatreservat der Obrigkeit hat niemand hineinzureden. Mit der alten Kirche unzufriedene Gläubige dürfen nach Luthers für die damalige Zeit toleranter Anschauung freie, von der Herrschaft unabhängige Gemeinschaften errichten. Aber diese Gemeinden haben keinen Anspruch auf den Zehnten, sondern müssen aus den freiwilligen Beiträgen der Mitglieder finanziert werden.

Luthers Gedanken über die freien Gemeinschaften evangelischer Christen, die sich wegen der Verkündigung des Gotteswortes von der römischen Kirche absondern, sind eingeordnet in die grundsätzlichen Erörterungen, mit denen Luther den Protest unmöglich machen will. Der Öffentlichkeit entzogener Privatbesitz steht trotz aller Vorkehrungen weiterhin in der Gefahr, lautstark verlangt, geraubt und gestohlen zu werden, da das Verhalten der aus geschlossenen Öffentlichkeit unkontrollierbar bleibt und die Möglichkeit des Protests durch die Legitimation der aktuellen Verhältnisse nicht ausgeräumt wird. Was kann Luther tun, um die Gefahr herabzudrücken? Wie kann er es erreichen, daß der gemeine Mann den Weg zum Widerstand theologisch verbaut findet?

Das Einfallstor, das Luther den Einbruch in die Argumentation seiner Gegner ermöglicht, ist der Name, den die Bauernschaft auf ihre Fahnen geschrieben hat, der Ausdruck, mit dem sie sich selbst als Organisation charakterisiert, der Begriff 'Christliche Vereinigung'. In dem Selbstgefühl, das sich in dem Wort 'Christliche Vereinigung' bekundet, hat Luther in der Tat das geistige Zentrum revolutionärer Aktivität in der frühen Neuzeit gefunden, denn in diesem Begriff sind die beiden ideologischen Strömungen zusammengeflossen, die in der Vorgeschichte des Bauernkriegs aus unterschiedlichen Quellen gespeist wurden, die Bewegung des "Alten Rechts" und die Richtung des "Göttlichen Rechts". Die Proklamationen des Jahres 1525 berufen sich, wie GÜNTHER FRANZ gezeigt hat, in gleicher Weise auf beide Rechtsursprünge, nachdem vorher "Altes Recht" und "Göttliches Recht" voneinander getrennt waren (456).

Das "Alte Recht" ist konkret, aber partikular. Per definitionem besteht es in örtlichen Überlieferungen, Sitten und Gebräuchen, also im rein lokalen, höchstenfalls regionalen Gewohnheitsrecht. Es kann als revolutionärer Impuls verwendet werden, aber seinem Wesen nach ist es nicht geeignet, reform- und veränderungswillige überregionale Zusammenschlüsse zu gebären, da jeder, der das "Alte Recht" zum Zeugen anruft, mögliche Verbündete aus Lagern außerhalb der engeren Umgebung ausschließt.

Die Begründung des bäuerlichen Widerstands und Protests auf das "Göttliche Recht" ist abstrakt, aber universal. Die aus dem "Göttlichen Recht" hergeleitete Ordnung schneidet die Verbindung mit der Vergangenheit ab und eröffnet äußerlich und innerlich einen Zug ins Umfassende und Weite. Die Konzeption des "Göttlichen Rechts" ist dazu geschaffen, überregionale, das Lokale und die berüchtigte 'Lokalborniertheit' hinter sich lassende Gemeinschaften zu bilden, denen jedoch wegen ihrer mangelnden Verwurzelung im Bodenständigen ebenfalls die revolutionäre Kraft fehlt. Erst der Zusammenschluß des "Alten Rechts" und des "Göttlichen Rechts" schuf die revolutionäre Potenz, die den Großen Bauernkrieg von 1524/25 erzeugt hat.

Die aus dem "Alten Recht" und dem "Göttlichen Recht" zusammenwachsenden Gemeinschaften waren in der frühen Neuzeit die einzigen revolutionären Gebilde, in denen konkrete und universale Vorstellungen miteinander verknüpft und neue Formen sozialen Zusammenlebens versuchsweise erprobt wurden. Diese auf dem 'Alten und Göttlichen Recht' fußenden neuartigen Korporationen wählten für ihre Organisation vorzugsweise den Begriff 'Christliche Vereinigung', da 'Christliche Vereinigung' in prägnanter Weise die Versammlung derer bezeichnet, die als entschlossene Christen mit allem Ernst und aller Kraft nach dem "Göttlichen Recht", das in der Bibel aufgeschrieben ist, das "Alte Recht" wiederherzustellen suchen. Wenn Luther seinen Angriff auf den Namen 'Christliche Vereinigung' konzentriert, hat er die Gewißheit, bei einer erfolgreichen Polemik den Gegner im Zentrum getroffen zu haben.

Die Methode, mit der Luther den Protest des gemeinen Mannes unmöglich machen will, ist die Bestreitung der Selbstbezeichnung 'Christliche Vereinigung'. "Aber den Christlichen namen, den christlichen Namen sage ich, den last stehen und macht den nicht zum schanddeckel ewrs ungedultigen, unfridlichen, unchristlichen furnehmens, den will ich euch nicht lassen noch

gönnen, sondern beide, mit schrifften vnd worten, euch abreyssen
nach meynem vermügen, so lange sich eyne ader regt yn meyem
leybe." (457) Luther weiß, daß er an diesem Punkt für eine gerechte und vor allem für die richtige Sache kämpft. "Den ob ich
wol eyn armer sundiger mensch byn, so weys ich doch und byn
gewis, das ich yn diesem fall eyn rechte sache habe, wen ich umb
den christlichen namen fechte und bitte, das er nicht geschendet
werde." (458)

Seine Sicherheit, selbst das Recht zu vertreten, während die
Bauern im Unrecht sind, bezieht Luther aus dem Verfahren der
Begriffsabgrenzung und -klärung. Er ist davon überzeugt, plausibel demonstrieren zu können, daß der Begriff 'Christliche Vereinigung' eine contradictio in adiecto, ein 'hölzernes Eisen'
bildet. Christen können sich vom Wesen christlichen Daseins her
nur in den allerseltensten Fällen zu einer Vereinigung zusammenschließen, und eine Vereinigung kann fast niemals christlich
sein. In der Vorrede seiner Schrift macht Luther das den Bauern
deutlich, indem er erklärt: "Denn es nicht muglich ist, das so
grosser hauffe alle sampt rechte Christen seyn und gute meynung
haben, sondern eyn gros teyl der andern gute meynung zu yhrem
mutwillen brauchen und das yhre darunter suchen." (459) Mit dieser Bemerkung macht Luther zum einen, solange die Grundprämissen
des Denkens der Lutherzeit, das fraglose Stehen in christlichen
Traditionen, gültig bleiben, revolutionären Protest, für den die
Solidarität und Kooperation einer größeren Zahl von Menschen notwendig ist, unmöglich, zum anderen erhebt er die christliche
Existenz zu einer spirituellen Angelegenheit, von der realisti-
scherweise kaum Impulse für das politisch-gesellschaftliche
Leben zu erwarten sind.

Die Argumentationsbasis für seine Behauptung findet Luther in
der biblischen Beschreibung des Christ-Seins in der Welt. Dieser
Seinsweise widersprechen die 'Christliche Vereinigung' und alle
potentiellen Nachfahren, die ungerechte und illegitime Verhältnisse aufheben wollen. Sie wollen sowohl christlich als auch
politisch leben und handeln. Das prinzipielle Dilemma der
'Christlichen Vereinigung', das Luther in dieser Zusammenstel-
lung von 'christlich' und 'politisch' entdeckt und konstruiert,
haben die Angehörigen dieser Bewegung, die die Gründung einer
'Christlichen Vereinigung' für möglich gehalten haben, nicht
wahrgenommen. Luther versucht in seiner Schrift, die 'Christliche Vereinigung' zur Anerkennung des von ihm geschaffenen
Dilemmas zu zwingen.

Für denjenigen, der in die Tiefe, ins Grundsätzliche gehen
will, stellt sich die Frage, wie der Christ auf drückendes Unrecht eingehen und reagieren soll. Luthers Gedankengang zu dem
Problem lässt sich als Beantwortung zweier Fragen beschreiben:
1. Wie verhält sich der Christ, wenn ihm leiblich-materiell Unrecht angetan wird?, 2. Wie verhält sich der Christ, wenn die
Predigt des Evangeliums gehindert, ihm also geistlich-spirituell
Unrecht angetan wird?

Das richtige Verhalten des Christen, der im leiblich-materiel-
len Bereich Unrecht erfährt, fasst Luther in einem Satz zusammen: "Sehet, das ist die recht Christliche weyse, von unglück
und ubel los zu werden, nemlich, dulden und Gott anruffen" (460)

oder, anders ausgedrückt: "So habt yhr droben gehoret, das Euangelion leret die Christen leyden und dulden das unrecht und betten gegen Gott yn allerley not." (461)

In immer neuen Varianten, in Schriftzitaten, Erzählungen des Neuen Testaments, Beispielen der eigenen Lebensgeschichte usw. macht Luther diesen Grundzug des christlichen Lebens klar. Er zeigt der 'Christlichen Vereinigung', die ihr Recht sucht, ihr 'Recht'. "An diesen sprüchen greyfft eyn kind wol, das Christlich recht sey, nicht sich streuben wider unrecht, nicht zum schwerd greyffen, nicht sich weren, nicht sich rechen, sondern geben leyb und gut, das es raube, wer da raubet, wyr haben doch gnug an vnsern HERRN, der uns nich lassen wird, wie er verheyssen hat. Leyden, leyden, Creutz, creutz ist der Christen recht, des und keyn anders." (462) Christliche Rechtssuche ist Verzicht auf jedes Recht und Erleiden des Unrechts. So steht es in der Bergpredigt, aber auch bei Paulus (Röm 12,19; 1. Kor 6,1-8; 2. Kor 11,20) geschrieben, und so ist es im täglichen Leben zu bewähren, wenn vom Christen der Rock gefordert oder ihm auf die rechte Backe geschlagen wird. Alles andere ist eine Fehlinterpreatation des "Göttlichen Rechts".

Eine 'Waffe' steht dem Christen neben der bereitwilligen Duldung des Unrechts zur Verfügung: das Gebet. Luther zitiert zur Unterstützung Jak 5,16: "Des gerechten gebet vermag viel, wo es anhelt, wie Elias gebet thet." (463) Außer diesen beiden Verhaltensweisen Leiden und Beten gibt es keine Reaktionen auf erfahrenes oder geschehendes Unrecht, die mit dem Prädikat 'christlich' ausgezeichnet werden können.

Gemessen an der biblischen Größe ist der Versuch der Bauern, sich zur Rechtferigung ihrer Wünsche und Anliegen auf das "Göttliche Recht", die Heilige Schrift, das Evangelium, zu berufen, zu klein geraten. Sie sollten für ihr Vorhaben den Namen 'Christliche Vereinigung' fallen lassen. "Wollt yhr solchs recht tragen lieber, so thut auch den Christlichen namen von euch und rhümet euch eynes andern, der ewrem thun gemes ist, odder Christus wird selbst seynen namen von euch reyssen, das euch zu schwer seyn wird." (464) Christen, die Recht verlangen und Forderungen aufstellen, sind keine Christen. Luther kann gegen die Aufständischen nichts einwenden, wenn sie sich unter einem Banner sammeln, unter dem jeder Mensch öffentlich und politisch aktiv werden, Reformen begehren, Änderungen verlangen, Programme anbieten, Verbesserungsvorschläge einreichen darf. Gegen diese Form politischer Öffentlichkeit erhebt Luther keine Einwände. Nur das eine will er nicht gestatten: daß öffentlich-politische Reformbewegungen den christlichen Namen führen. "So sol nu und mus ewr titel vnd namen dieser seyn, das yhr die leute seyt, die darumb stritten, das sie nicht unrecht noch ubels leyden wollen noch sollen, wie das die natur gibt. Den namen solt yhr führen und Christus namen mit friden lassen, den das ist auch ewer werck vnd so thut yhr auch. Wollt yhr den nicht füren, sondern Christlich namen behallten, wolan, so mus ich die sache nicht anders verstehen, denn das sie myr gellte und euch fur feynde rechen und hallten, die meyn Euangelium dempffen odder hyndern wöllen, mehr denn Babst und Keyser bis her than haben, weyl yhr vnter das Euangelij namen widder das Euangelion faret und thut." (465)

Eine Vereinigung, die den christlichen Namen abgelegt hätte, hätte unter den Bedingungen des Reformationszeitalters und der frühen Neuzeit kaum Aussichten auf Erfolg gehabt. Wenn die Bauern auf diese Selbstbezeichnung aber nicht verzichten, stellt sich das Problem, daß Christen, die in der Weise des geduldigen Leidens und des anhaltenden Betens ihrem Herrn nachfolgen, in dieser Welt nicht sehr zahlreich sind. Sie begegnen sich nicht einmal so häufig, daß sie eine 'Christliche Vereinigung' bilden könnten. "Lieben freunde, die Christen sind nicht so gemeyne, das so viel sollten auff eynen hauffen sich versamlen; es ist eyn seltzamer vogel umb eynen Christen." (466)

Mit der rigorosen Anwendung der Bergpredigt auf das alltägliche Verhalten des Christen kann Luther das Dilemma jeder möglichen 'Christlichen Vereinigung' schaffen, wobei er mit einigem Recht davon ausgeht, daß derartige Gemeinschaften zur Verfolgung eigener Interessen gegründet werden. Die Gruppe organisiert sich entweder, um die Beseitigung erlittenen Unrechts und die Realisierung gewünschten Rechts politisch durchzusetzen; dann ist sie nicht christlich. Oder sie verzichtet auf ihr Recht und duldet das Unrecht; dann ist sie nicht politisch. "Darumb müsset yhr hie euch anders stellen, etnweder diese sache gantz und gar lassen fallen und euch zu leyden solch unrecht begeben, wollt yhr Christen seyn und heyssen, odder wollt yhr die sache ausführen, eynen andern namen furwenden und nicht als Christen genennet und geachtet werden; da ist keyn mittel und wird nicht anders aus." (467)

Luther bleibt sich in seiner Argumentation treu. Der Kern seiner Kritik an der mittelalterlichen Kirchenherrschaft lag darin, daß in ihr unter dem christlichen Namen Weltliches und Geistliches miteinander vermischt werden. Denselben Vorwurf wiederholt er gegenüber der 'Christlichen Vereinigung', die in ihrem Aufstand und Kampf gegen die katholische Hierarchie ebenfalls Weltliches und Geistliches miteinander verwirrt. Dasselbe Dilemma, das Luther der römischen Kirche aufgrund seiner tiefen Überzeugung von der Gültigkeit der Bergpredigt für alle Christen bereitet hat, stellt er auf für die protestierenden Gemeinden und die oberdeutschen Reformatoren, auf die sich die Zwölf Artikel indirekt berufen. Aus diesem Dilemma ist das 'christliche Gemeinwesen', das in den Entscheidungsjahren der Reformationszeit in den oberdeutschen Reichsstädten einen kurzen Frühling erlebte, in Deutschland nicht mehr herausgekommen.

Nutznießer des Angriffs Luthers waren in kirchenpolitischer Hinsicht die Territorialfürsten, wenngleich der Wittenberger Reformator deren 'Regiment' nur mit schweren Einschränkungen und Bedenken gutgeheißen hat. Doch nach dem Sommer 1525 war keine andere gesellschaftliche und politische Kraft mehr vorhanden, von der aus eine neue Kirchenorganisation, ein neues Kirchenwesen hätte aufgebaut werden können. Das Schreiben vom 30. November 1525, in dem Kurfürst Johann aufgefordert wird, in den kurfürstlichen Landen eine Kirchenvisitation durchführen zu lassen, ist von der kirchengeschichtlichen Bedeutung her neben 'Ermahnung zum Frieden' zu stellen. Es ergänzt das Verhalten und die Schriften Luthers im Bauernkrieg in positiver Weise. Während Luther in der Stellungnahme zu den Zwölf Artikeln die

Gemeinde-Reformation, den Gedanken der Organisation kirchlicher Angelegenheiten von der Gemeinde her, abgewiesen hat, begründet er in dem Brief vom 30. November 1525 den Aufbau des Kirchenwesens auf dem Fürsten, dem 'praecipuum membrum ecclesiae'.

Wie verhält sich der Christ zum zweiten, wenn ihm kein leiblich-materielles Unrecht geschieht, sondern die Predigt des Evangeliums behindert oder verboten wird? Im schroffen Gegensatz zu den Zwölf Artikeln weigert sich Luther, in der Frage der unbeschränkten Verkündigung der reformatorischen Botschaft ein öffentlich-politisches Problem zu sehen. Die Predigt des Evangeliums ist keine Sache, die durch öffentliche und politische Diskussionen entschieden werden kann und muß. Weder durch nackte Gewalt noch durch friedliche Abstimmung noch durch andere öffentlich-politische Verfahren kann und muß die Verkündigung des Gotteswortes durchgesetzt werden. Das Evangelium ist eine jeden Menschen treffende Botschaft, über die im Herzen jedes Menschen das Urteil gefällt werden muß. Ohne in irgendeiner Weise begrenzt zu sein, ruft die Predigt jedes einzelne Individuum zur Entscheidung, und keiner kann sich der Verantwortung entziehen, vor dem Evangelium sein - zustimmendes oder ablehnendes - Zeugnis ablegen zu müssen. Die Öffentlichkeit kann weder im Positiven noch im Negativen die Erkenntnis im Herzen des Einzelnen fördern, und deswegen ist es irreal, die öffentliche Verkündigung als ein Gut zu betrachten, das wie andere politische Güter unteilbar ist.

Die Konzeption Luthers ist in bezug auf Glaubens- und Gewissensfreiheit moderner als die seiner Gegner. Für die Toleranz in religiösen Fragen hat Luther in den Wirren des Bauernkriegs mehr als seine Opponenten geleistet, denn seine für das Menschenrecht der Glaubens- und Gewissensfreiheit grundlegende Aussage lautet, daß die Teilung der Gesellschaft durch die Predigt des Gotteswortes - aufgenommen von den einen, abgestoßen von andern - in der politischen und sozialen Praxis möglich und realisierbar ist.

Wenn die Obrigkeit die Prediger des Evangeliums ablehnt und ihnen durch Nicht-Einstellung den Zugang zu den Gemeinden verwehrt, bedeutet das für Luther nicht, daß das Evangelium unterdrückt wird. Dem Christen, dem die lebensnotwendige Verkündigung genommen wird, stehen, wenn es ihm wirklich um Gottes Wort zu tun ist, zwei Möglichkeiten offen, um den ungehinderten Zugang zum Evangelium zu erreichen.

Erstens kann er zusammen mit der ganzen Gemeinde, die die reformatorische Predigt hören will, einen Pfarrer wählen, der das reine und lautere Evangelium ohne menschliche Zusätze verküdigt. An diesem Punkt geht Luthers Betrachtung über die Reaktion des Christen auf das Verbot des Evangeliums in die uns schon bekannte Zehntendiskussion über. Der Lebensunterhalt des ohne Mitwirkung der Obrigkeit gewählten Predigers ist aus den eigenen Taschen der Gemeindeglieder zu bezahlen. Sie müssen finanziell für alles aufkommen, was zur Durchführung des evangelischen Gottesdienstes und zum Zusammenleben der Gemeinde notwendig ist. Die Obrigkeit, der durch die sich selbst tragenden Gemeinschaften keine pekuniären Belastungen entstehen - und die sogar den Zehnten empfängt, wenn die Mitglieder der Korporation sich an Luthers Empfehlungen halten -, hat keinen Grund, gegen

die friedlichen und stillen Gemeindebildungen einzuschreiten.
Hintergrund der Lösung ist aber Luthers apolitische Konzeption,
nach der anders als in den Zwölf Artikeln die Teilung der Gesellschaft durch die Predigt des Gotteswortes möglich und realisierbar ist.
Aber auch in dem Augenblick, in dem - zweite Stufe - die
Obrigkeit ihre friedliche Politik verlässt und den Gottesdienst
der evangelischen Gemeinde untersagt sowie die Prediger des
Evangeliums verfolgt, ist für Luther nicht das Signal zum Aufruhr gegeben. Aufgrund der universalen Ausbreitung des Evangeliums können Christen, die am Zugang zum Gotteswort in einem
Territorium gehindert werden, der Verkündigung in eine andere
Stadt, in ein anderes Land nachlaufen. Wenn das nicht möglich
ist, können sie in eine andere Umgebung ziehen, um dort ihre
unauffällige Gemeinschaft zu bilden, in der sie ihren evangelischen Gottesdienst abhalten. Im 16. Jahrhundert konnte man noch
annehmen, daß in einem ruhigen Winkel der Weltgeschichte der Ort
gefunden werden könne, an dem es möglich sei, dem Evangelium
gemäß zu leben, genauso wie in diesem Jahrhundert das 'erste
Menschenrecht', das 'Recht auf Auswanderung', noch in Kraft
war.
Mit der apokalyptisch-urchristlichen Radikalität, die wir bei
seiner Anwendung der Bergpredigt auf das Verhalten des Christen
in der Welt kennengelernt haben, konstruiert Luther für den Anhänger des Evangeliums in der Notsituation die Alternative:
Heimat oder Evangelium. Die Forderung des politisch aktiven,
reformwilligen Menschen, der beides, Heimat und Evangelium,
will, erkennt Luther nicht an. Falls es zur Entscheidung kommt,
ist Flucht und nicht politischer Kampf die Aufgabe des Christen.
Alle, die statt des Verlassens der Heimat den politischen Aus-
weg suchen, in der Gesellschaft dem Evangelium gemäße Institutionen zu verlangen und durchzusetzen, weist Luther ironisch
darauf hin: "Solchs hat Christus geleret Matthei 10. So sie
euch yn eyner stad veriagen, so fliehet yn eyne andere. Er
spricht nicht: Wenn sie euch yn eyner stadt veriagen, so bleybt
drynnen und nemet die stad eyn dem Euangelio zu lobe und rottet
euch widder die herrn der stad, wie man itzt thun will und leret
sondern fliehet, fliehet ymer so fort yn eyne ander, bis des
menschen son komet." (468)
Die Frage, ob Luther zu diesem Zeitpunkt die an keine bleiben-
de Stadt gebundenen Gemeinden, deren Verfassung er in den Erläuterungen zu den ersten beiden der Zwölf Artikel entwirft, nach
dem pessimistischen Urteil über die 'Christliche Vereinigung'
für realisierbar hält, ist nicht zu entscheiden. Gegenüber der
Organisation des gemeinen Mannes haben die freiwilligen Gemeinschaften den Vorteil, daß sie klein und isoliert sind. An ihnen
hängt kein politisches Gewicht. Sie sind nicht gezwungen, in
die Öffentlichkeit zu treten. Sobald diese Notwendigkeit weg-
fällt, ist es möglich, ohne juristische Prozesse und politische
Auseinandersetzungen sich durch das soziale Leben zu schlagen.
Denn es ist nach Luthers Ausführungen klar, daß für die Gemeinschaften entschlossener Christen dasselbe gilt wie für alle
christliche Gemeinden: Ihr Recht besteht im Rechtsverzicht,
ihre Politik im Verzicht auf Politik. Wenn diese Korporationen

christlich sein wollen, dürfen sie keine Rechtsmittel benutzen, Prozesse anstrengen, Forderungen aufstellen, Reformen verlangen, sondern müssen still und friedlich das Unrecht erleiden, das ihrer Gemeinschaft zugefügt wird. Sobald die Obrigkeit die Linie der Toleranz aufgibt und der Gemeinde den Mund verschließt, hat die Gemeinde der öffentlichen Aktivität und des politischen Kampfes zu entsagen und in eine andere Stadt zu ziehen, um dort das Evangelium zu verkünden.

Wegen dieser dem natürlichen Menschen widerstrebenden Forderungen bezweifelt Luther, daß sich jemals genügend Christen finden, die von sich aus im Gehorsam gegen das Wort Gottes eine derartig friedliebende Vereinigung bilden. Der einzig gangbare Weg zur Organisation des Kirchenwesens ist daher nicht von der Gemeinde aus zu beginnen, sondern liegt in dem Aufbau der kirchlichen Verhältnisse auf 'praecipua membra ecclesiae', d.h. den Territorialfürsten. Das Schreiben vom 30. November 1525 ist der entscheidende positive Schritt zur Fürsten-Reformation, zur Souveränität der weltlichen Gewalt in der empirischen Kirchenorganisation.

Die Methoden, nach denen Luther in 'Ermahnung zum Frieden' vorgeht, sind die der Privatisierung des Zehnten und, daran anschließend, der konsequenten Anwendung der Bergpredigt. Hinter dem ersten Gedankengang, in dem Luther das aktuelle Problem des Zehnten aufgreift, steht der Wille, Herrschaft als Privatgut und die Zehntabgaben als Privateinnahmen zu betrachten. Jede Beeinträchtigung dieser privaten Güter durch die Gemeinde, jede Forderung nach öffentlicher Kontrolle dieses Privateigentums wird als kriminelle Handlung, als Raub und Diebstahl angesehen. Die zweite Argumentationskette, in der der Wittenberger Reformator die grundsätzliche Frage des gemeinsamen Widerstands gegen die unrechtmäßige Obrigkeit erörtert, ist geprägt von der Absicht, die christliche Gemeinde als eine Korporation darzustellen, die getreu der Bergpredigt auf jede Wahrnehmung eigener Rechte verzichtet und für die eigenen Angelegenheiten keine Souveränität und Autonomie beansprucht. Bei beiden zusammenhängenden Themen sucht Luther die Sprengkraft zu entschärfen, die in den Diskussionsstoffen liegt.

Fast alle politischen Rechte werden der Gemeinde von Luther entzogen. Sie hat nicht in die Herrschaft hineinzureden. Die Erhebung und Verwendung des Zehnten kann sie nicht kontrollieren. Auch sonst fallen fast alle Kompetenzen und Entscheidungsbefugnisse weg. Die kleinen Gemeinschaften, die Luther trotz seiner Zweifel an ihrer Realisierbarkeit vorschlägt, sind nicht in der Weise der aufrührerischen Bauern, sondern in der wahren Weise des Evangeliums christlich. Daher distanzieren sie sich von den Bereichen des Rechts und der Politik.

Die Schrift Luthers, in der er zu dem Ergebnis kommt, daß erstens die Gemeinde über die Organisation des Zehnten in keiner Weise zu bestimmen hat, da er Privatbesitz bildet, und zweitens die 'Christliche Vereinigung', die in der frühen Neuzeit als einziger Kristallisationskern revolutionären Protests in Betracht kommt, eine Gemeinschaft ist, die keine Gewalt ausübt, keine politischen Forderungen stellt und nicht einmal ihr Recht sucht, hat eine Auseinandersetzung darüber eröffnet, ob der Wittenber-

ger Reformator in ihr frühere Positionen aufgegeben hat. Zeugen
für diese Auffassung sind die Bauern, die Luther aufgrund des
öffentlichen Auftretens, das sie bis zu diesem Zeitpunkt kannten,
in die Spitzenränge ihrer Richterlisten(n) rückten. Sie haben
ihn dabei sicher um Vermittlung und nicht um Vernichtung gebeten.

Im Gegensatz zu den über seine Reaktion überraschten Bauern
sieht Luther zwischen seinen früheren Aussagen und Schriften und
'Ermahnung zum Frieden' keinen Bruch, denn der wesentliche Punkt
der Ekklesiologie ist für ihn nicht die Frage der Organisation
des Kirchenwesens. Die Kirche ist die verborgene Gemeinschaft
der Gläubigen und Gerechtfertigten, die in Wort und Sakrament
erfahrbar wird, nicht eine organisierte Körperschaft (469). In
den Regelungen des Gemeindelebens zeigte sich Luther bis 1525
flexibel. Wenn er in "Das eyn Christliche versamlung odder gemeyne recht und macht habe, alle lere tzu urteylen und lerer tzu
beruffen, eyn und abtzusetzen, Grund und ursach der schrift" von
Recht und Macht der Gemeinde gesprochen hat, so war dies für ihn
eine Möglichkeit in einer Notsituation, in der die regulären
Entscheidungsprozesse aufgelöst sind (470), kein unabdingbares
Prinzip der Kirchenverfassung.

Sofern sie übersahen, daß für Luther Verfassungen des Kirchenwesens einen relativen Wert besaßen, konnten Leser und Hörer aus
"Das eyn Christliche versamlung ..." und ähnlichen Schriften
eine Rechtfertigung der Pfarrerwahl durch die Gemeinde ableiten.
Aber Luther selbst hat sich, wenngleich er vor 1525 diese Konzeption als eine neben anderen dargestellt, nie rückhaltlos und
unbedingt zur Position der Gemeinde-Reformation bekannt und konnte deshalb den Vorwurf zurückweisen, zu den Wegbereitern des
Bauernkriegs gehört zu haben.

Keiner der Theologen aus dem Kreis der mitteldeutschen Reformation hatte vor der Veröffentlichung von 'Ermahnung zum Frieden'
eine den Grundintentionen Luthers entsprechende Konzeption des
Zehnten gefunden. Erst nachdem Luther gesprochen hatte, traten
die Weggefährten mit eigenen Beiträgen hervor. In den Gutachten
für den Kurfürsten von der Pfalz treibt Philipp Melanchthon die
Strategie der Privatisierung des Zehnten weiter voran, wohingegen
Johannes Brenz bemüht ist, sie mit der Idee der politischen
Öffentlichkeit zu verbinden.

2. Philipp Melanchthon

Melanchthon nahm in einer Auftragsarbeit zu den Zwölf Artikeln
Stellung. Kurfürst Ludwig V. von der Pfalz hatte in einem Schreiben vom 18. Mai 1525, bedrängt durch aufständische Bauern, verlassen von den Standesgenossen, unsicher über die Zeitläufte,
sein ehemaliges Landeskind aus Bretten aufgefordert, entweder
persönlich zu einer Aussprache und Beratung der Theologen und
Juristen nach Heidelberg zu kommen oder über die Zwölf Artikel
ein Gutachten zu verfassen. Von den beiden Möglichkeiten wählte

Melanchthon die letztere. Als Vorlage hatte er die historisch wirksame, ideenreiche 'Ermahnung' Luthers, deren Assoziationsfülle Melanchthon Material zum Schreiben bot und deren Positionserlärung ihm die unmittelbare Verantwortung abnahm.

Melanchthon selbst sorgte dafür, daß seine Auftragsarbeit im Druck erschien und in die Öffentlichkeit gebracht wurde. Das ursprüngliche Gutachten ist zwar verlorengegangen, aber die Ende August/Anfang September herausgegebene Publikation "Eyn schrifft Philippi Melanchthon widder die artikel der Bawrschafft" dürfte mit dem verschwundenen Original weitgehend identisch sein. Der Titel deutet an, welche soziale Gruppe Melanchthon ablehnt, welcher er zuneigt und in welche Richtung die Argumente laufen.

Der Kurfürst erhoffte von Melanchthon die Wiederholung der Abhandlung, die Luther geschrieben hatte: die reformatorische Widerlegung der Zwölf Artikel, die nicht in die katholische Kirche zurückführte. Der Politiker verlangte vom Theologen eine Theorie, die eine konservative, die Verhältnisse nicht umstürzende Politik gegenüber dem gemeinen Mann legitimierte und rechtfertigte, aber gleichzeitig die Reformation des Kirchenwesens nicht verhinderte.

Anfang Juni jedoch, als das Gutachten vorlag, war der Kurfürst auf diese Begründung seiner Politik nicht mehr angewiesen. Die Gunst des Augenblicks hatte sich gewendet. Unter dem Eindruck des fürstlichen Strafgerichts im Mai 1525, vor allem unter dem Schreckensbild des buchstäblich im Blut watenden Herzogs Anton von Lothringen waren die Bauern weitgehend verstummt. Der Kurfürst schloß sich dem Kriegszug des Schwäbischen Bundes gegen die fränkischen Bauern an und entschied sich den Umständen entsprechend zu einer unnachgiebigen, harten und straffen Politik gegenüber den Aufständischen. Von allen Gutachten unberührt, wurde bedingungslose Unterwerfung und Disziplinierung der Bauern, nicht Anhören und Diskutieren am Hof zu Heidelberg zur Maxime des Handelns gewählt. In dem Städtchen Pfeddersheim bei Worms wurde am 24. Juni 1525 die letzte Schlacht des Bauernkriegs in Westdeutschland geschlagen, in der die pfälzischen Bauern wie in Zabern niedergemetzelt wurden (471).

Bevor dieser Ausgang feststand, sah sich Melanchthon denselben Problemen wie Luther gegenüber. In Übereinstimmung mit den vagen und verschwommenen Gefühlen seines Auftraggebers sollte er erstens die gegebenen gesellschaftlichen Verhältnisse rechtmäßig und zweitens den Widerstand der Bevölkerung gegen die herrschenden Zustände unmöglich machen.

Melanchthon folgt in allen wesentlichen Punkten der Strategie Luthers, aber er glättet und systematisiert Luthers feurige, eruptive, dem Augenblick und der historischen Situation entsprungene Aussagen. Neben dem zündenden, auf Aktualität achtenden Publizisten Luther wirkt Melanchthon steif und professoral. Aber Melanchthons klar gegliederte, logisch aufgebaute 'Vorlesung' bestätigt in jeder Hinsicht unsere Interpretation Luthers.

Wie Luther deklariert Melanchthon den Zehnten zum Privateinkommen. Die Kriminalisierung der Zehntendiskussionen und -verweigerungen, die für Luther aus dieser Erklärung resultierte, ergibt sich für Melanchthon ebenfalls. Seine Ausführungen, daß

Bauern, die den Zehnten nicht mehr abliefern bzw. die Berechtigung des Zehnten in Frage stellen, Friedensbrecher, Räuber und
Diebe sind, fasst Melanchthon in eigenen Worten so zusammen:
"Aber yn summa haben die bawrn weder fug noch recht, den zehenden der oberkeyt ab zu brechen und das sie mit wolten umbgehen,
wie sie wölten, dann solche lands ordnung brechen, ist gemeynen
friden brechen, das widder die lieb ist." (472)

An weiteren Angaben, die den Privatbesitz-Charakter des
Zehnten unterstreichen, finden sich bei Melanchthon Notizen über
Zehntenkäufe und Bemerkungen zur Abschaffung des kleinen Zehnten,
die die Bauern im zweiten Artikel verlangt hatten. Der kleine
Zehnte war an vielen Orten längst abgelöst und aufgehoben. Für
Melanchthon dagegen bedeutet der Vorschlag, hauptsächlich aber
seine Begründung, daß die Tiere nach Gottes Willen für jeden
Menschen frei verfügbar sein sollen (473), den Zusammenbruch des
durch das Privatrecht gesicherten Eigentums. Er stellt fest,
"das sich ieder des seynen gebrauchen soll, sonst volgt, das du
mir yn meynen stall möchst gehen, und daraus nemen nach deynem
synn" (474). "Die bawrn thun unrecht, das sie mit eygnem freuel
solchs wollen eyner Oberkeyt abbrechen" (475), lautet der Schluß-
kommentar Melanchthons zum zweiten Artikel.

Genau wie Luther hält Melanchthon jedoch daran fest, daß der
Zehnte eine Abgabe bildet, die der Obrigkeit als Obrigkeit zukommt. In den einleitenden Sätzen seiner Erörterung hebt Melanchthon den Steuercharakter des Zehnten hervor, indem er den klas-
sischen Steuerbegriff, der die Steuer als Entgelt für allgemeine,
nicht näher bestimmte Leistungen der Regierung versteht, auf den
Zehnten anwendet. "Eyn oberkeyt muß zu gemeynes lands notturfft
eyn grossen kosten haben" (476), und zu den Einnahmen, die der
Obrigkeit um der Erfüllung ihrer Aufgaben willen zustehen, ist
der Zehnte zu rechnen.

Die These, daß jede Regierung auf Steuern angewiesen ist, um
funktionieren zu können, bildet den Ausgangspunkt für eine rela-
tiv ausführliche Auswertung des Neuen Testaments, in der die
Stellen zitiert werden, an denen Johannes der Täufer (Lk 3,14),
Jesus (Mt 17,27) und Paulus (Röm 13,7) zum Gehorsam gegen die
Obrigkeit im wirtschaftlichen und finanziellen Bereich ermahnen.
Anlaß für die Heranziehung des Neuen Testaments ist die Auslegung
der oberdeutschen Reformatoren, die vor dem Bauernkrieg die Ablieferung des Zehnten mit dem Argument bestritten hatten, das
Zehntgebot gehöre zum Joch des alttestamentlichen Gesetzes, das
den Christen nicht mehr auferlegt sei.

Melanchthon gesteht zu, daß das Alte Testament als bürger-
liches Gesetzbuch für die Christen keine Rechtskraft mehr besitzt, aber er behauptet im Unterschied zur Auffassung der politischen Theologen und zur Lehre der katholischen Kirche, die
seit dem Auftreten der iro-schottischen Mönche im Westen, also
seit nahezu tausend Jahren, tradiert worden war, daß der Zehnte
nicht aufgrund des Alten Testaments verpflichtend sei. Der
Zehnte beruht nicht auf dem mosaischen Gesetz, sondern auf obrigkeitlicher Festsetzung. Er ist keine Erinnerung an das Alte
Testament, sondern eine Abgabe an die Regierung, die diese um
der Wohlfahrt des Landes willen einziehen und verwalten muß.
Daß Christen vertraglich gesicherte Leistungen aufzubringen

haben, beweisen Johannes der Täufer, Jesus, Paulus - und die alten Ägypter, die unter dem großen Kanzler Joseph sogar den Fünften zu geben schuldig waren.

Bei allem, was sie über den 'heidnischen Aberglauben' und den 'Baalsdienst' dachten, haben die politischen Theologen der Reformationszeit einen Gedanken des kanonischen Rechts nicht bestritten: Der Zehnte ist, wenn überhaupt, biblisch zu begründen. Melanchthon dagegen macht den Zehnten zu einer staatlichen Einnahme, die die Regierung um ihrer Existenz willen beanspruchen muß. Die bis dahin in der Zehntgeschichte unbekannte und neuartige Konzeption fügt sich ein in die Entwicklung des frühneuzeitlichen Staates. Sie ist, wie die folgende Besitzgeschichte zeigt, von den Territorialfürsten günstig aufgenommen und bereitwillig rezipiert worden.

Trotz der für die weltliche Obrigkeit vorteilhaften Konstruktion des Zehnten bestreitet Melanchthon nicht, daß der Zehnte für den Aufbau und die Organisation des Kirchenwesens verwendet werden soll. Vorsichtig nimmt er das Anliegen auf, das die Bauern mit Protestaktionen, Zehntendiskussionen und -streiks symbolisieren wollten: "Du sprichst aber, die herrschaft braucht yhn nicht recht, die monch und pfaffen haben yhn, und thun nichts darumb." (478) Melanchthon geht obendrein über die Wiedergabe des Arguments seines Gesprächspartners hinaus und bekennt, daß die derzeitige Verteilung des Zehnten viel zu wünschen übrig läßt. Es wäre gut, wenn an der Nutznießung und den Nutznießern des Zehnten Änderungen vorgenommen würden. "Da bey aber wölt ich, das die oberkeyt eyn ynsehen hette mit den stifftungen und klöstern, davon wollen wir hernach sagen." (479)

Bis zu diesem Punkt ist Melanchthon mit den Bauern einer Meinung. Die Erbitterung des gemeinen Mannes über die bösen und faulen Knechte, die 'Baalsdiener und Götzenanbeter', die in den Genuß des Zehnten kommen, ist verständlich und berechtigt. Aber nach diesem weitgehenden Zugeständnis an bäuerliche Emotionen und Gefühle findet Melanchthon die konzentrierteste Verdichtung der Anschauungen der Fürsten-Reformation: "Antwort, Was geht das dich an, dennoch solltu der oberkeyt nichts nemen, und was dir auffgelegt ist, dahin geben, do sie es hin geordnet hatt, bis das sie es anders macht, daran thuestu recht." (480)

Von Melanchthon wird der Grundgedanke jedes Steuersystems, die Verantwortung der Regierung gegenüber den Steuerzahlern, abgelehnt. Jede Abgabe, die an die Obrigkeit geht, zählt zum Bestandteil des herrschaftlichen Privatbesitzes, über den nur die Obrigkeit bestimmen kann. Am Privatvermögen der weltlichen Gewalt haben die Untertanen, so verärgert sie über die Verwendung und Verteilung der von ihnen aufgebrachten Güter sein mögen, nicht zu rütteln. Ihnen steht nicht das Recht zu, über dieses Privateinkommen etwas zu beschließen, sogar nicht einmal das Recht, darüber zu debattieren.

Das Kontrollrecht der Bevölkerung existiert im Zehntwesen genausowenig wie in allen anderen Gebieten der privatherrschaftlichen Wirtschafts- und Finanzordnung. Reformen im Zehntwesen sind wie alle Änderungen im obrigkeitlichen Wirtschafts- und Finanzbereich Dinge, über die allein die Obrigkeit, keine Repräsentation der Untertanen oder die Untertanen selbst, entscheiden können. Mit dem Ausschluß der Bevölkerung aus dem Privatbesitz der Herrschaft hat Melanchthon seiner Konstruktion des Zehntwesens den Schlußstein eingesetzt.

Melanchthon mußte in seiner Abhandlung zum zweiten die Abneigung der Obrigkeit gegen den gemeinsamen Widerstand der Untertanen in eine prägnante Problemlösung bringen. Auf diesem Gebiet hatte jedoch Luther die entscheidende Vorarbeit geleistet.

Die ausführliche Einleitung, in der sich Melanchthon mit dem Thema 'Evangelium und Obrigkeit' auseinandersetzt, ist eingespannt zwischen die Ausgangsthese: "Und sonderlich foddert das Euangelium gehorsam gegen der oberkeyt, und dieweyl der artickel so gar verachtet wurt von denen, die sich Euangelisch nennen, wollen wir das Euangelium, und Gottes wort yhnen furhalten" (481 und die Schlußbeurteilung des Stellenwerts der Zwölf Artikel: "Darumb. Wenn schon alle artickel der Bawrschafft gebotten weren ym Euangelio, dennoch thetten sie widder Gott, das sies mit gewalt und auffrüren wollen erzwingen, noch sind sie so freuel, und treyben solchen muttwillen unter gottlichs namens scheyn."(4 Die dazwischenliegende Erörterung lehnt sich eng an die Strategi Luthers an. Viele Schriftzitate und Beispiele Luthers nimmt Melanchthon, der außerdem noch seine eigene Bibelkenntnis unter Beweis stellt, auf.

Melanchthon hält es für die Pflicht der Obrigkeit, Prediger zuzulassen, die das Evangelium verkündigen. Die Toleranz, mit der die weltliche Gewalt die Ausbreitung des Gotteswortes behandelt, wird ihr Glück bringen, genauso wie Intoleranz und Unterdrückung Unglück nach sich ziehen. "Gott hat auch Pharao zu eym exempel gesatzt, daran die oberkeyt lerne, das sie gottes wort nicht verachte, sondern yhm rawm gebe." (483)

Was geschieht, wenn die Obrigkeit den evangelischen Theologen die Kanzeln der Stadt und des Landes versperrt und die Verkündigung des reinen Gotteswortes verhindert? Wie soll sich der Chris verhalten, wenn ihm geistlich-spirituelles Unrecht widerfährt?

Für diese Notlage schlägt Melanchthon zwei Verhaltensweisen vor, die in Wirklichkeit zwei Seiten ein und derselben Medaille sind: 1. nicht an die Öffentlichkeit treten; 2. sich in die Privatsphäre zurückziehen. "Wo aber ie eyn oberkeyt vom Teuffel besessen, nicht leyden wollte, das man das Euangelium reyn prediget, soll dennoch keyn auffrur erweckt werden, denn Gott hat aufrur verbotten, sonder eyn ieder, der recht glewbt, sol fur sich seynen glawben bekennen, und leren seyn haußgesind, und wer do begert zu lernen." (484)

Die Vorstellungen Melanchthons sind bürgerlicher, familiärer, begrenzter und enger als die Luthers. Sie laufen auf die Konstituierung kleiner Hausgemeinschaften evangelischer Christen hinaus. Unter Umständen ist es möglich, daß sich mehrere solcher Hausgemeinschaften zu einer Gemeinde vereinigen und einen Pfarre wählen. Im Unterschied zu Luther, der in 'Ermahnung zum Frieden' den Streitfall zwischen Obrigkeit und Gemeinde vor Augen hat, bleibt bei Melanchthon aber unklar, ob die Wahl des Predigers von der gesamten aufrührerischen Gemeinde oder von einzelnen Christen, die sich zu einer Gemeinschaft zusammenschließen, vorgenommen werden soll.

In jedem Fall schließt sich an die Bildung einer Freiwillig-keitsgemeinde die Frage der Finanzierung an. Melanchthons Lösung des Kostenproblems lautet, daß der gewünschte Pfarrer von der freien Gemeinde auf eigene Rechnung anzustellen ist, ohne daß die Obrigkeit zu Leistungen aus dem Pfarrgut, aus der Pfründe gezwungen wäre. Die Obrigkeit hat nicht auf die ihr rechtmäßig aus der Pfarrei zufließenden Abgaben zu verzichten, und sie hat auch nicht die Verpflichtung, die Mittel des Pfarrguts der Gemeinde zu überlassen. Selbst wenn sie aus den Einnahmen der Pfarrei Pfarrer unterstützt, die gegen das Evangelium predigen und nicht die Zustimmung und Anerkennung ihrer Zuhörer finden, hat die Obrigkeit Anspruch auf die Zahlungen der Untertanen. Die Prediger, die in dieser Art und Weise von der weltichen Gewalt ernannt und berufen werden, dürfen von den Gemeindegliedern nicht aus ihrer Pfründe vertrieben werden. "Wo die oberkeyt eyn Pfarrer ynn solche güter gesetzt hatt, ists rawberey, wann du yhn on der oberkeyt willen außstossen wilt. Die güter oder nützung, die du der oberkeyt pflegst zu geben, sind nicht mehr deyn, sonder der Oberkeyt, der selbigen etwas abbrechen ist yhe gewalt und freuel." (485)

Gemeinden, die mit Gottesdienst, Predigt und Prediger unzu-frieden sind, errichten eine Gemeinschaft, die ihren eigenen Pfarrer wählt und auf eigene Kosten seinen Lebensunterhalt be-streitet. "Darumb wiltu eynen bessern prediger haben, ist billich, das du yhm, on rawb, deynem lonest." (486) Die freie, von der Obrigkeit unabhängige Gemeinschaft hat doppelte Verpflichtungen: auf der einen Seite den Zehnten für die von der weltlichen Gewalt zwangsweise aufrechterhaltene Messe, auf der anderen Seite die Beiträge für den von der Gemeinschaft ge-wünschten und eingerichteten evangelischen Gottesdienst. Melan-chthon läßt an dieser Stelle nicht nach: Mit der Verkündigung des Gotteswortes ist der Verzicht auf Gewalt verbunden. Wenn durch die Predigt des Evangeliums die Gesellschaft geteilt wird, sind die finanziellen Konsequenzen zu tragen, selbst wenn sie in einer doppelten Belastung durch 'Staatskirche' und 'Frei-willigkeitsgemeinde' enden.

Wenn die Obrigkeit auf die friedlichen Pläne nicht eingeht, wenn sie nicht einmal die Organisation freiwilliger Gemeinschaf-ten zulässt und die Abhaltung evangelischer Gottesdienste ver-bietet, bleibt nur der Weg aus der Heimat in die Fremde. Der Christ, dem der Zugang zum Evangelium verschlossen wird, kann entweder das reine Gotteswort in einer anderen Stadt, in einer anderen Gemeinde hören, oder er kann die endgültige Emigration mit allem Hab und Gut auf sich nehmen. Nur eines kann er nicht: am heimatlichen Wohnsitz vor dem Forum der politischen Öffent-lichkeit für die Einrichtung eines evangelischen Gottesdienstes agieren und kämpfen. Im Konfliktfall ist der letzte Zuflucht-ort der christlichen Gemeinde nicht 'das Kulturland', sondern 'die Wüste'.

Die Obrigkeit, die wirklich die evangelische Predigt fördern will, kann nach Melanchthons Verständnis den ersten Artikel übernehmen, d.h. den Gemeinden die freie Pfarrerwahl zugestehen. "Wo aber eyn Gotsfürchtige oberkeyt das Euangelium wil predigen lassen, were gut, das die kirchen allenthalb selb macht hetten

Pfarrer zu welen und zu ruffen. Wie Act. 6 die election der
Diacon geschahe, denn auch einer gantzen kirchen bevollen ist
zu richten von der prediger lere 1. Corinth. 14 und Paulus wil
den Corinther 1. Corinth. 5 nicht alleyn bannen, sonder mit
der gantzen kirchen, das also eynsetzen und absetzen yn der
kirchen gewalt gewesen ist." (487)

Die Einbuße an obrigkeitlichem Einfluß hält sich jedoch in
Grenzen. Das Recht der freien und unabhängigen Pfarrerwahl den
Gemeinden einzuräumen, beabsichtigt Melanchthon nicht. Bei
jeder Wahl der Gemeinde besitzt die weltliche Gewalt das ausschlaggebende und bestimmende Recht der Prüfung. Der Fürst und
seine Räte, die in diesem Kirchenwesen den spätmittelalterlichen
Patronatsherren an Macht übertreffen, haben die Wahl und den
Gewählten zu begutachten. Sie haben das letzte Wort; sie verfügen über das absolute Veto. Der Geistliche, der ihnen nicht
gefällt, kann nicht in eine Pfarrei kommen. Unter dem Druck des
Bauernkriegs sind von der lutherischen Reformation die gemeinde-
raformatorischen Vorstellungen aufgegeben worden, die noch 1523
in Luthers Schrift "Das eyn Christliche versamlung ..." vor-
kamen.

Die verfassungstheoretische Konstruktion Melanchthons hat in
der historischen Stunde von 1525 praktische Bedeutung. In der
Zeit vor dem Bauernkrieg haben, wie Melanchthon anschaulich und
lebensecht erzählt, die Bauern Prediger gehört, die sich in
ihrer Predigt auf einen Punkt konzentriert haben: auf die Forderung, keine Zinsen und Zehnten mehr zu entrichten. Solche Predigten, aus denen der gegenwärtige Aufstand erwachsen ist, haben
die Bauern bereitwillig aufgenommen. Sie haben sogar die Prediger, die sich gegen ihre Wünsche gesträubt, die Prädikanten, die
Gehorsam und Zehntenzahlungen verlangt haben, bedroht, mit Steinen beworfen und zum Halten von Predigten gezwungen, die ihnen
mehr zusagten. Viele Prediger haben den bequemeren Weg gewählt
und das Evangelium verraten, das "nicht alleyn leret geben, was
ordentlich oberkeyt ynngesetzt hat, sonder auch heyst den mantel
faren lassen, wo dyr eyner mit vnrecht den rock nympt" (488).
Diese Entwicklung zu Rebellion und Revolution ist ausgeschlossen
wenn sich die Obrigkeit, unbeschadet der in der Gemeinde ruhen-
den Möglichkeit der Pfarrerwahl, darum kümmert, daß keine 'politischen', sondern Frieden und Ordnung liebenden Pfarrer in die
Pfarreien gelangen.

Melanchthon versteht die der Gemeinde gestattete Pfarrerwahl
nicht als Recht, sondern als von der Herrschaft jederzeit zurück
ziehbare Toleranz. So wie der Zehnte ausschließlich in den Bereich der Obrigkeit fällt, so ist die Pfarrstellenbesetzung ein
privatherrschaftliches Gebiet, das nur auf dem Gnaden-, nicht
auf dem Rechtswege den Gemeinden geöffnet wird.

Der obrigkeitstreue Theologe, der die Hoffnungen seines Auftraggebers nicht enttäuscht hat, ist in der Problemlösung noch
weiter fortgeschritten als Luther, ohne dessen Polemik allerdings Melanchthons Stellungnahme nicht denkbar wäre. Die beiden
entscheidenden Punkte, in denen Melanchthon über Luther hinausgeht und weitergehende, den weltlichen Gewalten entgegenkommende
Vorstellungen formuliert, sind: 1. die Befreiung des Zehnten aus
allen kirchlich-biblischen Bindungen, 2. die Verlegung der
christlichen Gemeinde in das 'Haus'.

Doch vertritt Melanchthon nicht die Auffassung des politischen Absolutismus. Die Obrigkeit verfügt nicht aus eigener Machtvollkommenheit und Gesetzgebung über Pfarrstellen und Zehnten, sondern aufgrund der zu einem bestimmten geschichtlichen Zeitpunkt geschlossenen Verträge, also aufgrund historisch überlieferter, privatrechtlich verfasster Privilegien. Nicht als absolute Gewalt, als souveräner Staat herrscht die Obrigkeit im Kirchenwesen, sondern als 'übermächtiges Subjekt', als 'praecipuum membrum ecclesiae'. Der Gedanke des Patronats, der mit dem landesherrlichen Kirchenregiment verwandt, aber nicht identisch ist, steht hinter Melanchthons Verfassungskonstruktion.

Unter dem Eindruck der Greuelnachrichten vom April 1525 stehen Luther und Melanchthon den Forderungen der Bauern ziemlich verständnislos gegenüber. Bei geringerer Betroffenheit durch den Protest der Massen und die Gewalt des Pöbels wäre es möglich gewesen, in den Zwölf Artikeln eine friedliche Eingabe zu sehen, mit der der gemeine Mann seine Vorstellungen eines neuen 'Partnerschaftsvertrags' explizieren wollte. Aber der Schock saß zu tief. Im Sommer 1525 berücksichtigen Luther und Melanchthon nicht, daß am Beginn des Bauernkriegs, im Februar und März 1525, die gemäßigten Bauernführer zwei Monate lang versuchten, den bewaffneten Konflikt zu verhindern, obwohl sie in dieser Zeit das stärkere militärische Potential hinter sich hatten, und ihre Operationen auf gütliche Verhandlungen und einvernehmliche Beratungen mit den Gesandten des Schwäbischen Bundes beschränkten. Nach den Erfahrungen der blutigen Auseinandersetzungen haben die Wittenberger Reformatoren kein Verständnis für die Zwölf Artikel, die sie mit Aufruhr und Rebellion verbinden.

An diesem Punkt, im Verständnis für die Bauern, weicht die Veröffentlichung des dritten lutherischen Reformators, der sich zur Zehntenfrage geäußert hat, von den Wittenbergern ab.

3. Johannes Brenz

Kurfürst Ludwig V. von der Pfalz hatte nicht nur den in der kurpfälzischen Stadt Bretten geborenen Phillipp Melanchthon, sondern auch den Stadtprediger der Reichsstadt Schwäbisch Hall, Johannes Brenz, zu der Aussprache und Beratung nach Heidelberg eingeladen. Wie Melanchthon sollte auch Brenz für den Fall, daß er verhindert sei, ein Gutachten einreichen. Die Arbeit Brenz' traf am 5. Juni 1525 in Heidelberg ein. Auch das Original dieses Gutachtens ist verlorengegangen.

Brenz hatte auf der berühmten Disputation am 26. April 1518 anläßlich des Generalkapitels der deutschen Augustiner-Kongregation, auf der auch Martin Bucer für die Reformation gewonnen wurde, zu Luther gefunden. Seit 1522 wirkte der begabte Prediger als Prädikant an der St. Michaels-Kirche in Schwäbisch Hall. Die freie Reichsstadt war zwar ein anderer Wirkungskreis als das kursächsische Residenz- und Universitätsstädtchen Wittenberg, denn die wohlhabende Gemeinde, zusammen mit Heilbronn ein Zentrum des württembergischen Franken, verlangte von ihrem Prädikanten, wenn er sich behaupten wollte, kulturelle Aufgeschlossenheit und politische Teilnahme, aber trotz dieser Umgebung ist Brenz zeitlebens ein treuer Anhänger der lutherischen Bewegung geblieben.

In seiner Stellung als Stadtprediger gelang es Brenz, zur maßgeblichen Gestalt der Reformationsbewegung im fränkischen Württemberg aufzusteigen. Daß er beim gemeinen Mann, bei den Bauern, geschätzt war, beweist die Tatsache, daß er in einem Begleitschreiben der Zwölf Artikel als einer der Richter genannt wird, die in der Lage wären, den aufgebrochenen Streit aufgrund der Heiligen Schrift zu schlichten. Der Kurfürst von der Pfalz konnte an dem wichtigsten evangelischen Prediger im Umland seiner Herrschaft nicht vorübergehen, wenn er die friedliche und gütliche Bereinigung des Konflikts unter voller Wahrung der obrigkeitlichen Rechte ernsthaft in Betracht ziehen wollte.

Der Auftrag, der Brenz gegeben war, differierte nicht von den Aufgaben Luthers und Melanchthons. Die Lösung der gleichen Probleme, die von den Wittenberger Reformatoren gefordert war, wurde auch von Brenz erwartet. Dennoch ist das Gutachten Brenz' in mancher Hinsicht von den Stellungnahmen Luthers und Melanchthons verschieden.

Die Divergenz wird schon dadurch nahegelegt, daß die Beurteilung der Zwölf Artikel nicht die einzige Äusserung Brenz' zum Bauernkrieg und seinem schrecklichen Nachspiel geblieben ist. In der wegen ihrer Humanität und Menschlichkeit schönen Schrift "Von Milterung der Fürsten gegen den auffrurerischen Bauern" ermahnt Brenz die Obrigkeiten, nicht zu hart und streng, nicht unchristlich gegen die irregeleiteten Bauern zu verfahren (489). Den menschlich ansprechenden Ton hält Brenz in zwei Schriften durch, die sich mit der Schatzung (finanziellen Bestrafung) der Bauern nach dem Sieg der Fürsten befassen (490). Selbst gegenüber seinen eigenen Vorgesetzten, den Ratsherren von Schwäbisch Hall, tritt Brenz in einer Publikation kräftig und energisch für die Besiegten und Unterlegenen ein (491).

Die Position, die in diesen Stellungnahmen zutage tritt, ist gekennzeichnet durch ein spürbares Engagement für die Interessen der Bauern. Während Brenz Rebellion und Aufruhr ablehnt, versucht er doch, den sozialen und wirtschaftlichen Forderungen und Wünschen des gemeinen Mannes so weit wie möglich entgegenzukommen. Diese Haltung charakterisiert auch sein Gutachten. Das Anliegen der Fürsten, die revolutionären Ambitionen der Untertanen einzudämmen, wird von Brenz ohne Zögern aufgenommen, formuliert und begründet, wohingegen das ebenso hochgeachtete Ziel der Legitimation der gegebenen sozialen Ordnung nur mit Mühe erreicht wird.

Für die Erörterung der Zehntenfrage, an der wir die Rechtfertigung der gesellschaftlichen Zustände analysieren wollen, impliziert die Ambivalenz, daß Brenz neben dem der Obrigkeit förderlichen Privatcharakter dieser Abgabe die öffentliche Bedeutung des Zehnten durch die Aufnahme bäuerlich-genossenschaftlicher Vorstellungen bekräftigt. In der Diskussion über den zweiten Artikel, in der sich Brenz wie bei allen Artikeln in zwei getrennten Abschnitten an Obrigkeiten und Untertanen wendet, räumt Brenz den Bauern offenherziger als Melanchthon ein, daß in der Institution des Zehnten Mißbräuche eingerissen sind. Während Melanchthon das Faktum am Rande erwähnt und durch seinen Stillhalte-Appell gegenüber der Obrigkeit unterdrückt, beschäftigt sich Brenz ausführlich mit den Mißständen. Er leitet sie aus der Entwicklungsgeschichte des Zehnten ab, wobei seine Konstruktion der Zehntengeschichte für die Bauern außerordentlich günstig ist.

Brenz beginnt mit der biblischen Begründung des Zehnten. "Es ist offenbar, das im alten gsatz den zehenden zu geben zur figur und bekanntnus des glaubens gebotten war." (492) Anders als die oberdeutschen Reformatoren, die die Gültigkeit des Zehntgebots mit der Erfüllung des Alten Testaments durch Jesus Christus verschwinden sahen, geht Brenz davon aus, daß in gewissem Sinne die Zehntpflicht für die Christen noch gültig ist. Um diese für die Zehntendiskussion der Reformationszeit neue These plausibel zu machen, unterscheidet Brenz zwei Aspekte des Zehnten im Alten Testament.

Der Zehnte war erstens für das Volk Israel ein Zeichen der Dankbarkeit für alle Wohltaten, die Gott dem Volk erwiesen hat und noch erweisen wird. In dieser Funktion ist der Zehnte im Neuen Testament abgeschafft, da Christus die Vollendung aller Figuren, aller Objektivationen des Alten Bundes mit sich gebracht hat. Soweit der Zehnte unter das Zeremonialgesetz fällt, behauptet Brenz wie die oberdeutschen Reformatoren, daß er aufgehoben sei.

Daneben war zweitens der Zehnte im Alten Testament eingesetzt, um die Versorgung der Priester und Leviten und die Unterstützung der Armen und Bedürftigen sicherzustellen. Dieser pragmatische Sinn des Zehnten, der von seinem symbolischen zu trennen ist, muß aus dem Volk Israel in die christliche Gemeinde übernommen werden, weil für die christliche Gemeinde Prediger genauso notwendig sind wie Priester und Leviten für das Volk Israel und weil die Witwen und Waisen auch im Neuen Bund nicht aussterben (493). Der Zehnte ist zwar kein direktes Gebot Gottes (494), aber um der Aufrechterhaltung der Predigt und des Gottesdienstes und um der Armenfürsorge willen stehen alle Christen in der Pflicht, ihn zu entrichten. Er ist somit eine Art Kirchensteuer.

Die Auffassung des Zehnten als Steuer, ein wichtiges Anliegen der Zwölf Artikel, das von Luther und Melanchthon bestritten worden war, liegt im Horizont Brenz'. Er expliziert darüberhinaus den Sachverhalt, der aus dem Steuercharakter folgt, die Selbständigkeit der Gemeinde in der Aufbringung, Verwaltung und Verteilung des Zehnten. "Dieweyl ein gemein versamlung der cristen ye schuldig ist, den armen durfftigen zu helffen und niemantz lassen betteln gen, auch dem selsorger oder verkundiger des worts sein narung geben sol, hat sich am fuglichisten geschickt, das solch underhaltung von gemeinem zehenden besche." (495) An dieser Stelle kommt Brenz dem Zehntenverständnis der oberdeutschen Reformatoren am nächsten. Er räumt ein, daß am Beginn der Kirchengeschichte die christliche Gemeinde die Souveränität über die gemeinschaftlichen Versorgungseinrichtungen besaß und daß der Zehnte als Steuer erhoben wurde, um die Existenz, Qualität und Brauchbarkeit dieser Institutionen zu sichern.

Dennoch kommt Brenz in seiner Darstellung und Beurteilung des Zehntwesens beim Privatbesitz der weltlichen Gewalt, des Territorialfürsten an. Der Weg, auf dem er dieses Ziel erreicht, ist die Zehntgeschichte. Die Zusammenbrüche, die sich in der Einrichtung des Zehnten nach dem Zeitalter der Urkirche ereignet haben, zeigen nach Brenz, daß weder die Gemeinden noch die Prediger, denen ursprünglich die Verwaltung des Zehnten anvertraut war, dem Sog widerstehen können, der von der hierarchischen Gewalt ausgeht. Die Bischöfe und Klöster haben die sich ihnen bietenden Chancen rigoros ausgenutzt und den Gemeinden den Zehnten entrissen, der rechtmäßigerweise dem in der Gemeinde predigenden und Seelsorge treibenden Pfarrer und den Armen zusteht. Das Pfarrvolk, das über die Wegnahme des Zehnten empört war, wurde durch geistlich drapierte, finanziell bedrückende Strafen geknechtet und zum Verstummen gebracht. Die weltlichen Herren standen nicht zurück; beim rapide einsetzenden Verfall des Zehntwesens ergriffen sie, was sie an Zehnten forttragen konnten. Die wahre Bedeutung des Opfers des Zehnten, die Hilfe für Witwen und Waisen und die Unterstützung der Prediger, ist in der Gegenwart nicht mehr zu beobachten.

In ihrer Konstruktion der Zehntgeschichte sind Brenz und die oberdeutschen Reformatoren nicht verschieden. Auch in den Schlüssen, die sie aus ihren Reflexionen über die Entwicklung des Zehnten ziehen, sind sie sich einig. Der Zehnte muß wieder so verwendet werden, wie er ihrer Konzeption nach ursprünglich gedacht war, als Mittel zur Versorgung der Prediger und der Armen. Die dazu erforderliche Politik muß auf friedliche Weise von den Obrigkeiten in die Wege geleitet und betrieben werden. "Derhalben stund es einem cristenlichen fursten zu, so er den nutz seiner underthon suchte, das er sich befliß, den zehenden widerumb in sein rechten brauch und ordnung zu bringen." (496) Durch Ablösung der bestehenden Lasten soll die christliche Obrigkeit sich bemühen, die Neuregelung, die Reform des Zehnten in die Hand zu nehmen. Mit Ausnahme derjenigen, die das Recht auf den Zehnten in Rom erworben haben, soll niemand finanziellen Schaden erleiden. Die jetzigen Zehntenempfänger dürfen nicht mit Gewalt aus ihren Pfründen vertrieben, sondern müssen in angemessener Weise entschädigt werden, weil sie in den meisten Fällen ihren Zehntanspruch auf dem Weg ordentlicher, bürgerlich-rechtlicher Transaktionen erworben haben.

Nach diesen Gedanken, die jeder oberdeutsche Reformator ebenfalls hätte äußern können, entfaltet der schwäbische Reformator seine Theorie des Zehntwesens. Mit Hilfe der Verfallsgeschichte, die er wie die politischen Theologen bis in die Gegenwart durchzieht, deklariert er den Zehnten zum Privatbesitz, über den allein die Herrschaft, der Fürst bestimmen kann. Die Pfarrer sind nach dem Urteil Brenz', gebildet aufgrund ihres in der Geschichte an den Tag gelegten Versagens, nicht in der Lage, unkorrumpiert ehrlich mit dem Zehnten umzugehen. Nach einem Jahrtausend Mißwirtschaft ist das Niveau des Pfarrerstandes so gesunken, die Zahl der frommen und gottesfürchtigen Seelsorger so gering geworden, daß die Organisation des Zehnten nicht vertrauensvoll in ihre Hände gelegt werden kann. "Dieweyl sich widerumb ein unordnung erhub, so die pfarhern allein den zehenden eintzunemen und außzugeben gewalt hetten, wie in der ersten kirchen gewohnhait war, da noch frumer pfarher und nit villeicht als aigennutzig als ytz warn" (497), hat die Obrigkeit einzugreifen.

Zum zweiten ist die Einflußnahme der weltlichen Gewalt gefordert, weil die Gemeinden, die Untertanen ebenfalls nicht mit dem Zehnten umgehen können. Wenn der Zehnte in den Machtbereich der Genossenschaft geriete, würden auf lange Sicht sowohl die Witwen und Waisen als auch die Geistlichen Not leiden, weil der gemeine Mann eigensüchtig seinen eigenen Vorteil sucht. "Wo die underthon allein für sich selbs solten mit dem zehenden handeln irs gefallens, wurden vileicht die aigennutzigen dahin fallen und nit groß acht tragen, was arm witwen und waysen notturftig weren, ja ye lenger ye minder steuer des zehenden mittailn." (498)

Auf dieser Basis des allgemeinen Notstands, dem niemand wehren kann, baut Brenz den Vorschlag auf, die Obrigkeit in die Zehntherrschaft einzusetzen. "Kurtz ainem christenlichen fursten geburt es als ainem cristen, den armen hauffen zu versorgen." (499) Um den ihr zufließenden Zehnten richtig zu verwenden, verordnet die Herrschaft einen 'gemeinen Kasten', in den der Zehnte eingezahlt und verwahrt wird. Aus diesem 'gemeinen Kasten' werden die Pfarrer besoldet, die Armen unterstützt und die Untertanen, falls genügend Einnahmen zusammenkommen, in Notfällen ernährt. Ob für die Verwirklichung der sozialen Vorsorge der Achte, Neunte oder Zehnte auferlegt wird, ist ebenso wie die Frage, ob neben dem großen Zehnten der kleine benötigt wird, ein zweitrangiges Problem, das Vernunft und pragmatische Überlegung entscheiden. Wichtig ist allein, daß der Fürst als letzte Instanz für die Sammlung und Verwaltung des Zehnten zuständig ist. "Gott gebeut einem cristenlichen fursten, land und leut zu regirn und armen witwen zu helfen, wie Esa. am ersten ca. (17) sagt, hat aber darneben der vernunft heimgestelt zu suchen, durch was mitel dasselbig geschehen sol und mog. Es ist aber der zehend ein rechtmessig mitel dartzu." (500)

Wie bei den Problemen der freien Pfarrerwahl (501) und der freien Waldnutzung (502) versucht Brenz in der Frage des Zehnten, über dem vorausgesetzten Privatbesitz der Obrigkeit nicht die Gemeinden zu vergessen. Er empfiehlt der weltlichen Gewalt, zusammen mit Organen der kommunalen Selbstverwaltung, zusammen mit dem Ausschuß, dem Gericht oder dem Rat eines Dorfes die Errichtung und Führung des 'gemeinen Kastens' vorzunehmen. Dieser Vorschlag ist nicht als Gleichberechtigung von Herrschaft und Genossenschaft auszulegen, sondern in der richtigen Perspektive zu sehen. Die Kooperation der Obrigkeit und der Repräsentanten der Untertanen ist kein Kompromiß, erzwungen durch entgegengesetzte, aber rechtlich unbestreitbare Interessen, sondern ein Gnadenerweis der Obrigkeit, die zu dieser Zusammenarbeit nicht verpflichtet wäre. Falls die Mitbestimmung der Genossenschaft der Herrschaft zu lästig wird, kann sie die Kooperation jederzeit ohne rechtliche Folgen auflösen.

Trotz seiner geschichtlichen Ursprünge wird bei Brenz der Zehnte nicht zur Steuer, die unter der Kontrolle der Allgemein-

heit steht. Er bleibt Privateinkommen der Herrschaft. Die Obrigkeit zieht in der Zehntenorganisation Repräsentanten der Gemeinde
heran, die über die Erhebung und Verwaltung des Zehnten mitbe-
stimmen, aber sie ist diesen Vertretern der Untertanen nicht verantwortlich. In letzter Instanz haben der Fürst und der Magistrat die Entscheidung darüber, was mit dem Zehnten geschieht.
Obwohl jedoch die Privatherrschaft das endgültige Urteil fällt
und politisch das letzte Wort behält, spricht es für die menschliche Wärme und das soziale Verständnis des Hallers Predigers,
daß er diesen dem gemeinen Mann gegenüber großzügigen Vorschlag
eingereicht hat.

Beim Vergleich der Zehntenkonzeptionen Luthers, Melanchthons
und Brenz' fällt als Gemeinsamkeit auf, daß alle drei Reformatoren die Herrschaft zur legitimen Privatbesitzerin des Zehnten
erklären. Die Methoden jedoch, mit denen sie das Objekt 'Privatbesitz' erreichen, sind unterschiedlich. Während Luther und
Melanchthon die Zehntenherrschaft mit 'traditionalistischen'
Argumenten verteidigen und auf den rechtlich unanfechtbaren,
durch historische Verträge gesicherten Privatbesitz der Obrigkeit rekurrieren, versucht Brenz die Apologie des herrschafts-
orientierten Zehntwesens mit 'pragmatistischen' Ideen zu führen,
insofern er von der Notstandssituation in den Zehntenverhält-
nissen ausgeht, die das Eingreifen der weltlichen Gewalt als
der einzigen unkorrumpiert gebliebenen Institution verlangt
und rechtfertigt.

Der Gedankenstrang des Traditionalismus begründet Herrschaft
sicherer als das Ideengefüge des Pragmatismus. Die auf dem Traditionalismus Luthers und Melanchthons aufgebaute Zehntherrschaft kann den Zeitpunkt, an dem sie in Schwierigkeiten gerät,
den Zeitpunkt, an dem die bestehenden Verträge nicht mehr anerkannt werden, sehr, sehr lange hinauszögern und verschieben. Den
Entwurf Brenz' dagegen kennzeichnen zwei gefährliche Schwächen.
Erstens ist die Macht der Obrigkeit über den Zehnten von einem
offenliegenden, für alle einsichtigen Notstand abhängig. Die
Lage für die Herrschaft wird kritisch, sobald die Untertanen
die Ausweglosigkeit der Situation im Zehntwesen nicht mehr anerkennen. Zweitens bleibt die Obrigkeit, die wegen der Abwendung
und Beseitigung der Korruption die Zehntorganisation ergriffen
hat, immer den Beweis schuldig, tatsächlich am besten die Krise
zu meistern und den Zehnten zum Wohl des Landes administrieren
zu können. An dieser weichen Stelle ist das schlüpfrige Terrain
betreten, das der Traditionalismus vermeiden wollte, - in einer
undurchsichtigen, unklaren, verschwommenen Weise ist die Herrschaft der Gemeinde 'verantwortlich', mindestens ist der Gedanke
der Verantwortlichkeit nicht auszuschließen. Daß der Haller Reformator nach dem Bauernkrieg im Zehntwesen die Idee der Verantwortlichkeit nicht untergehen lassen wollte, ist aber ein
Zeichen seiner Größe, nicht seiner mangelnden Reflexionskraft.

Neben der Rechtfertigung des herrschaftlichen Privatbesitzes
im Zehntwesen hat Brenz das umfassendere Ziel, den gemeinsamen
Protest der Bevölkerung gegen die Obrigkeit unmöglich zu machen.
Die Möglichkeit der Organisation revolutionären Widerstands in
der frühen Neuzeit ist ausgeschlossen, sofern die Anerkennung
des Dilemmas, das nach Anschauung der lutherischen Reformatoren

im Begriff 'Christliche Vereinigung' liegt, erreicht werden kann.
Anders als Melanchthon erkennt Brenz, daß zu diesem Zweck die
'Methode' der Zwei-Reiche-Lehre heranzuziehen ist.
    Am Schluß seiner ausführlichen, die Zwei-Reiche-Lehre ent-
faltenden Einleitung, deren Umfang nahezu ein Viertel des Gutachtens ausmacht, gibt Brenz selbst das Ziel seiner Darlegung
an: "Auch ist es darumb erzelt, das man wusse, wie diejhenig,
so ytzundt wider ir oberkait auffrurig sein, nicht cristen
seyen, sonder aigennutzig heyden. Sie furn wol den cristenlichen
namen und sein euangelion, aber sie lestern es mit der that.
Dan ein crist zuckt nit schwert (es sey dan ein oberkait, so
furt er es ampts halben den boßen zur straff), sonder begibt
sich seinem Herrn Cristo nach in das creutz." (503) Brenz bezeugt mit seiner Funktionsbestimmung, daß er mit der Erörterung
der Zwei-Reiche-Lehre nichts anderes im Sinn hat als Luther,
nämlich den gemeinsamen Protest der Bevölkerung unchristlich
und damit nach den Vorstellungen seiner Zeit unrechtmäßig zu
machen. Mit dem christlichen Namen verträgt es sich nicht, politisch aktiv zu werden und als unnatürlich und illegitim betrachtete Verhältnisse zu verändern und umzustürzen.
    Die Zwölf Artikel vermeinen, ihre Forderungen mit dem Evan-
gelium begründen zu können. "Es sein zwolff artickel von gemeiner bawerschaft außgangen, grundt in der hailigen geschrift zu
haben vermainende." (504) Doch bei den Konfliktstoffen, die die
Zwölf Artikel ansprechen, liegt keine Notwendigkeit vor, das
Evangelium auf den Plan zu rufen. Bei dem Streit zwischen Untertanen und Obrigkeiten handelt es sich mit Ausnahme des ersten
Artikels um eine Auseinandersetzung über materielle Güter,
menschliche Habseligkeiten. Es ist nicht nur unnötig, das Evangelium in den Konflikt hineinzuziehen, sondern geradezu schäd-
lich, und zwar aus zwei Gründen: Erstens betrifft das Wort Gottes
höhere Güter als irdische Rechtshändel, nämlich göttliche Ver-
heißungen; zweitens wird durch die Verwirklichung der Verkündigung in politische Kämpfe die Auffassung genährt, als sei das
Evangelium die Ursache des gegenwärtigen Aufruhrs (505), obwohl
die Botschaft Christi in jedem Fall Frieden und Einigkeit predigt und "kein geschrift von der rechten oberkait so hoch helt,
als die hailig geschrift. Sie nent sie goter, Gottes ordnung,
sie gebeut, fur sie vor allen dingen zu betten" (506).
    Brenz gestaltet seine Position weiter aus, indem er erklärt,
die Heilige Schrift unterscheide zweierlei Weise, mit der ir-
disch-weltlichen Wirklichkeit umzugehen. Beide Methoden sind in
Wert und Lebensqualität weit voneinander entfernt, obwohl sie
beide in Gottes Ordnung angelegt sind. Der erste Lebensstil ist
realisiert in der Welt der bürgerlichen Gesellschaft, des zivi-
len Rechts, der herrschenden Obrigkeit, die in Gottes Auftrag
regiert; diese Lebenseinstellung ist im natürlichen Leben zu erfahren. Die zweite Art, die Wirklichkeit anzugehen, ist die
christliche; diese Lebensmöglichkeit zu offenbaren, hat sich
die Heilige Schrift vorbehalten.
    Jeder Mensch hat sich in jeder Lebenssituation zu entschei-
den, ob er nach weltlicher oder nach christlicher Weise vorgehen, ob er 'weltliches' oder 'christliches Recht' suchen will.
Das Beispiel der Leibeigenschaft zeigt, worum es geht. Wenn der

Leibeigene von seinem Leibherren tyrannisch behandelt wird, kann er zwischen zwei Verhaltensformen wählen. "Wil er heidnisch sein wie sein herr, der ime gewalt anlegt, so verclag er den herrn nach dem kaiserlichen weltlichen gesatz und rechten, dan zu auffrur wurt er kein behilff haben weder an Gott noch an seinem euangelio. Wil er aber cristenlich und gotlich farn, so hore er, was der hailig Paulus leret und auch Petrus 1. Pe. 2 (18): Ir knecht, seyen underthon mit aller forcht den herren, nit allein den gutigen und glinden, sonder auch den unschlachtigen; Ephe. 6 (5-8): Ir knecht, seyen gehorsam euwerm leiplichen herrn mit forcht und zitern, in einfeltigkeit ewers hertzens, als Cristo; nit mit dienst allein vor augen, als dem menschen zu gefallen, sunder als die knecht Cristi, das ir solchen willen Gottes thut von hertzen mit wilfertikait. Laßt euch duncken, das ir dem Herrn dient und nicht den menschen, und wussent, was ein igklicher fur guts thun wurt, das wurt er entpfahen von dem Herrn, er sey ein knecht oder freyher. Hirauß ist kuntbar, das ein yeder underthon oder aigen man, wil er cristenlich faren, schuldig ist, seinem herrn gehorsam zu sein in allen stucken, so dem glauben nit nachtailig sein, nemlich in allen leiplichen beswerden. Wiewol der herr nit cristenlich fert, so er seinen man unbillich beswert, so ist doch jhenner schuldig, die beschwerd zu leyden und zu tragen, dieweyl Got das widerstreben verbotten hat." (507)

Den beiden Lebensweisen entsprechen zwei verschiedene Ausübungen der Herrschaft, zwei Reiche, das weltliche und das christliche. Im christlichen Reich ist Christus der Herrscher. Er hat (Mt 20, 25-28) für sein Reich andere Ordnungen, Konventionen und Regeln als die in den weltlichen Reichen bekannten aufgestellt. Während in der Welt Fürsten und Obere mit Gewalt herrschen und regieren, ist im christlichen Reich derjenige groß und geachtet, der ein Diener und Knecht aller ist. Herrschaft im christlichen Reich bedeutet Knechtsdienst. Das Vorbild der Obrigkeit im christlichen Reich ist der Menschensohn, der gekommen ist, nicht um sich dienen zu lassen, sondern um zu dienen.

Durch sein Handeln und Leiden hat Christus alle Angehörigen seines Reichs zu Herren, Fürsten und Kaisern gemacht. "Christus ist nu in disem gaistlichen reich ein solcher herr, furst und kaiser, das er auß einem igklichen, so an in rechtschaffen glaupt, macht ein herrn, fursten und kayser." (508) In letzter Konsequenz wären alle Bürger des christlichen Reiches 'gleichberechtigt', - wenn es im christlichen Reich 'Rechte' gäbe. Das ist aber nicht der Fall. Die Eigentümlichkeit des Lebens im christlichen Reich liegt darin, daß in ihm keine Rechtsfälle auftreten.

Die Regierung des christlichen Reiches geschieht durch das Evangelium. Das heißt mit anderen Worten, daß in diesem Gemeinwesen die Regierung nicht notwendig ist. Aufgrund des Vertrauens in das Evangelium, das unter der Bevölkerung herrscht, sind Streitigkeiten und Auseinandersetzungen unbekannt, die im Bereich des Weltlichen die Herrschaft zu einer unvermeidlichen Institution machen. Im christlichen Reich besteht niemand auf seinem Eigentum und auf seinem Recht; keiner muß vor Gericht gehen, um sein Recht zu erkämpfen, weil jeder in selbstloser Nachgiebigkeit gegenüber dem Nächsten auf den Prozeß verzichtet. Als Beleg für seine Auffassung nennt Brenz die Bergpredigt (Mt 5,25) und die schon von Luther herangezogene Mahnung des Paulus an die Gemeinde von Korinth (1. Kor 6,1-8), in der Paulus es den Korinthern als Fehler anrechnet, daß sie noch ihre Konflikte vor Gericht austragen und durch den Richter entscheiden lassen. Damit stellen sie sich als unchristlich dar, denn Christen brauchen keine Justiz, weil sie lieber ihrem Widersacher nachgeben als prozessieren, und keine Regierung, weil sie nicht eigensüchtig auf ihrem Recht beharren und es durch eine Regierung geschützt wissen wollen. "So nu ein volck berait ist, alles ubels zu leyden und sich selbs nit rechen, sonder Got den rach laßen, wartzu bedorfften dan sie, als vil an inen ist, eins weltlichen schwerts oder gerichts?" (509)

In dieser Frage ist das Urteil über die 'Christliche Vereinigung' gesprochen und die christliche Gemeinde als Basis gemeinsamen Protests beseitigt. Eine 'Christliche Vereinigung', die ihr Recht sucht und an das Forum der politischen Öffentlichkeit dringt, ist ein Widerspruch in sich. Das christliche Volk, dessen Zusammenleben Brenz beschrieben hat, existiert als politische Gruppe nirgendwo in der Welt. "Aber das volck, disem regiment zustendig, sind nit by einander, werden auch, dieweyl son und mon scheint, nit zusammen in ain stat oder landt gebrocht, das man sie bloß mit dem euangelio on schwert oder gesatz (wie dan sie dero nit bedorffen, dieweyl sie sich durch das wort Gots ziehen lassen) regir, sondern sie sein zurstrawt hin und her, hie zwen, dort vier, hie einer, dort funff." (510) Es ist ein großer Zufall, wenn sich an einem Ort vier oder sechs Christen begegnen, - "es must ja ein gut, schon wetter am himel sein, das vier oder sechs cristen an ein ort zusamen komen" (511).

Das Wesen der weltlichen Politik, die mit der Gewinnung und Verteidigung von Rechten identisch ist, unterbindet die Gründung christlicher Gemeinschaften. Die christliche Gemeinde lebt unerkannt, zerstreut, leidend in der Verborgenheit, nicht in der Öffentlichkeit menschlicher Politik, und alle Versuche, daran etwas zu ändern, sind als Utopien bzw. teuflische Versuchungen zum Scheitern verurteilt.

Die öffentliche Auseinandersetzung der Interessengruppen ist eine Lebensweise, ein Lebensweg, der mit dem christlichen Reich nicht vereinbar ist. Diese Lebensform ist beheimatet in jenem anderen Raum, den Gott eingerichtet hat, in der weltlichen Ordnung. Beide Bereiche heben sich nicht auf, sondern ergänzen sich. In erregenden, aussagekräftigen Bildern aus der Kosmologie weist Brenz auf die Zusammengehörigkeit der beiden 'Welten' hin. Wie der Natur die Übernatur, dem Sichtbaren das Unsichtbare gegenübersteht, so steht dem weltlichen Reich das christliche gegenüber. Wie die Diskontinuität der Zeiten, Stunden, Wochen, Monate und Jahre, der Wechsel der sichtbaren Welt die Antithese bildet zur Kontinuität des nunc aeternum, der Ruhe der unsichtbaren Welt, so stellt die Ungleichheit der Stände im weltlichen Reich den Gegensatz dar zur Gleichheit der Christen im christlichen Reich. Im weltlichen Reich gibt es Obrigkeiten und Untertanen, Herren und Knechte, Hohe und Niedrige, Mächtige und Ohnmächtige, Reiche und Arme, Diskrepanzen, die die Verfassung, das Wesen der Welt konstituieren; im christlichen Reich sind alle gleich, denn alle besitzen die Wohltaten Christi in gleicher Weise. Diese Gleichheit würde in der Welt, wie Brenz lakonisch bemerkt, nicht eine halbe Viertelstunde dauern, weil die zerstörbaren Schätze dieser Welt, die an einem andern Ort liegen als die unzerstörbaren Werte des Himmelreichs, Gleichheit nicht zulassen.

Das christliche Reich ist ein unerreichbares Ideal menschlichen Zusammenlebens; die zwanglose Gleichheit des himmlischen Jerusalem ist in diesem Leben nicht zu verwirklichen. Mit der Zwei-Reiche-Lehre wird der Gedanke eines Siegeszugs des Evangeliums durch die Welt, verbunden mit der Milderung der die menschliche Gesellschaft zerreißenden Standesunterschiede und Klassengegensätze, ausgeschlossen. Da die kooperative Sammlung gleichberechtigter Christen im Kirchenwesen unmöglich gemacht ist, fordert die Ekklesiologie die Fürsten-Reformation, den Aufbau der kirchlichen Organisation auf dem Territorialfürsten, dem 'praecipuum membrum ecclesiae'.

Auf der Teilung der Gesellschaft in zwei Stände, in Obrigkeiten und Untertanen, basieren die Ausführungen Brenz' über das Verhalten des Christen in der Welt. Obwohl der Christ sich vom weltlichen Reich nichts verspricht und in ihm keine Karriere anstrebt, kann er gerade deshalb ein besseres Mitglied dieser zum Untergang verurteilten Gesellschaft sein als jeder andere, er sei Jude oder Heide. Der Christ kann die ihm in seinem Stand gestellten Aufgaben sachgemäßer, vorurteilsfreier und ehrlicher ausführen, weil er selbstlos handelt und nicht den eigenen Vorteil sucht, sondern die Ehre Gottes und den Nutzen des Nächsten fördert.

Das trifft für den christlichen Fürsten zu, der besser als ein Heide oder Ungläubiger zur Regierung geeignet ist, weil er sich nicht nur der bürgerlichen Ehrbarkeit, der Verhaltensform des weltlichen Reichs, bewußt ist, sondern auch der christlichen Frömmigkeit, der Umgangsweise des christlichen Reichs, und der von allen Obrigkeiten allein das bonum commune erkennen kann. Dasselbe gilt für den christlichen Untertanen, der im Geschäftsleben bei Kauf und Verkauf des Wohlergehen seines Kunden und seines Handelspartners im Auge hat und der in der Politik der Obrigkeit bereitwillig folgt, weil er in ihr Gottes schöpferische, zum Besten des Landes eingerichtete Ordnung erkennt. Der Christ handelt gegenüber seinen Vorgesetzten nicht wie die Heiden, die den Unglauben ihres Herrschers billigen, aber bei der leisesten Beeinträchtigung ihrer weltlichen Neigungen 'zu den Waffen eilen'. Während bei heidnischen Untertanen auf lange Sicht der Ruin des Landes gewiß ist, wird ein Gemeinwesen blühen und gedeihen, in dem ein Fürst über christliche Untertanen regiert, die mit festem Glauben der Obrigkeit gehorchen.

Wie der Gehorsam der Untertanen gegen die Obrigkeit in der Zehntenfrage auszusehen hat, erläutert Brenz im zweiten Teil seiner Erörterung des Zehntenproblems, in dem er sich an die Bevölkerung wendet. Der Zehnte, der sich als Privateinnahme unter der Gewalt der Obrigkeit befindet, wird von der Obrigkeit mißbraucht und zweckentfremdet. Wie soll sich der Christ in diesem Fall verhalten? Wie soll sich der christliche Untertan zu den vorliegenden Mißständen und Ärgernissen im Zehntwesen stellen? "Antwort: Der zehend ist ytzung durch kauffen oder erlaupnus der oberkait in fremden gewalt auß der handt der underthon komen. Demnach so haben sie nit fug und recht, es sey inen mit dem zehenden glych recht oder unrecht geschehen, mit gewalt und uffrur (wollen sie cristenlich faren) darin zu fallen und die zehenden widerumb zu inen zereyssen." (512)

Am Schluß seines Gutachtens wiederholt Brenz in einer Zusammenfassung seiner Predigt an die Untertanen diesen Punkt. Die Bauern wollen nach ihren eigenen Worten von ihrem Vorhaben zurücktreten, wenn einer oder mehrere ihrer Artikel nicht dem Wort Gottes gemäß wären. Unchristlich ist jedoch der ganze Plan der Bauern, auf die eigene Gewalt zu vertrauen und den eigenen Nutzen zu suchen. Ihr Ziel ist, selbst die Pfarrei zu verleihen und den für die Verwaltung des Pfarramts notwendigen Zehnten einzuziehen. Sie wollen selbst die Herren sein, sie wollen das Selbstbestimmungsrecht der Gemeinde. Aber es ist unchristlich, einem anderen das wegzunehmen, was ihm gehört. Die Bauern, die einen Rechtsbruch begehen wollen, können keine Christen sein, denn "was ist das anderst gesagt, dan wir wollen nit mer christen sein. Dan das leyden ziert ein cristen, wie ein konig sein kron. Wer das creutz und das leyden nit wil haben, der wurt sich auch mußen Cristi schemen." (513)

Selbst wenn der Zehnte korrumpiert wird und den falschen Empfängern zukommt, ist die Selbsthilfe der Untertanen durch das Wort Gottes verboten. Das Gewaltmonopol liegt, wie Brenz in einer für die Geschichte des frühmodernen Staates aufschlußreichen Notiz über die Verhaftung und Verurteilung eines Mörders zeigt, allein in den Händen der Obrigkeit. Sofern die Herrschaft nichts tut und säumig bleibt, wird Gott eingreifen und sich an ihr rächen, - "thut sie es nit, so laß man dem Herrn den rach, er wurt wol zu seyner zeyt ein gotloß oberkait straffen. Die underthonen dorffen kein sorg haben, das ubel werd an ir boßen oberkait nit gestraft" (514).

Diese Konzeption der Beziehung zwischen Obrigkeit und Untertanen stellt kein Sondergut Brenz' dar. Alle Reformatoren von Wittenberg bis Zürich sind sich einig in dem Gedanken, daß die sachgemäße und gerechte Erneuerung des Zehnten auf friedlichem Wege Aufgabe der Obrigkeit und nicht der Untertanen ist. In der Zehntenkonzeption liegt die Differenz zwischen Fürsten- und Gemeinde-, lutherischer und oberdeutscher Reformation in der Antwort auf die beiden zusammenhängenden Fragen, was der Zehnte sein soll: Privateinnahme oder Kirchensteuer, und wer über den Zehnten bestimmen soll: die Obrigkeit oder die Gemeinde.

Brenz' Gutachten, nach dem letzten Endes die Obrigkeit über den Gebrauch und die Verwendung des Zehnten entscheidet, gehört in die Zehntenauffassung der lutherischen Reformation. Es berührt menschlich sympathisch, weil auf jeder Seite der Versuch zu spüren ist, den Einfluß der Gemeinde auf die fälligen Entscheidungen durch ein gutes Einvernehmen zwischen Obrigkeit und Untertanen aufrechtzuerhalten. Doch trotz der Suche nach Kompromiß und Konsens steht Brenz politisch auf der Seite der Fürsten-

Reformation, weil die Obrigkeit im Zehntwesen wie in jedem Bereich der Kirchenorganisation das letzte Wort behält, mit anderen Worten: die Souveränität besitzt.

Bei allem Verständnis für die soziale und ökonomische Lage der Bauern deklariert Brenz die Herrschaft zum Privatgut und den Zehnten zum Privatbesitz der Herrschaft. Der Privatisierung des Zehnten entspricht die Spiritualisierung der christlichen Gemeinde. Sie wird zu einer Gemeinschaft, die in der politischen Öffentlichkeit keinen selbständigen Platz, keine autonome Stellung sucht. Diese Konzeption wird eingesetzt, um den gemeinsamen Widerstand der Untertanen gegen die Obrigkeit unter dem Begriff der 'Christlichen Vereinigung' unmöglich zu machen.

Für seine Behauptung, daß das christliche Reich in dieser Welt nicht zu verwirklichen sei, beruft sich Brenz auf die Erfahrung. Aber jeder Leser der Apostelgeschichte, der erbaulichen Erzählung über die ersten christlichen Gemeinschaften, bekommt eine andere Vorstellung von der Realisierbarkeit der christlichen Gemeinde als die, die Brenz vermittelt. Dafür wird die Apostelgeschichte von ihm fast nie zitiert (515).

Ausgangspunkt unserer Studie waren die den Bauernkrieg vorbereitenden Zehntenstreiks, in denen die Landbevölkerung ihren Protest und Widerstand gegen das herkömmliche Kirchensystem artikulierte. Mit diesen Demonstrationen begannen unsere Reflexionen; eigentliches Untersuchungsfeld aber waren die Publikationen der Reformatoren zu dem durch die Zehntenverweigerungen aufgeworfenen Problem. Leitender Gesichtspunkt unserer Analyse war, wie und mit welchen Methoden die Reformatoren die Zehntenfrage beantwortet haben. Führten sie den Protest der Bauern durch reflektierende Präzisierung und Intensivierung fort oder suchten sie die Aktionen illegitim und unmöglich zu machen? Beide Reaktionen waren möglich; in ihrer Divergenz kennzeichnen sie unterschiedliche Vorstellungen über das Ziel der Reformation.

Die oberdeutschen Reformatoren, die durch das genossenschaftliche Leben der deutschen Städte im Spätmittelalter geprägt waren und die Forderungen der Bauern besser verstanden, bejahten in vorsichtiger Weise die Protestaktionen und Demonstrationen des gemeinen Mannes. Sie lehnten Gewalt zwar immer ab, aber sie trieben die Zehntenverweigerungen voran, indem sie zwischen einer schlechten, gegenwärtigen und einer guten, zukünftigen Form des Zehnwesens unterschieden. Mit dieser Differenzierung gaben sie den aufrührerischen Bauern einerseits einen Grund zum Handeln und andererseits eine Hoffnung auf bessere Zeiten.

Die Illegitimität der zeitgenössischen Struktur der Zehntordnung begründeten die Gemeinde-Reformatoren damit, daß erstens der Zehnte entgegen den Behauptungen der päpstlichen Kirche nicht aus dem göttlichen Recht stamme und zweitens die derzeitigen geistlichen Zehntenbezieher für die finanziellen Leistungen der Gemeinde nicht den entsprechenden Gegenwert böten. Die neue Organisation des Zehnten, mit der die herrschenden Mißstände beseitigt werden sollten, bauten sie auf der Souveränität der kirchlichen Ortsgemeinde im Kirchenwesen auf. Aufgrund dieser Auffassung von der Autonomie der einzelnen Pfarrgemeinde konnten sie die Zehntabgabe zu einer öffentlichen Kirchensteuer erheben, die entweder durch das Neue Testament, das 'Naturrecht' oder das kanonische Recht legitimiert wurde. Insgesamt kulminiert das Denken der oberdeutschen Reformatoren in der Konzeption der Gemeinde-Reformation, in der nicht der einzelne herausragende Christ, das 'praecipuum membrum ecclesiae', sondern die christliche Gemeinde in voller Souveränität als anerkanntes Herrschaftsgebilde, als vertragsfähiges Rechtssubjekt, als politische Institution über die kirchlichen Angelegenheiten bestimmt und entscheidet. Diese Gemeinde-Reformation, diese reformierte Verfassung des Kirchenwesens hat die weltliche Obrigkeit auf friedlichem Wege herbeizuführen.

Demgegenüber lehnten die lutherischen Reformatoren, die sich zum Zehntenproblem in einer späteren Phase der Reformationszeit geäußert haben, unter dem Eindruck der Greuel des Bauernkriegs die Aktionen und Demonstrationen der 'Christlichen Vereinigung' ab. Die das Zehntwesen betreffenden Forderungen der Bauern negierten sie. Die Frage des Zehnten lösten sie mit der Methode, die Abgabe zu privatisieren. Der Zehnte wurde zum Privateigentum der weltlichen Herrschaft erklärt. Aufgrund dieser Deklaration richtete sich nach Meinung der mitteldeutschen Reformatoren der Protest des gemeinen Mannes gegen wohlerworbene, juristisch abgesicherte Besitzrechte und war mit Raub und Diebstahl zu vergleichen. Mit der gegen die Zehntenverweigerer angewandten Strategie der Kriminalisierung machten die Wittenberger Reformatoren und Brenz die Streiks und Kampfmaßnahmen der Bauern zu kriminellen Delikten.

Darüberhinaus entzogen die lutherischen Reformatoren dem gemeinsamen Widerstand vonseiten der Bevölkerung die Grundlage, indem sie die 'Christliche Vereinigung', die einzig mögliche Organisation des politischen Protests in der frühen Neuzeit, als eine contradictio in adiecto darstellten. Nach der Vorstellung der mitteldeutschen Reformatoren kann die christliche Gemeinde, die im Verborgenen lebt, in dieser Welt nicht sichtbar werden. Wie der einzelne Christ erleidet eine Gemeinschaft, die sich 'christlich' nennt, lieber Unrecht, als daß sie ihr Recht sucht. Wenn die 'Christliche Vereinigung' den Rechtsweg betritt, gerät sie auf die schiefe Bahn, weil sie Geistliches und Weltliches vermengt und ihre spirituelle Reinheit verliert. Sie verwirrt durch ihr Vorgehen die zwei Reiche, die strikt getrennt werden müssen. Jede kirchenpolitische Aktion der 'Christlichen Vereinigung', jede auf der rechtlichen Souveränität der christlichen Gemeinde beruhende Gemeindereformation begeht denselben Fehler wie die kirchliche Hierarchie des Mittelalters, die Vermischung des Christlichen und des Weltlichen, und muß mit der gleichen Schärfe zurückgewiesen werden.

Insofern das rechtsfähige Subjekt des Kirchenwesens nicht in der christlichen Gemeinde liegen kann, mußte unter den Bedingungen des 16. Jahrhunderts das Kirchenwesen in den lutherischen Territorien den Territorialfürsten überlassen werden. Der Prozeß der Aneignung des Kirchenwesens durch die 'praecipua membra ecclesiae' brachte die Fürsten-Reformation hervor. Obwohl Luther mit seinem Schreiben an Kurfürst Johann vom 30. November 1525 die ersten Schritte in diesem Vorgang einleitete, stand er der Entwicklung nicht besonders wohlwollend gegenüber. Aber die Fürsten-Reformation bildete, wie auch Luther einsah, die einzige Möglichkeit, ein lutherisches Kirchenwesen zu organisieren.

Das Ende des Bauernkriegs, den wir wie HEIKO A. OBERMAN als eine Glaubensrevolte verstehen (516), bedeutete das Ende einer zukunftsträchtigen Möglichkeit der deutschen Geschichte. Nicht einmal in dem Raum, in dem die Gedanken der Gemeinde-Reformation und Bauernbewegung verwurzelt waren, in Oberdeutschland, konnte die Reformation zur Emanzipation der Gemeinde führen. Erst in Westeuropa ist es unter dem Einfluß des Calvinismus gelungen, die Unabhängigkeit der örtlichen Kirchengemeinde von der weltlichen Gewalt zu gewinnen, zu sichern und zu entfalten.

Das Los der Gemeinde-Reformation spiegelt sich in der Geschichte des Zehnten wider. Während die Idee des Zehnten als Kirchensteuer verschwand bzw. in den Untergrund gedrängt wurde, setzte sich die Vorstellung des Zehnten als einer Privateinnahme durch. ADOLF KOPP und WILHELM EIGENBRODT, die Zehntablösungen in Südwestdeutschland in der ersten Hälfte des 19. Jahrhunderts untersucht haben, schreiben über den Charakter des Zehnten und des Zehnterwerbs: "Der Zehent in Baden war, als man an seine Ablösung ging, nach alledem keine Steuer mehr, sondern eine mit der Grundherrschaft wohlerworbene privatrechtliche Abgabe, eine Reallast auf civilrechtlicher Basis" (517), und: "Wie aus dem vorhergehenden zu entnehmen ist, waren die Wege des Zehnterwerbs vorwiegend privatrechtlicher Art" (518).

Doch der im Bauernkrieg angelegte Sieg der Fürsten- über die Gemeinde-Reformation blieb nicht auf das eng begrenzte Gebiet des Zehntwesens beschränkt. Im landesherrlichen Kirchenregiment, das die lutherischen Reformatoren in seiner realisierten Form wohl nicht gewollt haben, wurde das öffentliche Leben des evangelischen Deutschlands, jede verfassungstheoretische und politische Möglichkeit, die in der christlichen Gemeinde lag, für lange Zeit begraben. Erst heute bemühen wir uns auf Umwegen wieder, an diese verlorengegangene Tradition anzuknüpfen.

1   Vgl. WILHELM STOLZE, 1900, S.VII.
2   Vgl. WILHELM STOLZE, 1900, S.VII.
3   Vgl. WILHELM STOLZE, 1900, S.VII.
4   Vgl. WILHELM STOLZE, 1900, S.4.7.10 u.ö.
5   Vgl. WILHELM STOLZE, 1900, S.27.
6   Vgl. WILHELM STOLZE, 1900, S.37.
7   Vgl. WILHELM STOLZE, 1900, S.52.
8   Vgl. WILHELM STOLZE, 1900, S.52.
9   Vgl. WILHELM STOLZE, 1900, S.55.
10 Vgl. WILHELM STOLZE, 1900, S.55.
11 WILHELM STOLZE, 1900, S.55.
12 Vgl. WILHELM STOLZE, 1900, S.56.
13 Vgl. WILHELM STOLZE, 1907, S.14.18.22ff u.ö.
14 Vgl. WILHELM STOLZE, 1907, S.6f u.ö.
15 Vgl. WILHELM STOLZE, 1907, S.72 u.ö.
16 WILHELM STOLZE, 1926, S.113.
17 Vgl. WILHELM STOLZE, 1926, S.114.
18 Vgl. WILHELM STOLZE, 1926, S.115.
19 1907 hatte WILHELM STOLZE noch wesentlich schärfer formuliert: "daß der
    Bauernkrieg eine kirchlich-religiöse Bewegung war" (S.V). Trotz der Ab-
    schwächung in der Formulierung hat er aber seine Auffassung nicht ge-
    ändert; auch 1926 kann er den Bauernkrieg als ein "Bekenntnis zur Re-
    formation" (S.118) bezeichnen.
20 Vgl. WILHELM STOLZE, 1926, S.116.
21 Vgl. WILHELM STOLZE, 1926, S.117.
22 WILHELM STOLZE, 1926, S.118.
23 Vgl. WILHELM STOLZE, 1926, S.121.
24 Vgl. WILHELM STOLZE, 1929, S.293.
25 Vgl. WILHELM STOLZE, 1932, S.459.
26 Vgl. WILHELM STOLZE, 1932, S.461.
27 Vgl. WILHELM STOLZE, 1932, S.466.
28 Erasmus von Rotterdam hat die Gesellschaftsphilosophie des christlichen
    Humanismus hauptsächlich in seinem Fürstenspiegel, der 'Institutio
    principis Christiani', vorgetragen, vgl. WILHELM STOLZE, 1932, S.459-461
29 Vgl. WILHELM STOLZE, 1932, S.466.
30 Vgl. WILHELM STOLZE, 1926, S.118.
31 Vgl. für Zwingli: WILHELM STOLZE, 1926, S.85; für Karlstadt: WILHELM
    STOLZE, 1926, S.102; für Müntzer: WILHELM STOLZE, 1926, S.104f u.ö.
32 Vgl. BERND MOELLER, 1965, S.252.
33 Vgl. WILHELM STOLZE, 1926, S.118.
34 Vgl. WILHELM STOLZE, 1926, S.121.
35 Vgl. WILHELM STOLZE, 1926, S.121.
36 Vgl. WILHELM STOLZE, 1926, S.121.
37 Vgl. PETER BLICKLE, 1977, S.12.
38 Vgl. GÜNTHER FRANZ, 1977, S.291.
39 Vgl. GÜNTHER FRANZ, 1977, S.85f.
40 Vgl. GÜNTHER FRANZ, 1977, S.86.
41 Vgl. GÜNTHER FRANZ, 1977, S.86.
42 Vgl. GÜNTHER FRANZ, 1977, S.87.

43   Vgl. GÜNTHER FRANZ, 1977, S.87.
44   Vgl. GÜNTHER FRANZ, 1977, S.89.
45   Vgl. GÜNTHER FRANZ, 1977, S.1f.
46   Vgl. GÜNTHER FRANZ, 1977, S.42f.
47   Vgl. besonders GÜNTHER FRANZ, 1977, S.126.
48   Vgl. GÜNTHER FRANZ, 1977, S.90.
49   Vgl. GÜNTHER FRANZ, 1977, S.91.
50   Vgl. MAX STEINMETZ, 1975, S.255.
51   Zur Diskussion um den Begriff 'frühbürgerliche Revolution' vgl. den
     Sammelband: RAINER WOHLFEIL (Hgb.), Reformation oder frühbürgerliche
     Revolution?, 1972, besonders RAINER WOHLFEIL, Einleitung: Reformation
     oder frühbürgerliche Revolution, S.8-15.
52   Vgl. MAX STEINMETZ, 1975, S.254.
53   MAX STEINMETZ, 1975, S.254.
54   Vgl. MAX STEINMETZ, 1975, S.262.
55   Vgl. MAX STEINMETZ, 1975, S.262.
56   Vgl. MAX STEINMETZ, 1975, S.262.
57   MAX STEINMETZ, 1975, S.262.
58   Vgl. MAX STEINMETZ, 1975, S.262.
59   MAX STEINMETZ, 1975, S.262.
60   MAX STEINMETZ, 1975, S.267.
61   Vgl. z.B. MAX STEINMETZ, 1965, S.519f.
62   Z.B. in Kursachsen; vgl. etwa GÜNTHER FRANZ, 1977, S.271.
63   Vgl. PETER BAUMGART, 1975, S.188.
64   Vgl. PETER BAUMGART, 1975, S.204.
65   Vgl. PETER BAUMGART, 1975, S.204.
66   Vgl. PETER BAUMGART, 1975, S.204.
67   S.u. S.
68   Vgl. WINFRIED BECKER, 1975, S.244ff.
69   Vgl. WALTER MÜLLER, 1975, S.268f.
70   Vgl. PETER BLICKLE, 1977, S.31.
71   Vgl. PETER BLICKLE, 1977, S.122.
72   Vgl. PETER BLICKLE, 1977, S.123.
73   Vgl. PETER BLICKLE, 1977, S.131.
74   Vgl. PETER BLICKLE, 1977, S.125.
75   Vgl. PETER BLICKLE, 1977, S.135.
76   Vgl. PETER BLICKLE, 1977, S.138-141. Auch für PETER BLICKLE liegt das
     entscheidende Datum, das den Bauernaufruhr zur Revolution erhebt, in
     den Februartagen 1525, in denen der Baltringer Haufe vom 'Alten Her-
     kommen' zur 'Durchsetzung des göttlichen Wortes' schritt, vgl. PETER
     BLICKLE, 1977, S.140f.
77   PETER BLICKLE, 1977, S.142.
78   Vgl. PETER BLICKLE, 1977, S.151.
79   Als Beispiele behandelt PETER BLICKLE ausführlich Memmingen, Straßburg
     und Heilbronn, vgl. PETER BLICKLE, 1977, S.157-170.
80   PETER BLICKLE, 1977, S.171.
81   PETER BLICKLE, 1977, S.176.
82   Vgl. PETER BLICKLE, 1977, S.150.
83   PETER BLICKLE, 1977, S.151.
84   Vgl. PETER BLICKLE, 1977, S.193.
85   Vgl. PETER BLICKLE, 1977, S.193.
86   Vgl. PETER BLICKLE, 1977, S.157-163.
87   Vgl. HENRY J. COHN, 1979, S.3.
88   Vgl. HENRY J. COHN, 1979, S.7.

89 Vgl. HENRY J. COHN, S.30.
90 HENRY J. COHN, S.30.
91 BERND MOELLER, 1964, S.147ff, kennzeichnet mit dem Begriff "ober-
    deutsche Reformation" die Reformation in den Städten Südwestdeutsch-
    lands mit der Linie Eßlingen-Ulm-Augsburg im Norden, Augsburg-Kauf-
    beuren-Kempten im Osten, der Schweiz und dem Elsaß im Süden und Westen.
    In der ersten Generation geht die evangelische Bewegung in den Städten
    dieses Raumes - die allerdings nicht von ihrem Umland isoliert werden
    dürfen - hinsichtlich ihrer Theologie, ihrer Gottesdienstordnung und
    ihrer rigorosen Versittlichung des täglichen Lebens gegenüber Luther
    eigene Wege. Der reformatorische Aufbruch in diesem Gebiet besitzt
    damit eine ausgesprochene Eigenart, die durch den Begriff "oberdeut-
    sche Reformation" erfasst werden soll.
92 Vgl. STEVEN E. OZMENT, 1975, S.6-9; 135-138; 215, Anm.71.
93 Vgl. STEVEN E. OZMENT, 1975, S.131.
94 Vgl. STEVEN E. OZMENT, 1975, S.6f.
95 In der weitestgehenden Stellungnahme Luthers zu dieser Frage, in der
    1523 veröffentlichten Schrift "Daß ein christliche Versammlung oder
    Gemeine Recht und Macht habe, alle Lehre zu urtheilen und Lehrer zu
    berufen, ein- und abzusetzen, Grund und Ursach aus der Schrift" (WA 11,
    S.401-416), nennt Luther drei verschiedene Subjekte des Kirchenwesens.
    Die Wahl des Predigers durch die Gemeinde, die im Titel angedeutet wird,
    ist nach Luthers Verständnis der Vorschlag für eine Notsituation. Als
    regulären Fall betrachtet der Wittenberger Reformator die Ernennung des
    Predigers durch den Bischof, dessen Kandidaten die Gemeinde bestätigen
    sollte. Im übrigen kann Luther aber auch in dieser Schrift trotz des
    Titels unbefangen davon reden, daß der Magistrat als Vertreter der Ge-
    meinde das Recht der Berufung eines Pfarrers ausüben sollte.
96 Vgl. z.B. ERNST RIETSCHEL, 1932, S.50.
97 Vgl. HUGO BUSCH, 1918, S.7.
98 Vgl. JAN AARTS, 1972, S.181.
99 Vgl. JAN AARTS, 1972, S.46.181; LEWIS W. SPITZ, 1953, S.124.
100 Vgl. HERBERT OLSSON, 1951, S.360.
101 Vgl. KARL HOLL, 1923, S.296.
102 Vgl. JOHANNES HECKEL, 1964, S.124.
103 Vgl. F. EDWARD CRANTZ, 1959, S.130.
104 Vgl. FRIEDRICH WILHELM KANTZENBACH, 1974, S.26.
105 Vgl. WALTHER KÖHLER, 1907, S.373.
106 Vgl. JOHANNES HECKEL, 1964, S.314.
107 Vgl. JOHANNES HECKEL, 1964, S.147.
108 Vgl. WALTHER KÖHLER, 1907, S.374.
109 Vgl. JAN AARTS, 1972, S.181.
110 Vgl. IRMGARD HÖSS, 1972, S.320.
111 Vgl. HEINRICH HERMELINK, 1908, S.312.
112 Vgl. JOHANNES HECKEL, 1962, S.272.
113 Vgl. ERNST KOHLMEYER, 1928, S.502.
114 Vgl. PAUL MEYER, 1921, S.76.
115 Vgl. ERIK WOLF, 1955, S.178f.
116 Vgl. BERND MOELLER, 1964, S.149.
117 Vgl. FRIEDEL KRIECHBAUM, 1967, S.74.
118 Vgl. ROBERT C. WALTON, 1969-1973, S.502.
119 Vgl. HERMANN BARGE, 1909, S.193; ULRICH BUBENHEIMER, 1977, S.286; JAMES
    S. PREUS, 1974, S.11; GORDON E. RUPP, 1969, S.139.
120 Vgl. HANS J. HILLERBRAND, 1966, S.396.

121 Vgl. KARL MÜLLER, 1910, S.32; JAMES S. PREUS, 1972, S.76.
122 Vgl. FRIEDEL KRIECHBAUM, 1967, S.61.
123 Vgl. ULRICH BUBENHEIMER, 1973, S.324.
124 Vgl. BRIGITTE BROCKELMANN, 1938, S.40.
125 Vgl. BRIGITTE BROCKELMANN, 1938, S.37.
126 Vgl. ERNST RIETSCHEL, 1932, S.21.
127 Vgl. BRIGITTE BROCKELMANN, 1938, S.58; ERIK WOLF, 1955, S.188.
128 Vgl. ROBERT C. WALTON, 1969-1973, S.502.
129 Vgl. JAKOB KREUTZER, 1909, S.50; FRIEDEL KRIECHBAUM, 1967, S.102; PAUL
    MEYER, 1921, S.76.
130 Vgl. LEONHARD VON MURALT, 1929-1933, S.280; ERIK WOLF, 1955, S.188.
131 Vgl. BERND MOELLER, 1962, S.54; 1964, S.160.
132 Vgl. BERND MOELLER, 1962, S.51.63-67.
133 S.o. S.   , Anm.
134 WA, Briefe 3, S.628, Nr.950.
135 Vgl. STEVEN E. OZMENT, 1975, S.135.
136 Vgl. WILLIBALD V. PLÖCHL, Bd.2, 1962, S.434.
137 Für beide Zehntarten sind auch andere Namen gebräuchlich.
138 Verzehntet wurde übrigens die volle Produktion. Das Saatgut für das
    folgende Jahr, etwa 15% des Ertrags, mußte der Bauer aus den verblei-
    benden 90% der Ernte abzweigen.
139 Selbst bei der Einführung des Kartoffelbaus im 18. Jahrhundert wurde
    noch die Frage erörtert, ob die Kartoffel zu verzehnten sei oder nicht,
    vgl. WILHELM EIGENBRODT, 1912, S.41.
140 In: HERMANN AUBIN/WOLFGANG ZORN, 1971, S.178.
141 Vgl. WILHELM EIGENBRODT, 1912, S.50-53.
142 Vgl. HANS-ERICH FEINE, 1972, S,193.
143 Vgl. RGG 6, Sp.1877.
144 Vgl. RAYMUND KOTTJE, 1964, S.60f.
145 RAYMUND KOTTJE, 1964, S.61.
146 Vgl. RAYMUND KOTTJE, 1964, S.63-67.
147 Vgl. ULRICH STUTZ, 1908, S.189.
148 ULRICH STUTZ, 1908, S.221.
149 ERNST PERELS, 1911, S.244.
150 Vgl. HANS-ERICH FEINE, 1972, S.132.
151 Vgl. ERKKI OLAVI KUUJO, 1949, S.170.
152 ERKKI OLAVI KUUJO, 1949, S.189.
153 ERKKI OLAVI KUUJO, 1949, S.189.
154 S.o. S.
155 Vgl. ULRICH STUTZ, 1961, S.98.
156 Vgl. ULRICH STUTZ, 1961, S.223ff.
157 Vgl. ULRICH STUTZ, 1961, S.235ff.
158 Vgl. WILLIBALD V. PLÖCHL, 1935, S.29.
159 Vgl. HEIKO A. OBERMAN, 1977, S.145ff.
160 S.o. S.
161 Allerdings mußte in der Regel, wenn die Ernte allzu schlecht ausfiel,
    Pachtnachlaß gewährt werden.
162 FRANZ XAVER KÜNSTLE, 1905, S.57f.
163 Vgl. JOSEPH LORTZ, Bd.1, 1962, S.76.
164 KARL LAMPRECHT, 1886, S.612-614, stellt allerdings fest, daß Nachrich-
    ten über Beeinträchtigungen der Zehntabgaben im Spätmittelalter unbe-
    kannt sind. Während Klagen über ungenügende und säumige Zehntliefrun-
    gen im Früh- und Hochmittelalter nicht abreißen und im 16. Jahrhundert
    wieder einsetzen, verschwinden die Stimmen der Empörung im Spätmittel-

alter (von 1300 bis 1500). Der Grund ist: Die Agrarkrise des 14. und 15. Jahrhunderts hatte den Preis aller landwirtschaftlichen Produkte fallen lassen, so daß die ökonomische Bedeutung des Zehnten sank. Da sich über den spärlichen und mangelhaften Eingang einer wenig begehrten Abgabe niemand aufregt, gibt es aus dem Spätmittelalter keine Zeugnisse über Verweigerungen der Zehntpflicht.

165 Vgl. GÜNTHER FRANZ, 1977, S.93.

166 S.o. S.

167 S.o. S.

168 Der Verfasser stimmt der These HEIKO A. OBERMANS, 1974, S.316, zu, daß der Bauernkrieg im Programm und Ansatz eine Glaubensrevolte gewesen sei. Im Unterschied zu HEIKO A. OBERMAN hält er die Bauernbewegung jedoch nicht für eine theologisch eigenständige Richtung, sondern sieht sie in engem Zusammenhang mit der oberdeutschen Reformation.

169 BERND MOELLER, 1977, S.78.

170 Der Verfasser behauptet nicht, daß der Bauernkrieg das Ende der Reformation als Volksbewegung bedeutet, eine These, gegen die FRANZ LAU, 1959, überzeugende Argumente ins Feld geführt hat, sondern daß das politische Ziel der oberdeutschen Reformation, die Souveränität der Gemeinde im Kirchenwesen, nach dem Scheitern des Bauernkriegs nicht mehr zu gewinnen ist. Die ganze von Laien und Geistlichen getragene Reformation ging verloren, vgl. JUSTUS MAURER, 1977, S.293.

171 Die Divergenz der beiden Reformationen wird deutlich an den Gegnern, die sie sich wählen.

172 Johannes Brenz, S.151, 9–15.

173 Als 'politische Theologen' sind die oberdeutschen Reformatoren insofern zu verstehen, als sie mit ihrer Theologie den Aufbau einer selbständigen, autonomen, sich selbst bestimmenden Gemeinde intendieren.

174 Unbeachtet gelassen wurde die Zehnten-Publikation des Johann Eberlin von Günzburg, die ebenfalls in diesen Zeitraum fällt. Behandelt wird das Zehntenproblem ferner z.B. bei Ulrich Hugwald und Thomas Stör. Vgl. Literaturverzeichnis, S.

175 Vgl. HEIKO A. OBERMAN, 1977, S.272.

176 Vgl. JOACHIM ROGGE, 1957, S.95.

177 Vgl. HERMANN BARGE, Bd.1, 1905, S.385f.

178 Vgl. OTTO CLEMEN, 1901, S.133.

179 Vgl. OTTO CLEMEN, 1901, S.138.

180 Karlstadt, der oft das Alte Testament zur Stützung seiner Position heranzog und deshalb lange Zeit als 'Legalist' angesehen wurde, hebt die Relevanz des Alten Testaments nicht auf. Das Alte Testament gilt aber nur, soweit es durch das Evangelium bestätigt wird. Da beim Zeremonialgesetz, unter das die Zehntenforderung einzureihen ist, die In-Kraft-Setzung durch das Neue Testament fehlt, fällt die Vorschrift des Alten Bundes. Die für das Volk Israel konstitutive Einrichtung des Zehnten, die in der Ordnung des Neuen Bundes nicht aufgenommen wird, ist für die christliche Kirche belanglos.

181 Franz Lambert, S.134,24–26.

182 Franz Lambert, S.134,31f.

183 Vgl. Franz Lambert, S.137,4f.

184 Vgl. Franz Lambert, S.137,19.

185 Vgl. Franz Lambert, S.137,27.

186 Mit 'kriminalisieren' wird der Versuch bezeichnet, mit kräftigen und deftigen Worten die römischen Priester als Übertreter des Gesetzes und Widersacher des Rechts darzustellen.

187 Jakob Strauß, S.162,13-17 (Schlußrede 5).

188 Jakob Strauß, S.163,3-8 (Schlußrede 11).

189 Jakob Strauß, S.163,14-16 (Schlußrede 13).

190 Vgl. Franz Lambert, S.135,6ff.

191 Jakob Strauß, S.163,21f (Schlußrede 15).

192 In Anlehnung an Apg 6,1-7 kennt Lambert als zweite Gruppe öffentlicher Funktionsträger in der Kirche die Diakone, die das Amt der Armenfürsorge innehaben. Für die Verfassung und Organisation der Kirche sind Bischöfe und Diakone ausreichend, so daß die Vielzahl nutzloser Titel, die in der Papstkirche verliehen werden, in der Kirche Jesu Christi wegfallen kann.

193 Für die Diakone gibt es, wie Lambert bemerkt, kein besonderes Gebot, kein bestimmtes Bibelwort. Da aber die Christen prinzipiell den Armen helfen sollen, ist es ihnen aufgetragen, für die Diakone, die sich nicht mit ihrem privaten Lebensunterhalt befassen, sondern für das allgemeine Wohl tätig sind, zu sorgen.

194 Jakob Strauß, S.164,4-6 (Schlußrede 20).

195 Verständnis, Güte.

196 Jakob Strauß, S.164,12f (Schlußrede 23).

197 Jakob Strauß, S.164,14-16 (Schlußrede 24).

198 Jakob Strauß, S.164,27f (Schlußrede 30).

199 Jakob Strauß, S.165,15-17 (Schlußrede 36).

200 Jakob Strauß, S.166,26-29 (Schlußrede 50).

201 In diesem Gegensatz ist auch der Streit zwischen Lambert und Luther um die hessische Kirchenordnung von 1526 angelegt, vgl. WILHELM MAURER, 1929, S.226-228.

202 Quellen, Bd.1, S.16, Nr.14.

203 Vgl. Quellen, Bd.1, S.16, Nr.14.

204 Vgl. MIRIAM USHER CHRISMAN, 1967, S.113.

205 A.S.T., Nr.133 (Cart. 69,1), Pr.7, Bl.1,21f.

206 A.S.T., Nr.133 (Cart. 69,1), Pr.2, Bl.1,22-29.

207 A.S.T., Nr.133 (Cart. 69,1), Pr.2, Bl.2,29-39.

208 A.S.T., Nr.133 (Cart. 69,1), Pr.3, Bl.1,15-17.

209 A.S.T., Nr.133 (Cart. 69,1), Pr.3, Bl.2,4-11.

210 Das Schreiben ist in zwei Handschriften (A.S.T., Nr.133 (Cart. 69,1), Pr.4 und 5) erhalten, wobei A.S.T., Nr.133 (Cart. 69,1), Pr.4, eine Abschrift darstellt.

211 A.S.T., Nr.133 (Cart. 69,1), Pr.5, Bl.3,27-Bl.4,1.

212 A.S.T., Nr.133 (Cart. 69,1), Pr.5, Bl.4,1-15.

213 A.S.T., Nr.133 (Cart. 69,1), Pr.6, Bl.2,4-12.

214 Die Urkunde, ausgestellt am 23. Februar 1163, ist gedruckt bei CHARLES SCHMIDT, 1860, S.292f.

215 Die Bittsteller verweisen auf CIC, c.42, C.16, q.1; CIC, c.55, C.16, q.1, und CIC, Decr. Gregor IX., lib.3, tit.30, c.29, Quum contingat.

216 A.S.T., Nr.133 (Cart. 69,1), Pr.7, Bl.2,25-32.

217 A.S.T., Nr.133 (Cart. 69,1), Pr.7, Bl.5,29-Bl.6,8.

218 A.S.T., Administration des biens, Nr.1873, Ser. B, Bd.6, Pr.20, Bl. 1,9-12.

219 Vgl. CHARLES JUNG, 1830, S.376.

220 Die bei Johannes Schwan gedruckte Zehntenschrift des Rottenburger Predigers Andreas Keller, vgl. Literaturverzeichnis, S.   , die ebenfalls in diesen Zusammenhang gehört, konnte von mit nicht gefunden werden.

221 Beide Namen sind gebräuchlich.

222 Zwischenzeitlich hatte Brunfels 1530 in Basel den Grad eines Doktors der Medizin erworben.

223 Vielleicht ist in diesem Zusammenhang unter anderem an die 'St. Aurelien-Unruhen' zu denken.

224 weigern.

225 Otto Brunfels, Bl.a1b,4-8.

226 Otto Brunfels, Bl.a1b,14-21.

227 Otto Brunfels, Bl.a2a,3-7.

228 Otto Brunfels, Bl.a2a,9-20.

229 Otto Brunfels, Bl.a3a,2 (Schlußrede 1).

230 Otto Brunfels, Bl.a3a,11f (Schlußrede 5).

231 Otto Brunfels, Bl.a3b,2-5 (Schlußrede 12).

232 Otto Brunfels, Bl.b1a,1-5 (Schlußrede 29).

233 Otto Brunfels, Bl.b1a,9f (Schlußrede 31).

234 Otto Brunfels, Bl.b1a,20-23 (Schlußrede 33).

235 Otto Brunfels, Bl.b1b,24-28 (Schlußrede 38).

236 Vgl. CIC, Decr. Gregor IX., lib.3, tit.30, c.26, Tua nobis; zitiert bei Otto Brunfels, Bl.b2a,6-9 (Schlußrede 42).

237 Otto Brunfels, Bl.b2a,14-18 (Schlußrede 43).

238 Vgl. CIC, c.66, C.16, q.1.

239 Augustin, MPL 39, Sp.2266, sermo 277 (Echtheit bestritten).

240 Vgl. Otto Brunfels, Bl.b2b,19f (Schlußrede 50).

241 Vgl. CIC, c.68, C.16, q.1.

242 Das Zitat ist bei Hieronymus nicht zu finden.

243 Vgl. Otto Brunfels, Bl.b2b,19-22 (Schlußrede 50).

244 Otto Brunfels, Bl.b2b,24-26 (Schlußrede 51).

245 Otto Brunfels, Bl.b3a,18f (Schlußrede 54).

246 Otto Brunfels, Bl.b4a,5-7 (Schlußrede 64).

247 Otto Brunfels, Bl.c2a,2-4 (Schlußrede 87).

248 Vgl. F.W.E. ROTH, 1900, S.262f.

249 Otto Brunfels, Bl.c2b,5-8 (Schlußrede 97).

250 Otto Brunfels, Bl.c2a,5-8 (Schlußrede 88).

251 Vgl. Otto Brunfels, Bl.c2b,9- Bl.c3a,16 (Schlußreden 98-104).

252 Otto Brunfels, Bl.c1b,15-21 (Schlußrede 87).

253 Otto Brunfels, Bl.b3a,25f (Schlußrede 55).

254 Otto Brunfels, Bl.a3b,10f (Schlußrede 14).

255 Otto Brunfels, Bl.a3b,14-25 (Schlußreden 16-19).

256 Otto Brunfels, Bl.b4a,15-21 (Schlußrede 66).

257 Vgl. Otto Brunfels, Bl.d2b,11 -Bl.d3b,17 (Schlußreden 128-130).

258 Vgl. Otto Brunfels, Bl.a4b,5-18 (Schlußrede 27).

259 Vgl. Otto Brunfels, Bl.a4a,10 -Bl.a4b,30 (Schlußreden 18-28).

260 Otto Brunfels, Bl.a4b,26-30 (Schlußrede 28).

261 Otto Brunfels, Bl.d1a,16-18 (Schlußrede 119).

262 Otto Brunfels, Bl.d1b,5-8 (Schlußrede 121).

263 Vgl. Otto Brunfels, Bl.d1b,9-15 (Schlußrede 122).

264 Vgl. Otto Brunfels, Bl.d1b,18-28 (Schlußrede 123).

265 Vgl. JUSTUS MAURER, 1976, S.38.

266 Kaspar Hedio, Bl.a4a,16-18.

267 Zu elsässischen Prädikanten, die gegen den Zehnten predigen, vgl. Günther Franz, 1977, S.185, Nr.46; S.188f, Nr.49, und S.189, Nr.50.

268 Kaspar Hedio, Bl.a3b,27f.

269 Die Besprengung mit Blut dient im allgemeinen zum Schutz des betroffenen Objekts, z.B. Ex 12. Da der Sündenbock (Lev 16), auf den Hedio anspielt, aber ein unrein gemachtes Tier ist, will der Straßburger

Theologe wohl andeuten, daß die Verteidiger des Zehnten durch die Besprengung mit dem Blut des unreinen Tieres ebenso unrein gemacht werden.

270 Kaspar Hedio, Bl.a3b,28 - Bl.a4a,5.
271 Briefe ersetzten in der damaligen Zeit, in der es kein Pressewesen gab, Zeitschriftenaufsätze und Zeitungsartikel.
272 Kaspar Hedio, Bl.a1b,12-24.
273 Vgl. Kaspar HEDIO, Bl.a2a,26-31.
274 Kaspar Hedio, Bl.a2b,9-24.
275 Kaspar Hedio, Bl.a4a,25f.
276 Kaspar Hedio, Bl.a4a,29f.
277 Kaspar Hedio, Bl.a4b,5-12.
278 Kaspar Hedio, Bl.a4b,16-19.
279 Kaspar Hedio, Bl.a4b,26f.
280 Kaspar Hedio, Bl.b1a,11f.
281 Kaspar Hedio, Bl.b1a,24-27.
282 Kaspar Hedio, Bl.b1a,32.
283 Kaspar Hedio, Bl.b1b,31 - Bl.b2a,4.
284 Kaspar Hedio, Bl.b3a,10-21.
285 Kaspar Hedio, Bl.b2a,9-12.
286 Kaspar Hedio, Bl.b2a,24-26.
287 Kaspar Hedio, Bl.b2a,16f.
288 Kaspar Hedio, Bl.b2a,26-29.
289 Kaspar Hedio, Bl.b2a,29 - Bl.b2b,4.
290 Kaspar Hedio, Bl.b2b,7f.
291 Kaspar Hedio, Bl.b4b,26-29.
292 Vgl. Kaspar Hedio, Bl.b4b,30 - Bl.c1a,13.
293 Kaspar Hedio, Bl.c2a,9f.
294 Kaspar Hedio, Bl.c3a,6-17.
295 Kaspar Hedio, Bl.c3a,17-22.
296 Kaspar Hedio, Bl.c3a,32 - Bl.c3b,2.
297 Kaspar Hedio, Bl.c3b,9f.
298 Kaspar Hedio, Bl.c3b,27-30.
299 Kaspar Hedio, Bl.c3b,31 - Bl.c4a,3.
300 Kaspar Hedio, Bl.c1a,15-17.
301 Kaspar Hedio, Bl.c1b,13-15.
302 Der polemische Begriff stammt wie "Baalsdiener" aus der Umwelt des Alten Testaments, in der Baalsheiligtümer meistens auf Bergen und Höhen errichtet wurden.
303 Politische Correspondenz, Bd.1, S.188, Nr.334.
304 Politische Correspondenz, Bd.1, S.189, Nr.335.
305 Politische Correspondenz, Bd.1, S.189, Nr.335.
306 Politische Correspondenz, Bd.1, S.190, Nr.338.
307 Günther Franz, 1977, S.185f, Nr.47.
308 Vgl. CR 94 (Zw 7), S.272,12-17.
309 S.o. S.
310 Vgl. o. S.
311 Vgl. CR 94 (Zw 7), S.279,1-5; 281,9f.
312 Vgl. Emil Egli, S.81, Nr.243; S.129f, Nr.359f; S.132f, Nr.368; S.137, Nr.375-377; S.143, Nr.391f; S.196, Nr.477; S.246f, Nr.568f; S.248, Nr. 577. - Eine ausführliche Beschreibung der Auseinandersetzung zwischen der Gemeinde Kloten und dem Abt von Wettingen ist zu finden bei ROBERT C. WALTON, 1967, S.142ff.
313 Vgl. Emil Egli, S.81, Nr.243.
314 Vgl. Emil Egli, S.125, Nr.351.

315 Vgl. Emil Egli, S.898, Nr.317b.
316 Dieser Prediger war übrigens der spätere Täuferführer Wilhelm Reublin.
     Aus Basel ausgewiesen, war er in die Zürcher Landschaft gekommen und
     hatte sich nach einigem Suchen in Wytikon niedergelassen. Seine Predig-
     ten dort erregten in gleicher Weise Zustimmung und Aufruhr. Die Gemeinde
     Wytikon vertritt jedoch ihre Zehntenangelegenheit selbständig und er-
     weist sich nicht als von Wilhelm Reublin abhängig.
317 Emil Egli, S.125, Nr.351.
318 Vgl. o. S.
319 Der kleine Zehnte wurde in dieser Zeit an vielen Orten aus verschiede-
     nen Gründen nicht mehr eingezogen.
320 Vgl. Emil Egli, S.899f, Nr.368b.
321 Vgl. Emil Egli, S.180, Nr.452.
322 Emil Egli, S.180, Nr.452.
323 Vgl. Emil Egli, S.132, Nr.368.
324 Vgl. Emil Egli, S.132f, Nr.368.
325 Vgl. z.B. Emil Egli, S.134, Nr.370, und S.314f, Nr.694.
326 Emil Egli, S.134, Nr.370.
327 CR 89 (Zw 2), S.473,1-5.
328 Vgl. CR 89 (Zw 2), S.500-522.
329 CR 89 (Zw 2), S.510,19f.
330 Vgl. CR 89 (Zw 2), S.514.
331 Vgl. Emil Egli, S.132f, Nr.368, und o. S.
332 Gewidmet ist die Abhandlung dem Ammann, dem Rat und der Gemeinde des
     Landes Glarus, der ersten Wirkungsstätte Zwinglis.
333 CR 89 (Zw 2), S.454,26-455,6.
334 Vgl. HEIKO A. OBERMAN, 1977, S.286.
335 Vgl. Emil Egli, S.168-171, Nr.426.
336 Vgl. ROBERT C. WALTON, 1967, S.178.
337 Emil Egli, S.170, Nr.426.
338 Emil Egli, S.170, Nr.426.
339 Vgl. Emil Egli, S.901, Nr.552b.
340 Emil Egli, S.901, Nr.552b.
341 Vgl. Emil Egli, S.243f, Nr.558.
342 Vgl. Emil Egli, S.381ff, Nr.799.
343 CR 90 (Zw 3), S.380,10f.
344 CR 90 (Zw 3), S.380,12f.
345 CR 90 (Zw 3), S.380,14f.
346 Historisch geurteilt, setzte die Separationsbewegung und Radikalisie-
     rung des angegriffenen Kreises um Konrad Grebel ein, bevor die Gruppe
     das Problem der Kindertaufe aufwarf. Bereits im Sommer 1522 hatten die
     'Täufer' die Frage des Zehnten angeschnitten und in der Folgezeit waren
     sie sowohl bei dem Problem der Bilder als auch bei dem der Messe
     'führend'. In jedem Punkt (Zehntenfrage, Bilderverehrung, Messe) war
     der Hauptvorwurf der avantgardistischen Gruppe gegen Zwingli, von dem
     sie sich abgrenzen und absetzen wollte, das langsame, auf den Zürcher
     Rat Rücksicht nehmende Vorgehen des Reformators.
347 CR 90 (Zw 3), S.387,20.
348 CR 90 (Zw 3), S.392,20f.
349 CR 90 (Zw 3), S.394,3-5.
350 Vgl. o. S.
351 CR 90 (Zw 3), S.394,19-21.
352 CR 90 (Zw 3), S.397,3.
353 S.o. S.

354 CR 90 (Zw 3), S.402,2f.
355 CR 90 (Zw 3), S.402,10.
356 CR 90 (Zw 3), S.402,17f.
357 CR 90 (Zw 3), S.402,18-22.
358 CR 90 (Zw 3), S.403,2-14.
359 CR 90 (Zw 3), S.453,23-26.
360 CR 90 (Zw 3), S.454,6-8.
361 CR 90 (Zw 3), S.459,12-19.
362 Emil Egli, S.314, Nr.694.
363 Vgl. Emil Egli, S.318f, Nr.702.
364 Vgl. Emil Egli, S.319ff, Nr.703.
365 Vgl. Emil Egli, S.323-326, Nr.710.
366 Vgl. Emil Egli, S.323, Nr.708.
367 Vgl. CR 91 (Zw 4), S.345.
368 Emil Egli, S.319f, Nr.703.
369 Vgl. CR 91 (Zw 4), S.347f.
370 Emil Egli, S.320, Nr.703.
371 CR 91 (Zw 4), S.348,11-13.
372 Vgl. Emil Egli, S.336-339, Nr.726.
373 Vgl. CR 91 (Zw 4), S.343.
374 CR 91 (Zw 4), S.356,23f.
375 CR 91 (Zw 4), S.357,4-6.
376 CR 91 (Zw 4), S.357,7f.
377 Vgl. Emil Egli, S.350, Nr.744.
378 Emil Egli, S.357, Nr.756.
379 Vgl. Emil Egli, S.357, Nr.756.
380 Vgl. Emil Egli, S.360f, Nr.763.
381 Vgl. Emil Egli, S.364, Nr.770.
382 Vgl. Emil Egli, S.364ff, Nr.771.
383 Vgl. Emil Egli, S.365, Nr.771.
384 Vgl. Emil Egli, S.371, Nr.789.
385 Vgl. CR 91 (Zw 4), S.435.437.
386 CR 91 (Zw 4), S.439,4-8.
387 CR 91 (Zw 4), S.538,10ff.
388 CR 91 (Zw 4), S.539,3ff.
389 CR 91 (Zw 4), S.543,12-17.
390 Vgl. o. S.
391 Vgl. WOLFGANG SCHLENCK, 1969, S.30.
392 Vgl. WOLFGANG SCHLENCK, 1969, S.30.
393 Vgl. WOLFGANG SCHLENCK, 1969, S.32.
394 Franz Ludwig Baumann, S.1, Nr.2.
395 Vgl. Franz Ludwig Baumann, S.1f, Nr.2.
396 Vgl. FRIEDRICH DOBEL, 1877, S.44.
397 Vgl. Friedrich Braun, S.28f.
398 Vgl. Friedrich Braun, S.29.
399 Friedrich Braun, S.27.
400 Friedrich Braun, S.27.
401 Friedrich Braun, S.26.
402 Friedrich Braun, S.29.
403 FRIEDRICH DOBEL, 1877, S.59.
404 Gedruckt bei Johann Georg Schelhorn, S.384-397.
405 Nach Augsburg gehört auch die Zehntenschrift des ehemaligen Karmeliter-
    mönchs Johannes Landtsperger, vgl. Literaturverzeichnis, S.   , die
    in unserem Zusammenhang nicht behandelt wird, weil sie den Ereignissen
    in Memmingen zu fern steht.

406 Urbanus Rhegius, S.338.
407 Urbanus Rhegius, S.388.
408 Vgl. JOHANN GEORG SCHELHORN, 1730, S.69.
409 JOHANN GEORG SCHELHORN, 1730, S.69.
410 S.o. S.
411 JOHANN GEORG SCHELHORN, 1730, S.69.
412 Vgl. JOHANN GEORG SCHELHORN, 1730, S.69f.
413 Vgl. GÜNTHER FRANZ, 1939, S.193ff.
414 Sebastian Lotzer ist für uns das lebendige Beispiel der Verbindung von oberdeutscher Reformation und Bauernkrieg. Bäuerliche Zehntenforderungen, die denen der oberdeutschen Reformatoren entsprechen und z.T. vor den Zwölf Artikeln formuliert wurden, finden sich darüberhinaus in folgenden, von Günther Franz, 1977, gebotenen Artikeln und Beschwerden: Nr.26;28;30f;55;69;73;78;80f;83f;88-92;103;106f;109;111-117;120-133; 135-143;146f;149f;152-154;156;158;164;169;174;178;181;184;193f.
415 Sebastian Lotzer, S.83,13f.
416 Vgl. Günther Franz, 1963, S.146,15ff.
417 Vgl. GÜNTHER FRANZ, 1939, S.209.
418 Diese Einleitung verdeutlicht Schappelers Stellung in der Frage der Gewaltanwendung. Sie ist kein flammender Angriff gegen die herrschenden Mächte, sondern eine gemäßigte und besonnene Verteidigung der bäuerlichen Aktionsgruppen, die als ruhige und friedliche Vereinigungen dargestellt werden.
419 Günther Franz, 1963, S.176,3f.
420 Günther Franz, 1963, S.175,28-32.
421 Vgl. o. S.
422 In der Frage der Glaubenseinheit eines Territoriums ist Luther später wieder konservativer und 'mittelalterlicher' geworden, vgl. Luther, Unterricht der Visitatoren an die Pfarrherrn, 1528, WA 26, S.200,22-34.
423 Günther Franz, 1963, S.176,5ff.
424 Günther Franz, 1963, S.176,10.
425 Günther Franz, 1963, S.176,19.
426 Günther Franz, 1963, S.176,21-26.
427 Franz Ludwig Baumann, S.39, Nr.58b.
428 Vgl. Friedrich Braun, S.11f.14f.
429 Vgl. Friedrich Braun, S.13.
430 S.o. S.
431 Friedrich Braun, S.170.
432 Friedrich Braun, S.159.
433 Friedrich Braun, S.158.
434 Friedrich Braun, S.159.
435 Friedrich Braun, S.159.
436 Friedrich Braun, S.160.
437 Friedrich Braun, S.159.
438 Friedrich Braun, S.171.
439 Friedrich Braun, S.171.
440 Friedrich Braun, S.172.
441 Vgl. o. S.
442 Vgl. Günther Franz, 1963, S.171,29-35.
443 CR 95 (Zw 8), S.325,17f.
444 Vgl. GÜNTHER FRANZ, 1977, S.131.
445 Vgl. o. S.
446 Das Schweigen Luthers zur Zehntenfrage ist nicht als Zustimmung zur Zehntenkonzeption der oberdeutschen Reformatoren zu deuten, so daß vor

1525 eine einheitliche Zehntauffassung der Reformation existiert hätte. Vielmehr hat Luther, der für diese Fragen kein Interesse hatte, vor 1525 nicht die Notwendigkeit gesehen, sich für eine der möglichen Vorstellungen vom Kirchenwesen entscheiden zu müssen. Als durch den Bauernkrieg die Frage der Souveränität im Kirchenwesen gestellt wurde, hat Luther Position bezogen - für die Fürsten-Reformation.

447 Vgl. KARL PALLAS, 1924, S.33.
448 WA 15, S.321,25-27.
449 WA 18, S.326,1-3.
450 WA 18, S.305,7f.
451 WA 18, S.326,3f.
452 WA 18, S.326,7-10.
453 WA 18, S.326,4f.
454 WA 18, S.326,1.
455 WA 18, 326,5-7.
456 Vgl. o. S.
457 WA 18, S.314,12-17.
458 WA 18, S.317,4ff.
459 WA 18, S.292,9-12.
460 WA 18, S.318,18-319,1.
461 WA 18, S.320,12ff.
462 WA 18, S.310,6-11.
463 WA 18, S.317,12f.
464 WA 18, S.309,11-14.
465 WA 18, S.316,1-10.
466 WA 18, S.310,15ff.
467 WA 18, S.321,18-322,4.
468 WA 18, S.323,17-324,5.
469 Vgl. ERNST RIETSCHEL, 1900, S.412.
470 Vgl. o. S.
471 Vgl. GÜNTHER FRANZ, 1977, S.226f.
472 CR 20, S.654,24-28.
473 Vgl. Günther Franz, 1963, S.176,27f.
474 CR 20, S.654,35ff.
475 CR 20, S.654,42ff.
476 CR 20, S.653,37ff.
478 CR 20, S.654,14ff.
479 CR 20, S.654,21ff.
480 CR 20, S.654,16-19.
481 CR 20, S.645,18-22.
482 CR 20, S.651,4-9.
483 CR 20, S.651,37-40.
484 CR 20, S.651,40-46.
485 CR 20, S.652,23-29.
486 CR 20, S.652,30f.
487 CR 20, S.652,42-50.
488 CR 20, S.653,13-16.
489 Vgl. Johannes Brenz, S.180-187.
490 Vgl. Johannes Brenz, S.188-201.
491 Vgl. Johannes Brenz, S.174-180.
492 Johannes Brenz, S.147,20f.
493 Diese aus der katholischen Kirche übernommene 'Gleichschaltung' von Volk Israel und christlicher Gemeinde hat die oberdeutsche Reformation, besonders Franz Lambert von Avignon bekämpft, vgl. o. S.

494 Vgl. Johannes Brenz, S.148,23f.
495 Johannes Brenz, S.148,24-28.
496 Johannes Brenz, S.149,1-3.
497 Johannes Brenz, S.149,11-14.
498 Johannes Brenz, S.149,14-18.
499 Johannes Brenz, S.149,26ff.
500 Johannes Brenz, S.149,31-35.
501 Vgl. Johannes Brenz, S.145,14-23.
502 Vgl. Johannes Brenz, S.160,13-20.
503 Johannes Brenz, S.143,28-33.
504 Johannes Brenz, S.136,21f.
505 Vgl. die altgläubige Polemik, z.B. den Brief des bayrischen Kanzlers
     Leonhard von Eck an Herzog Ludwig von Bayern (Günther Franz, 1963,
     S.151,31-35).
506 Johannes Brenz, S.137,9ff.
507 Johannes Brenz, S.155,19-38.
508 Johannes Brenz, S.138,26ff.
509 Johannes Brenz, S.139,23-26.
510 Johannes Brenz, S.139,27-32.
511 Johannes Brenz, S.139,34f.
512 Johannes Brenz, S.150,10-15.
513 Johannes Brenz, S.174,1-4.
514 Johannes Brenz, S.151,2-5.
515 Wegen des häufigen Anklangs an den biblischen Wortlaut ist eine ein-
     wandfreie Zählung biblischer Zitate nicht möglich. Aber von 127 expli-
     zit angeführten Bibelstellen entfallen in Brenz' Gutachten 2 auf die
     Apostelgeschichte.
516 S. o. S.
517 ADOLF KOPP, 1899, S.19.
518 WILHELM EIGENBRODT, 1912, S.33.

LITERATURVERZEICHNIS

A. QUELLEN

a) Ungedruckte Quellen:

ARCHIVES DE CHAPITRE DE ST. THOMAS DE STRASBOURG, Nr.133 (Cart. 69,1),
Pr.2-7.

ARCHIVES DE CHAPITRE DE ST. THOMAS DE STRASBOURG, Administration des biens,
Nr.1873, Ser. B VI, Pr.20.

b) Gedruckte Quellen und Quellensammlungen:

BAUMANN, Franz Ludwig, Akten zur Geschichte des deutschen Bauernkriegs aus
Oberschwaben, Freiburg: Herder, 1877.

BODENSTEIN (von Karlstadt), Andreas, De decimis pronunciata, in: HERMANN
BARGE, Bd.1, 1905, S.494.

BRAUN, Friedrich, Drei Aktenstücke zur Geschichte des Bauernkriegs, BBKG 2,
1888/89, S.157-160. 170-176. 185-192; BBKG 3, 1889/90, S.9-16. 24-32.

BRENZ, Johannes, Frühschriften, T.1, hgb. von Martin Brecht u.a., Tübingen:
J.C.B. Mohr (Paul Siebeck), 1970.

BRUNFELS, Otto, De ratione decimarum (Othonis Brunfelsii) propositiones,
o.O. und J. (Straßburg: Johannes Schott, 1524?).

BRUNFELS, Otto, Von dem Pfaffen Zehenden. Hundert und zwen und fyertzig
Schlussreden, o.O. und J. (Straßburg: Johannes Schott, 1524?).

EBERLIN (von Günzburg), Johann, Eyn new und das letzt außschreyben des
XV. bundtgenossen, in: Ludwig Enders, Johann Eberlin von Günzburg. Aus-
gewählte Schriften, Bd.1, Flugschriften aus der Reformationszeit 11,
Neudrucke deutscher Literaturwerke des 16. und 17. Jahrhunderts 139-141,
Halle: Max Niemeyer, 1896, S.171-205.

EGLI, Emil, Actensammlung zur Geschichte der Züricher Reformation in den
Jahren 1519-1533, Zürich: J. Schabelitz, 1879.

FRANZ, Günther, Der deutsche Bauernkrieg. Aktenband, 4. verb. Aufl., Darmstadt: WBG, 1977.

FRANZ, Günther, Quellen zur Geschichte des Bauernkriegs, Ausgewählte Quellen
zur deutschen Geschichte der Neuzeit, Freiherr vom Stein-Gedächtnis-
ausgabe 2, Darmstadt: WBG, 1963.

HEDIO, Kaspar, Von dem zehenden zwo trefflicher predig, geschehen im Münster
zu straßburg. Mit Sendbrieff: An das Christlich heüfflin im Rinckgaw
Mentzer Bistumbs. o.O. und J. (Straßburg, 1525?).

HUGWALD, Ulrich, Dialogus studiorum suorum prooemium et militiae initium, o.O. und J. (Basel: Petri, 1520).

KELLER, Andreas, Von dem zehenden was darvon uß der schrifft zu halten sey. Ein schoner tractat, Straßburg: Johannes Schwan, 1525.

LAMBERT (von Avignon), Franz, (Francisci Lamperti Galli theologii) Juditium de ministris ecclesiae, de decimis, primitiis et oblationibus, an scilicet per Evangelium sint abrogatae, et de excommunicatione Papistica, in: OTTO CLEMEN, 1901, S.133-138.

LANDTSPERGER, Johann, Ain nutzlicher Sermon: dem gemaynen volck von der lieben Gottes und des nächsten. Auch wie man den zehenden geben und wer jn nemen soll, o.O. und J. (Augsburg, 1524?).

LOTZER, Sebastian, (Sebastian Lotzers) Schriften, hgb. von Alfred Goetze, Leipzig: B.G. Teubner, 1902.

LUTHER, Martin, (D. Martin Luthers) Werke, Kritische Gesamtausgabe, Weimar: Hermann Böhlau, 1883ff.

MELANCHTHON, Philipp, (Philippi Melanchthonis) Opera, Bd.20, hgb. von Heinrich Ernst Bindseil, CR 20, Braunschweig: C.A. Schwetschke und Söhne, 1854.

POLITISCHE CORRESPONDENZ DER STADT STRASSBURG IM ZEITALTER DER REFORMATION, Bd.1, 1517-1530, bearb. von Hans Virck, Straßburg: Karl J. Trübner, 1882.

QUELLEN ZUR GESCHICHTE DER TÄUFER IN DER SCHWEIZ, Bd.1, hgb. von Leonhard von Muralt und Walter Schmid, 2.Aufl., Zürich: Theologischer Verlag, 1974.

RHEGIUS, Urbanus, (Urbani Rhegii) Consilium et Responsum de colloquio Memmingae sub magistratus auspiciis a. D. Christ. Schapelero A. MDXXV cum Pontificiis habito, in: Johann Georg Schelhorn, S.384-397.

SCHELHORN, Johann Georg, Amoenitates historiae ecclesiasticae et literariae, Bd.6, Frankfurt/Leipzig: Daniel Bartholomae, 1727.

STÖR, Thomas, Von dem Christlichen Weingarten, wie den die geystlichen hymel Böck durch jre erdichte trygerei un menschenfündt zu nicht gemacht haben, auch wie derselbig durch verkündung heylsamer euangelischer leer widerumb fruchtpar zu machen sey, o.O. und J. (Zwickau: Gastel, 1524?).

STRAUSS, Jakob, An den durchleuchtigisten, hochgebornen Fürsten un herrn, Johannßen Fridrichen, hertzogen zu Sachssen ... Das nit herren, aber diener eyner yeden Christlichen versamlung zugestellt werden. Beschlußreden und haupt artikel ..., in: JOACHIM ROGGE, 1957, S.157-166.

ZWINGLI, Ulrich, (Huldreich Zwinglis) sämtliche Werke, hgb. von Emil Egli u.a., CR 88-98, Berlin: C.A. Schwetschke; ab CR 90: Leipzig, M. Heinsius Nachfolger, 1905ff.

B. SEKUNDÄRLITERATUR

AARTS, JAN, Die Lehre Martin Luther über das Amt in der Kirche. Eine genetisch-systematische Untersuchung seiner Schriften von 1512-1525, SLAG, A 15, Helsinki, 1972.

ADAM, JOHANN, Evangelische Kirchengeschichte der Stadt Straßburg bis zur Französischen Revolution, Straßburg: J.H.Ed. Heitz, 1922.

ALTHAUS, PAUL, Luthers Haltung im Bauernkrieg, Basel: Schwabe, 1953.

ANDREAS, WILLY, Deutschland vor der Reformation, 6.Aufl., Stuttgart: DVA, 1959.

ANRICH, GUSTAV, Die Straßburger Reformation, SVRG 36/1, Nr.130, S.43-70.

AUBIN, HERMANN/ZORN, WOLFGANG (Hgb.), Handbuch der deutschen Sozial- und Wirtschaftsgeschichte, Bd.1, Stuttgart: Union, 1971.

BARGE, HERMANN, Andreas Bodenstein von Karlstadt, 2 Bde., Leipzig: Friedrich Brandstetter, 1905.

BARGE, HERMANN, Frühprotestantisches Gemeindechristentum in Wittenberg und Orlamünde, Leipzig: M. Heinsius Nachfolger, 1909.

BARGE, HERMANN, Jakob Strauß. Ein Kämpfer für das Evangelium in Tirol, Thüringen und Süddeutschland, SVRG 54/2, Nr.162, 1937.

BARON, HANS, Religion and Politics in the German Imperial Cities, EHR 52, 1937, S.405-427.614-633.

BAUM, ADOLF, Magistrat und Reformation in Straßburg bis 1529, Straßburg: J.H.Ed. Heitz (Heitz & Mündel), 1887.

BAUM, JOHANN WILHELM, Franz Lambert von Avignon, Straßburg/Paris: Treuttel & Würtz, 1840.

BAUMANN, FRANZ LUDWIG, Die oberschwäbischen Bauern im März 1525 und die zwölf Artikel, Kempten: Köselsche Buchhandlung, 1871.

BAUMANN, FRANZ LUDWIG, Die zwölf Artikel der oberschwäbischen Bauern 1525, Kempten: Köselsche Buchhandlung, 1896.

BAUMGART, PETER, Formen der Volksfrömmigkeit - Krise der alten Kirche und reformatorische Bewegung. Zur Ursachenproblematik des "Bauernkrieges", in: PETER BLICKLE, 1975, S.186-204.

BECKER, WINFRIED, "Göttliches Wort", "göttliches Recht", "göttliche Gerechtigkeit". Die Politisierung theologischer Begriffe?, in: PETER BLICKLE, 1975, S.232-263.

BLICKLE, PETER (Hgb.), Revolte und Revolution in Europa, HZ, Beiheft 4 (N.F.), 1975.

BLICKLE, PETER, Die Revolution von 1525. Studienausgabe, München/Wien: R. Oldenbourg, 1977.

BOFINGER, WILHELM, Oberdeutschtum und württembergische Reformation. Die Sozialgestalt der Kirche als Problem der Theologie- und Kirchengeschichte der Reformationszeit, Diss. theol. Tübingen, 1957.

BOLES, SUSAN K., The Economic Position of Lutheran Pastors in Ernestine Thuringia 1521-1555, ARG 63, 1972, S.94-125.

BORNKAMM, HEINRICH, Das Jahrhundert der Reformation. Gestalten und Kräfte, 2.Aufl., Göttingen: Vandenhoeck & Ruprecht, 1966.

BORNKAMM, HEINRICH, Martin Luther in der Mitte seines Lebens: das Jahrzehnt zwischen dem Wormser und dem Augsburger Reichstag. Aus dem Nachlaß hgb. von Karin Bornkamm, Göttingen: Vandenhoeck & Ruprecht, 1979.

BORTH, WILHELM, Die Luthersache (Causa Lutheri) 1517-1524. Die Anfänge der Reformation als Frage von Politik und Recht, HS 414, Tübingen/Lübeck: Moll/Winter, 1970.

BOSSERT, GUSTAV, Rottenburg am Neckar und die Herrschaft Hohenberg im Reformationszeitalter, BWKG (A.F.) 3, 1888, S.4-7.12-15.19-21.29-32.

BRECHT, MARTIN, Die frühe Theologie des Johannes Brenz, BHTh 36, Tübingen: J.C.B. Mohr (Paul Siebeck), 1966.

BROCKELMANN, BRIGITTE, Das Corpus Christianum bei Zwingli, Breslauer Historische Forschungen 5, Breslau: Priebatschs Buchhandlung, 1938.

BUBENHEIMER, ULRICH, Consonantia Theologiae et Iurisprudentiae. Andreas Bodenstein von Karlstadt als Theologe und Jurist zwischen Scholastik und Reformation, JusEcc 24, Tübingen: J.C.B. Mohr (Paul Siebeck), 1977.

BUBENHEIMER, ULRICH, Scandalum et ius divinum. Theologische und rechtstheologische Probleme der ersten reformatorischen Innovationen in Wittenberg 1521/22, ZSRG.K 59, 1973, S.263-342.

BUSCH, HUGO, Melanchthons Kirchenbegriff, Diss. theol. Bonn, 1918.

CHRISMAN, MIRIAM USHER, Strasbourg and the Reform, A study in the process of change, Yale Historical Publications. Miscellany 87, New York/London: Yale University Press, 1967.

CLAASEN, WALTER, Schweizer Bauernpolitik im Zeitalter Ulrich Zwinglis, SGF 4, Weimar: Emil Felber, 1899.

CLEMEN, OTTO, Zwei Gutachten Franz Lamberts von Avignon, ZKG 22, 1901, S.129-143.

COHN, HENRY J., Anticlericalims in the German Peasants' War 1525, Past & Present. A Journal of Historical Studies, Nr.83, 1979, S.3-31.

CRANTZ, F. EDWARD, An Essay on the Development of Luther's Thought on Justice, Law and Society, HThS 19, Cambridge, Mass./London: Harvard University Press/Oxford University Press, 1959.

DICKENS, ARTHUR GEOFFREY, The German Nation and Martin Luther, London: Edward Arnold, 1974.

DOBEL, FRIEDRICH, Memmingen im Reformationszeitalter, T.1, Memmingen: O. Besenfelder'sche Buchhandlung, 1877; T.2-5, Augsburg: Lampart & Co., 1877/78.

DREWS, PAUL, Entsprach das Staatskirchentum dem Ideale Luthers?, ZThK 18, Ergänzungsheft 1, 1908.

EGLI, EMIL, Schweizerische Reformationsgeschichte, Bd.1, umfassend die Jahre 1519-1525, hgb. von Georg Finsler, Zürich: Zürcher & Furrer, 1910.

EIGENBRODT, WILHELM, Der Zehnte und die Zehntablösung in Hessen-Homburg, Diss. phil. Kiel, 1912.

EPSTEIN, A.D., Reformation und Bauernkrieg in Deutschland als erste frühbürgerliche Revolution, Sowjetwissenschaft. Gesellschaftswissenschaftliche Beiträge, 1958, S.363-392.

ESCHENHAGEN, EDITH, Wittenberger Studien: Beiträge zur Sozial- und Wirtschaftsgeschichte der Stadt Wittenberg in der Reformationszeit, LuJ 9,
1927, S.9-118.

ESTES, JAMES M., Church Order and the Christian Magistrate According to
Johannes Brenz, ARG 59, 1968, S.5-24.

ESTES, JAMES M., The Two Kingdoms and the State Church According to Johannes
Brenz and an Anonymous Colleague, ARG 61, 1970, S.35-50.

FARNER, ALFRED, Die Lehre von Kirche und Staat bei Zwingli, Tübingen: Laupp,
1930.

FEINE, HANS-ERICH, Kirchliche Rechtsgeschichte: Die katholische Kirche,
5.Aufl., Köln/Wien: Böhlau, 1972.

FRANZ, GÜNTHER, Der deutsche Bauernkrieg, 11.Aufl., Darmstadt: WBG, 1977.

FRANZ, GÜNTHER, Die Entstehung der "Zwölf Artikel" der deutschen Bauernschaft, ARG 36, 1939, S.193-213.

FRIEDBERG, EMIL (Hgb.), Corpus Iuris Canonici, 2 Bde., Leipzig: Bernhard
Tauchnitz, 1979/1881.

FUCHS, GERHARD, Karlstadts radikal-reformatorisches Wirken und seine Stellung
zwischen Müntzer und Luther, WZ der Martin-Luther-Universität Halle/
Wittenberg, Gesellschafts- und sprachwissenschaftliche Reihe 3, 1953/
54, S.523-551.

GOETZE, ALFRED, Die Artikel der Bauern 1525, HV 4, 1901, S.1-32.

GOTTSCHICK, JOHANNES, Hus', Luthers und Zwinglis Lehre von der Kirche,
ZKG 8, 1886, S.354-394.542-613.

GRESCHAT, MARTIN, Luthers Haltung im Bauernkrieg, ARG 56, 1965, S.31-47.

GRUNDMANN, SIEGFRIED, Kirche und Staat nach der Zwei-Reiche-Lehre Luthers,
in: Willibald M. Plöchl/Inge Hampl (Hgb.), Im Dienste des Rechts in
Kirche und Staat. Festschrift zum 70. Geburtstag von Franz Arnold,
KuR 4, S.38-54.

GÜNTHER, GERHARD, "Altes Recht", "Göttliches Recht" und "Römisches Recht"
in der Zeit der Reformation und des Bauernkriegs, WZ der Karl-Marx-
Universität Leipzig, Gesellschaftswissenschaftliche Reihe 14, 1965,
S.427-434.

HAAS, MARTIN, Huldrych Zwingli und seine Zeit. Leben und Werk des Zürcher
Reformators, 2.Aufl., Zürich: Theologischer Verlag, 1976.

HARTFELDER, KARL, Straßburg während des Bauernkriegs 1525, FDG 23, 1883,
S.221-285.

HECKEL, JOHANNES, Das blinde, undeutliche Wort "Kirche". Gesammelte Aufsätze, hgb. von Siegfried Grundmann, Köln/Graz: Böhlau, 1964.

HECKEL, JOHANNES, Cura religionis, ius in sacra, ius circa sacra, in: Festschrift für Ulrich Stutz, KRA 117/118, Stuttgart: Ferdinand Enke, 1938,
S.224-298.

HECKEL, JOHANNES, Im Irrgarten der Zwei-Reiche-Lehre. 2 Abhandlungen zum Reichs- und Kirchenbegriff Martin Luthers, TEH (N.F.) 55, München: Christian Kaiser, 1955.

HECKEL, JOHANNES, Kirche und Kirchenregiment nach der Zwei-Reiche-Lehre, ZSRG.K 48, 1962, S.222-284.

HECKEL, JOHANNES, Luthers Lehre von den zwei Regimenten (Fragen und Antworten zu der Schrift von Gunnar Hillerdal), ZEvKR 4, 1955, S.253-265.

HECKEL, MARTIN, Zur Entwicklung des deutschen Staatskirchenrechts von der Reformation bis zur Schwelle der Weimarer Verfassung, ZEvKR 12, 1966/67, S.1-39.

HERMELINK, HEINRICH, Zu Luthers Gedanken über Idealgemeinde und von weltlicher Obrigkeit, ZKG 29, 1908, S.267-322.

HILLERBRAND, HANS-JOACHIM, Andreas Bodenstein of Carlstadt. Prodigal Reformer, ChH 35, 1966, S.379-398.

HILLERBRAND, HANS-JOACHIM, The Reformation and the German Peasants' War, in: Lawrence P. Buck/Jonathan W. Zophy (Hgb.), The Social History of the Reformation. "In Honor of Harold J. Grimm", Columbus, Ohio: Ohio State University Press, 1972, S.106-136.

HILLERDAL, GUNNAR, Gehorsam gegen Gott und Menschen. Luthers Lehre von der Obrigkeit und die moderne evangelische Staatsethik, Göttingen: Vandenhoeck & Ruprecht, 1955.

HIMMELHEBER, EMIL, Caspar Hedio. Ein Lebensbild aus der Reformationsgeschichte, Karlsruhe: G. Braun'sche Hofbuchhandlung, 1881.

HÖSS, IRMGARD, The Lutheran Church of the Reformation. Problems of Its Formation and Organization in the Middle and North German Territories, in: Lawrence P. Buck/Jonathan W. Zophy (Hgb.), The Social History of the Reformation. "In Honor of Harold J. Grimm", Columbus, Ohio: Ohio State University Press, 1972, S.317-339.

HOLL, KARL, Gesammelte Aufsätze zur Kirchengeschichte, Bd.1, Luther, 4. und 5. Aufl., Tübingen: J.C.B. Mohr (Paul Siebeck), 1927.

JACOB, WALTHER, Politische Führungsschicht und Reformation. Untersuchungen zur Reformation in Zürich 1519-1528, Diss. phil. Zürich, 1969.

JUNG, A., Beiträge zu der Geschichte der Reformation, Abt.2, Geschichte der Reformation der Kirche in Straßburg, Straßburg/Leipzig: F.G. Levrault, 1830.

KANTZENBACH, FRIEDRICH WILHELM, Jesus Christus Haupt der Kirche. Erwägungen zu Ansatz und Einheit der Kirchenanschauung Luthers, LuJ 41, 1974, S.7-44.

KANTZENBACH, FRIEDRICH WILHELM, Theologie und Gemeinde bei Johannes Brenz, dem Prediger von Hall, BWKG 65, 1965, S.3-38.

KATTENBUSCH, FERDINAND, Die Doppelschichtigkeit in Luthers Kirchenbegriff, ThStKr 100, 1928, S.197-347.

KISCH, GUIDO, Melanchthons Rechts- und Soziallehre, Berlin: de Gruyter, 1967.

KÖHLER, WALTHER, Huldrych Zwingli, Leipzig: Köhler & Amelung, 1943.

KÖHLER, WALTHER, Zu Luthers Kirchenbegriff. Eine amica exegesis, ChW 21, 1907, S.371-377.

KOHLMEYER, ERNST, Die Bedeutung der Kirche für Luther, ZKG 47, 1928, S.466-511.

KOHLS, ERNST-WILHELM, Erasmus und die Anfänge der evangelischen Bewegung am Oberrhein, BPfKG 36, 1969, S.156-166.

KOHLS, ERNST-WILHELM, Evangelische Bewegung und Kirchenordnung in oberdeutschen Reichsstädten, ZSRG.K 53, 1967, S.110-134.

KOPP, ADOLF, Zehentwesen und Zehentablösung in Baden, Volkswirtschaftliche Abhandlungen der Badischen Hochschulen 3,2, Leipzig/Tübingen: J.C.B. Mohr (Paul Siebeck), 1899.

KOTTJE, RAYMUND, Studien zum Einfluß des Alten Testaments auf Recht und Liturgie des frühen Mittelalters, BHF 23, Bonn: Röhrscheid, 1964.

KREUTZER, JAKOB, Zwinglis Lehre von der Obrigkeit, KRA 57, Stuttgart: Ferdinand Enke, 1909.

KRIECHBAUM, FRIEDEL, Grundzüge der Theologie Karlstadts, ThF 43, Hamburg-Bergstedt: Herbert Reich - Evangelischer Verlag, 1967.

KRUMWIEDE, HANS-WALTER, Zur Entstehung des landesherrlichen Kirchenregiments in Kursachsen und Braunschweig-Wölfenbüttel, SKGNS 16, Göttingen: Vandenhoeck & Ruprecht, 1967.

KÜNSTLE, FRANZ XAVER, Die deutsche Pfarrei und ihr Recht zu Ausgang des Mittelalters, KRA 20, Stuttgart: Ferdinand Enke, 1905.

KUUJO, ERKKI OLAVI, Das Zehntwesen in der Erzdiözese Hamburg-Bremen bis zu seiner Privatisierung, AASF, Ser. B, Tom.62,1, Helsinki: Suomilainen Tiedeakatemia, 1949.

LAMPRECHT, KARL, Deutsches Wirtschaftsleben im Mittelalter, Bd.I,1.2, Leipzig: Alphons Dürr, 1886.

LAU, FRANZ, Der Bauernkrieg und das angebliche Ende der lutherischen Reformation als spontaner Volksbewegung, LuJ 26, 1959, S.109-134.

LEHMANN, HARTMUT, Luther und der Bauernkrieg, GWU 20, 1969, S.129-139.

LOCHER, GOTTFRIED, Die Zwinglische Reformation im Rahmen der europäischen Kirchengeschichte, Göttingen: Vandenhoeck & Ruprecht, 1979.

LÖTSCHER, VALENTIN, Der deutsche Bauernkrieg in der Darstellung und im Urteil der zeitgenössischen Schweizer, BBGW 11, Basel: Helbing & Lichtenhahn, 1943.

LORTZ, JOSEPH, Die Reformation in Deutschland, 2 Bde., 4.Aufl., Freiburg/Basel/Wien: Herder, 1962.

LÜTGE, FRIEDRICH, Deutsche Sozial- und Wirtschaftsgeschichte. Ein Überblick, Berlin/Göttingen/Heidelberg: Springer, 1960.

LÜTGE, FRIEDRICH, Luthers Eingreifen in den Bauernkrieg in seinen sozialgeschichtlichen Voraussetzungen, in: ders., Studien zur Sozial- und Wirtschaftsgeschichte, Forschungen zur Sozial- und Wirtschaftsgeschichte 5, Stuttgart: Gustav Fischer, 1963, S.112-144.

MARTIN, MAX, Johannes Landtsperger. Die unter diesem Namen gehenden Schriften und ihre Verfasser, Augsburg: Lampart & Co., 1902.

MAURER, JUSTUS, Das Verhalten der reformatorisch gesinnten Geistlichen Süddeutschlands im Bauernkrieg, Diss. theol. Tübingen, 1976.

MAURER, WILHELM, Die Entstehung des Landeskirchentums in der Reformation, in: Walther Peter Fuchs (Hgb.), Staat und Kirche im Wandel der Jahrhunderte, Stuttgart/Berlin/Köln/Mainz: W. Kohlhammer, 1966.

MAURER, WILHELM, Franz Lambert von Avignon und das Verfassungsideal der Reformatio ecclesiarum Hassiae, ZKG 48, 1929, S.208-260.

MAURER, WILHELM, Der junge Melanchthon zwischen Humanismus und Reformation, 2 Bde., Göttingen: Vandenhoeck & Ruprecht, 1967/1969.

MELICHAR, ERWIN, Der Zehent als Kirchensteuer, StGra 2, 1954, S.387-407.

MEYER, PAUL, Zwinlis Soziallehren, Diss. phil. Zürich, 1921.

MOELLER, BERND (Hgb.), Bauernkriegs-Studien, SVRG 82/2, Nr.189, 1975.

MOELLER, BERND, Frömmigkeit in Deutschland um 1500, ARG 56, 1965, S.5-31.

MOELLER, BERND, Deutschland im Zeitalter der Reformation, Deutsche Geschichte 4, KVR 1432, Göttingen: Vandenhoeck & Ruprecht, 1977.

MOELLER, BERND, Die Kirche in den evangelischen freien Städten Oberdeutschlands im Zeitalter der Reformation, ZGO 112, 1964, S.147-162.

MOELLER, BERND, Probleme der Reformationsgeschichtsforschung, ZKG 76, 1965, S.246-257.

MOELLER, BERND, Reichsstadt und Reformation, SVRG 69, Nr.180, 1962.

MOELLER, BERND, Zwinglis Disputationen. Studien zu den Anfängen der Kirchenbildung und des Synodalwesens im Protestantismus, ZSRG.K 56, 1970, S.275-324; ZSRG.K 60, 1974, S.213-364.

MOSER, ANDREAS, Franz Lamberts Reise durch die Schweiz, Zwingliana 10, 1954-1958, S.467-471.

MÜLLER, GERHARD, Franz Lambert von Avignon und die Reformation in Hessen, VHKHW 24,4, Marburg: N.G. Elwert, 1958.

MÜLLER, KARL, Kirche, Gemeinde und Obrigkeit nach Luther, Tübingen: J.C.B. Mohr (Paul Siebeck), 1910.

MÜLLER, WALTER, Freiheit und Leibeigenschaft - soziale Ziele des deutschen Bauernkriegs?, in: PETER BLICKLE, 1975, S.264-272.

MURALT, LEONHARD VON, Stadtgemeinde und Reformation in der Schweiz, ZSG 10, 1930, S.349-384.

MURALT, LEONHARD VON, Zwingli als Sozialpolitiker, Zwingliana 5, 1929-1933, S.276-296.

NÜRNBERGER, RICHARD, Kirche und weltliche Obrigkeit bei Melanchthon, Diss. phil. Freiburg, 1937.

OBERMAN, HEIKO A. (Hgb.), Deutscher Bauernkrieg, ZKG 85, 1974, S.147-316 (Heft 2, S.1-172).

OBERMAN, HEIKO A., Tumultus rusticorum: Vom "Klosterkrieg" zum Fürstensieg. Beobachtungen zum Bauernkrieg unter besonderer Berücksichtigung zeitgenössischer Beurteilungen, in: HEIKO A. OBERMAN, 1975, S.301-316.

OBERMAN, HEIKO A., Werden und Wertung der Reformation, Spätscholastik und Reformation 2, Tübingen: J.C.B. Mohr (Paul Siebeck), 1977.

OLSSON, HERBERT, Sichtbarkeit und Verborgenheit der Kirche nach Luther, in: Ein Buch von der Kirche, hgb. von Gustaf Aulen u.a., Göttingen: Vandenhoeck & Ruprecht, 1951, S.338-360.

OZMENT, STEVEN E., The Reformation in the Cities. The Appeal of Protestantism to 16-th century Germany and Switzerland, New Haven/London: Yale University Press, 1975.

PALLAS, KARL, Die kirchliche Vermögensverwaltung. Ihre Ausgestaltung in der Reformationszeit und deren Auswirkungen bis in die Gegenwart, ZVKGS 20, 1924, S.29-43.

PERELS, ERNST, Die Ursprünge des karolingischen Zehntgebots, AUF 3, 1911, S.233-250.

PEUCKERT, WILL-ERICH, Die große Wende. Das apokalyptische Säkulum und Luther, 2 Bde., 2.Aufl., Darmstadt: WBG, 1976.

PLÖCHL, WILLIBALD M., Geschichte des Kirchenrechts, 2 Bde., 2.Aufl., Wien/ München: Herold, 1960/1962.

PLÖCHL, WILLIBALD M., Das kirchliche Zehentwesen Niederösterreichs, Forschungen zur Landeskunde von Niederösterreich und Wien 5, Wien: Verein für Landeskunde und Heimatschutz von Niederösterreich und Wien, 1935.

PREUS, JAMES SAMUEL, Carlstadt's Ordinationes and Luther's Liberty: A study of the Wittenberg movement 1521/22, Cambridge, Mass./Oxford: Harvard University Press/Oxford University Press, 1974.

DIE RELIGION IN GESCHICHTE UND GEGENWART, Handwörterbuch für Theologie und Religionswissenschaft, 6 Bde., hgb. von Kurt Galling, 3.Aufl., Tübingen: J.C.B. Mohr (Paul Siebeck), 1957-1962.

RICH, ARTHUR, Die Anfänge der Theologie Zwinglis, QAGSP 6, Zürich: Zwingli, 1949.

RICH, ARTHUR, Zwingli als sozialpolitischer Denker, Zwingliana 13, 1969-1973, S.67-89.

RIETSCHEL, ERNST, Luthers Anschauung von der Unsichtbarkeit und Sichtbarkeit der Kirche, ThStKr 73, 1900, S.404-456.

RIETSCHEL, ERNST, Das Problem der unsichtbar-sichtbaren Kirche bei Luther, SVRG 50/2, Nr.154, 1932.

ROGGE, JOACHIM, Der Beitrag des Predigers Jakob Strauß zur frühen Reformationsgeschichte, ThA 6, Berlin: Europäische Verlagsanstalt, 1957.

ROTH, F.W.E., Die Schriften des Otto Brunfels 1519-1536. Bibliographisch beschrieben, Jahrbuch für Geschichte, Sprache und Literatur Elsaß-Lothringens 16, 1900, S.257-288.

ROTH, F.W.E., Otto Brunfels, nach seinem Leben und literarischen Wirken geschildert, ZGO 48, 1894, S.284-320.

ROTHER, SIEGFRIED, Die religiösen und geistigen Grundlagen der Politik Huldrych Zwinglis. Beiträge zum Problem des christlichen Staates, Erlanger Abhandlungen zur mittleren und neueren Geschichte (N.F.) 7, Erlangen: Palm & Enke, 1956.

RUPP, GORDON E., Andrew Karlstadt and Reformation Puritanism, JThS (N.S.) 10, 1959, S.308-326.

RUPP, GORDON E., Patterns of Reformation, London: Epworth Press, 1969.

SANWALD, ERICH, Otto Brunfels 1488 bis 1534. Ein Beitrag zur Geschichte des Humanismus und der Reformation, 1. Hälfte: 1488-1524, Bottrop: Wilhelm Postberg, 1932.

SCHÄFER, GERHARD/BRECHT, MARTIN (Hgb.), Johannes Brenz 1499-1570. Beiträge zu seinem Leben und Wirken, BWKG 70, 1970.

SCHELHORN, JOHANN GEORG, Kurtze Reformations-Historie der Kayserlichen Freyen Reichs-Stadt Memmingen, Memmingen: Michael Friesen, 1730.

SCHLENCK, WOLFGANG, Die Reichsstadt Memmingen und die Reformation, Memminger Geschichtsblätter 1968, Memmingen: Heimatpflege Memmingen, 1969.

SCHMID, HEINRICH, Zwinglis Lehre von göttlicher und menschlicher Gerechtigkeit, Diss. theol. Zürich, 1959.

SCHMIDT, CHARLES, Histoire du Chapitre de Saint-Thomas de Strasbourg, Straßburg: C.F. Schmidt, 1860.

SCHMIDT, IRMGARD, Das göttliche Recht und seine Bedeutung im deutschen Bauernkrieg, Diss. phil. Jena, 1939.

SCHMOLLER, GUSTAV, Zur Geschichte der nationalökonomischen Ansichten in Deutschland während der Reformationsperiode, Zeitschrift für die gesamte Staatswissenschaft 16, 1860, S.461-716.

SCHULTZE, ALFRED, Stadtgemeinde und Reformation, RSGG 11, Tübingen: J.C.B. Mohr (Paul Siebeck), 1918.

SIDER, RONALD J., Andreas Bodenstein von Karlstadt. The Development of his Thought 1517-1525, SMRT 11, Leiden: E.J. Brill, 1974.

SMIRIN, M.M., Wirtschaftlicher Aufschwung und revolutionäre Bewegung in Deutschland im Zeitalter der Reformation, Sowjetwissenschaft. Gesellschaftswissenschaftliche Beiträge, 1958, S.243-265.

SOHM, WALTER, Melanchthons Soziallehren, HZ 115, 1915, S.64-76.

SPITZ, LEWIS W., Luther's Ecclesiology and his Concept of the Prince as Notbischof, ChH 22, 1953, S.113-141.

STEIN, NORBERT, Luthers Gutachten und Weisungen an die weltlichen Obrigkeiten zum Aufbau eines evangelischen Kirchenwesens, Diss. phil. Freiburg, 1961.

STEINMETZ, MAX, Deutschland von 1476 bis 1535 (Deutschland in der Zeit der frühbürgerlichen Revolution von 1476 bis 1535), in: Joachim Streisand (Hgb.), Deutsche Geschichte, Bd.1, Von den Anfängen bis 1789, Berlin: VEB Deutscher Verlag der Wissenschaften, 1965, S.457-550.

STEINMETZ, MAX, Der geschichtliche Platz des deutschen Bauernkrieges, ZfG 23, 1975, S.253-270.

STOLZE, WILHELM, Bauernkrieg und Reformation, SVRG 44/2, Nr.141, 1926.

STOLZE, WILHELM, Der deutsche Bauernkrieg, Halle: Max Niemeyer, 1907.

STOLZE, WILHELM, Der geistige Hintergrund des Bauernkrieges: Erasmus und Luther, ZKG 51, 1932, S.456-479.

STOLZE, WILHELM, Die Stühlinger Erhebung des Jahres 1524 und ihre Gründe, HZ 139, 1929, S.273-302.

STOLZE, WILHELM, Zur Vorgeschichte des Bauernkrieges. Studien zur Verfassungs-, Verwaltungs- und Wirtschaftsgeschichte vornehmlich Südwestdeutschlands im ausgehenden Mittelalter, Staats- und sozialwissenschaftliche Forschungen 18, Heft 4, Leipzig: Duncker & Humblot, 1900.

STUTZ, ULRICH, Geschichte des kirchlichen Benefizialwesens, 2.Aufl., Nachdruck, ergänzt und mit Vorwort versehen von Hans-Erich Feine, Aalen: Scientia, 1961.

STUTZ, ULRICH, Das karolingische Zehntgebot, ZSRG.K 29, 1908, S.180-224.

TSCHAIKOWSKAJA, O.G., Über den Charakter der Reformation und des Bauernkrieges in Deutschland, Sowjetwissenschaft. Gesellschaftswissenschaftliche Beiträge, 1958, S.721-738.

UHLHORN, GERHARD, Urbanus Rhegius. Leben und ausgewählte Schriften, LASLK 7, Elberfeld: R.L. Friderichs, 1861.

UHRIG, KURT, Der Bauer in der Publizistik der Reformation bis zum Ausgang des Bauernkrieges, ARG 33, 1936, S.70-125.165-225.

VAHLE, HERMANN, Der deutsche Bauernkrieg als politische Bewegung im Urteil der Geschichtsschreibung, GWU 23, 1972, S.257-276.

VASELLA, OSKAR, Bauerntum und Reformation in der Eidgenossenschaft, HJ 76, 1957, S.47-63.

WAAS, ADOLF, Die Bauern im Kampf um Gerechtigkeit 1300-1525, München: Calluwey, 1964.

WAAS, ADOLF, Die große Wendung im deutschen Bauernkrieg, HZ 158, 1938, S.457-491; HZ 159, 1939, S.22-53.

WALDER, ERNST, Der politische Gehalt der Zwölf Artikel der deutschen Bauernschaft von 1525, SBAG 12, 1954, S.5-22.

WALTON, ROBERT C., Zwingli's Theocracy, Toronto: University of Toronto Press, 1967.

WEHLER, HANS-ULRICH (Hgb.), Der Deutsche Bauernkrieg 1524-1526, GuG, Sonderheft 1, 1975.

WENTZ, FR.K., The Development of Luther's View on Church Organization, LuthQ 7, 1955, S.217-232.

WISKEMANN, HEINRICH, Darstellung der in Deutschland zur Zeit der Reformation herrschenden national-ökonomischen Ansichten, Preisschriften der Jablonowski'schen Gesellschaft 10, Leipzig: S. Hirzel, 1861.

WOHLFEIL, RAINER (Hgb.), Der Bauernkrieg 1524-1526, ntw: modelluniversität 21, München: Nymphenburger Verlagsbuchhandlung, 1975.

WOHLFEIL, RAINER (Hgb.), Reformation oder frühbürgerliche Revolution?, ntw: modelluniversität 5, München: Nymphenburger Verlagsbuchhandlung, 1972.

WOLF, ERIK, Die Sozialtheologie Zwinglis, in: Festschrift Guido Kisch, Stuttgart: W. Kohlhammer, 1955, S.167-188.

WUNDER, GERD, Der Haller Rat und Johannes Brenz 1522-1530, Württembergisches Franken 55, 1971, S.56-66.

ZÖLLNER, WALTHER, Melanchthons Stellung zum Bauernkrieg, in: Philipp Melanchthon 1497-1560, Bd.1, Humanist, Reformator, Praeceptor, Berlin: Akademie-Verlag, 1963, S.174-189.

AASF	Annales academiae scientiarum Fennicae
A.F.	Alte Folge
ARG	Archiv für Reformationsgeschichte
A.S.T.	Archives de Chapitre de St. Thomas de Strasbourg
AUF	Archiv für Urkundenforschung
BBGW	Basler Beiträge zur Geschichtswissenschaft
BBKG	Beiträge zur bayrischen Kirchengeschichte
BHF	Bonner historische Forschungen
BHTh	Beiträge zur historischen Theologie
BPfKG	Blätter für pfälzische Kirchengeschichte und religiöse Volkskunde
BWKG	Blätter für württembergische Kirchengeschichte
c.	canon
C.	Causa
Cart.	Carton
ChH	Church History
ChW	Christliche Welt
CIC	Corpus Iuris Canonici
CR	Corpus Reformatorum
Decr.	Decreta
EHR	English historical review
FDG	Forschungen zur deutschen Geschichte
GuG	Geschichte und Gesellschaft
GWU	Geschichte in Wissenschaft und Unterricht
hgb.	herausgegeben
Hgb.	Herausgeber
HJ	Historisches Jahrbuch
HS	Historische Studien
HThS	Harvard theological studies
HV	Historische Vierteljahrsschrift
HZ	Historische Zeitschrift
JThS	Journal of theological studies
JusEcc	Jus ecclesiasticum
KRA	Kirchenrechtliche Abhandlungen
KuR	Kirche und Recht
KVR	Kleine Vandenhoeck-Reihe
LASLK	Leben und ausgewählte Schriften der Väter und Begründer der lutherischen Kirche
lib.	liber
LuJ	Luther-Jahrbuch
LuthQ	Lutheran Quarterly
MPL	Jacques-Paul Migne, Patrologiae cursus completus, series Latina
N.F.	Neue Folge
N.S.	New Series

---

* Zu allgemeinen Abkürzungen, die nicht im Abkürzungsverzeichnis aufgeführt sind, vgl. TRE, zu den Abkürzungen biblischer Schriften RGG. Verlagsnamen und -abkürzungen sind nicht aufgeschlüsselt.

ntw	nymphenburger texte zur wissenschaft
o.	oben
Pr.	Produkt
QAGSP	Quellen und Abhandlungen zur Geschichte des schweizerischen Protestantismus
RGG	Religion in Geschichte und Gegenwart
RSGG	Recht und Staat in Geschichte und Gegenwart
SBAG	Schweizer Beiträge zur allgemeinen Geschichte
SGF	Sozialgeschichtliche Forschungen
SKGNS	Studien zur Kirchengeschichte Niedersachsens
SLAG	Schriften der Luther-Agricola Gesellschaft (in Finnland)
SMRT	Studies in medieval and reformation thought
StGra	Studia Gratiana
SVRG	Schriften des Vereins für Reformationsgeschichte
TEH	Theologische Existenz heute
ThA	Theologische Arbeiten
ThF	Theologische Forschung
ThStKr	Theologische Studien und Kritiken
tit.	titulus
Tom.	Tomus
TRE	Theologische Realenzyklopädie
VHKHW	Veröffentlichungen der historischen Kommission für Hessen und Waldeck
WA	D. Martin Luthers Werke, Kritische Gesamtausgabe (Weimarer Ausgabe)
WZ	Wissenschaftliche Zeitschrift
ZEvKR	Zeitschrift für evangelisches Kirchenrecht
ZfG	Zeitschrift für Geschichtswissenschaft
ZGO	Zeitschrift für die Geschichte des Oberrheins
ZKG	Zeitschrift für Kirchengeschichte
ZSG	Zeitschrift für schweizerische Geschichte
ZSRG.K	Zeitschrift der Savigny-Stiftung für Rechtsgeschichte - Kanonistische Abteilung
ZThK	Zeitschrift für Theologie und Kirche
ZVKGS	Zeitschrift des Vereins für Kirchengeschichte der Provinz Sachsen
Zw	Huldreich Zwinglis sämtliche Werke

Weingarten, Ralph

DIE HILFELEISTUNG DER WESTLICHEN WELT BEI DER ENDLÖSUNG DER DEUTSCHEN JUDENFRAGE

Das «Intergovernmental Committee on Political Refugees» (IGC) 1938-1939

Bern, Frankfurt/M., 1981. 232 S.
Europäische Hochschulschriften: Reihe 3, Geschichte und ihre Hilfswissenschaften. Bd. 157
ISBN 3-261-04939-1   br. sFr. 41.70

Was taten die Länder der Welt 1933-39 um die in Deutschland verfolgten Juden zu retten? Wieso taten sie so wenig? Hat ihr abweisendes Verhalten nicht auch zur Endlösung beigetragen? Eine Antwort auf diese Fragen gibt das vorliegende Buch. Auf Grund z.T. bisher unzugänglichen Materials liegt nun erstmals eine umfassende Darstellung der internationalen Flüchtlingspolitik in Bezug auf die Flüchtlinge aus Deutschland vor. Neben der Schilderung der Bemühungen des Völkerbundes und der Konferenz von Evian stehen dabei die Tätigkeit des Intergovernmental Committee on Political Refugees (IGC) 1938-39 – dem alle Länder der westlichen Welt angehörten – und dessen geheime Verhandlungen mit Deutschland im Vordergrund.

Aus dem Inhalt: Internationale Flüchtlingspolitik: Allgemein und im Völkerbund – Entstehung und Tätigkeit des IGC: Die Konferenz von Evian, Geheimverhandlungen mit Deutschland, Siedlungsprojekte – Bilanz: Die Flüchtlingspolitik der einzelnen Länder.

Tervooren, Klaus

DIE MAINZER REPUBLIK 1792/93

Bedingungen, Leistungen und Grenzen eines bürgerlich-revolutionären Experiments in Deutschland

Frankfurt/M., Bern, 1981. 353 S.
Europäische Hochschulschriften: Reihe 3, Geschichte und ihre Hilfswissenschaften. Bd. 159
ISBN 3-8204-7002-6   br. sFr. 69.–

Die Mainzer Republik 1792/93 stellt einen leider nur kurzzeitigen Versuch dar, im Schutze französischer Revolutionstruppen die Prinzipien von Freiheit, Gleichheit und Volkssouveränität auch im Rheinland zu verwirklichen. Um das demokratisch-revolutionäre Gedankengut in der Bevölkerung zu verbreiten, bildete sich ein Jakobinerklub, dessen wohl bekanntestes Mitglied der Publizist Georg Forster war. Quasi wie in einem Kristallisationspunkt bilden die Mainzer Ereignisse einen Einblick in die Hoffnungen, Illusionen, Schwierigkeiten und Niederlagen deutscher bürgerlicher Demokraten am Ende des 18. Jahrhunderts, deren politische Vorstellungen auch heute noch Aktualität besitzen.

Aus dem Inhalt: Gesellschaftstheoretische Vorstellungen der Mainzer Republikaner – Jakobinische Volksaufklärung – G. Forster: Die Tragik des zu früh gekommenen Revolutionärs – Gründe für das Scheitern der ersten deutschen Republik.

Verlag Peter Lang · Bern und Frankfurt am Main

Auslieferung: Verlag Peter Lang AG, Jupiterstr. 15, CH-3000 Bern 15
Telefon (0041/31) 32 11 22, Telex verl ch 32 420